LA COCINA DE LA SALUD

Ferran Adrià
Valentín Fuster
Josep Corbella

LA COCINA DE LA SALUD

El manual para disfrutar de una vida sana

Planeta

Diagonal, 662-664, 08034 Barcelona (España)

Ferran Adrià ha cedido la integridad de los beneficios económicos generados por los derechos de autor de este libro a la Fundación Alicia para la investigación y el desarrollo de sus actividades

Ilustraciones del interior: Christine Berrie
Diseño del interior: Compañía

Primera edición en esta presentación: septiembre de 2011
Segunda impresión: julio de 2014

Depósito Legal: B. 17.576-2014
ISBN 978-84-08-09456-2
Composición: Anglofort, S. A.
Impresión y encuadernación: Gráficas Estella, S. L.

Ediciones anteriores
Primera edición: octubre de 2010
Segunda impresión: noviembre de 2010
Tercera impresión: diciembre de 2010
Cuarta impresión: noviembre de 2010
Quinta impresión: enero de 2011

El papel utilizado para la impresión de este libro es cien por cien libre de cloro y está calificado como **papel ecológico**

ÍNDICE

1 BUENOS DÍAS
8.00 horas

Introducción

Sábado, ocho de la mañana. Imaginen a una familia cualquiera. Una pareja con hijos. Ella es ginecóloga, cuarenta y tres años; cuida su salud y vela por la de su familia. Físicamente activa, en su dieta predominan los alimentos vegetales sobre los animales. El tipo de persona que, sin ser vegetariana, suele pedir ensaladas en los restaurantes y que prefiere comidas ligeras a digestiones pesadas. Vamos a llamarla Rosa.

Él es arquitecto, también tiene cuarenta y tres años; le llamaremos Juan. Tiene tendencia al sobrepeso. Ahora está en 88 kilos y mide 1,80. La tensión arterial, más bien alta. Le viene de familia: su padre murió joven de un infarto, y su abuelo seguramente también, aunque en aquella época no se hablaba de infartos sino de ataques al corazón y nunca ha sabido si su abuelo se tomó la tensión alguna vez. Seguramente no. Se preocupa de cuidar su dieta y de practicar actividad física, es un buen paciente, aunque prefiere las calorías de unos canelones a las ensaladas de Rosa, las carnes antes que el pescado y las tartas a la fruta.

Tienen tres hijos. Cris, la mayor, tiene trece años, esa edad en la que empieza a estar más preocupada por su apariencia física que por el equilibrio de la dieta, y ya parece importarle más lo que piensen sus amigos que lo que le digan en casa. Pablo, de ocho, para quien el tiempo libre ideal es el que pasa con sus padres y los fines de semana disfruta acompañando a Juan a la compra y ayudando a Rosa en la cocina. Y Carla, un año recién cumplido, que se acaba de despertar ahora a las ocho reclamando su primera papilla del día.

Viven con la abuela, la madre de Juan, doña María, como la conocen en el barrio, gran cocinera de caldos, estofados y otros platos tradicionales y una persona especialmente sensibilizada por la seguridad de los alimentos desde la muerte prematura de su marido.

Puede que no a todos ustedes les parezca una familia cualquiera. Hoy día no es lo más común que tres generaciones vivan bajo un mismo techo. Y tampoco que una familia tenga tres hijos de edades tan distintas. Pero, si nos permiten esta licencia, intentaremos mostrarles cómo personas con gustos y necesidades alimentarias diferentes pueden compartir mesa y comer todas de manera equilibrada y agradable.

Además, trataremos de mostrarles que tener una alimentación y un estilo de vida saludables, un objetivo que Valentín Fuster viene defendiendo desde hace años, no está reñido con disfrutar comiendo, el objetivo al que Ferran Adrià ha dedicado su carrera. Al contrario, no hay mejor garantía de mantener una alimentación saludable que disfrutar con ella.

Si lo conseguimos, esperamos que a medida que lean este libro aprendan a mejorar su manera de alimentarse y también la de sus familias. No esperen encontrar datos exhaustivos sobre composición de alimentos, cantidades de calorías o tipos de vitaminas. Sólo citaremos los imprescindibles. Hoy día todos estos datos están al alcance de un clic. Pero se da la paradoja de que nunca habíamos tenido tanta información sobre alimentos y nunca antes habíamos comido tan mal.

Si no comemos mejor y no cuidamos más nuestra salud, no es porque nos falten datos. Es más bien porque en muchas ocasiones no los tenemos en cuenta. Y esto ocurre porque, a la hora de decidir qué comemos y cuánto comemos, las emociones suelen influir más que las razones. Como les ocurre a todas aquellas personas que comen de manera compulsiva en situaciones de estrés. O a las que pierden el apetito tras un disgusto. O a las que comen de manera distinta según con quién están. Que al fin y al cabo somos todos.

En realidad, muchas de nuestras decisiones sobre nuestra alimentación las tomamos por debajo del umbral de la conciencia. Y si después alguien nos viene a preguntar por qué hemos actuado como lo hemos hecho, por qué esa última patata frita, y por qué no la siguiente, nos resulta difícil explicar el motivo. *La cocina de la salud* les ayudará a tomar conciencia de estas decisiones que se toman de manera a menudo irreflexiva, a comprender mejor cómo nos relacionamos con los alimentos y, en definitiva, a comer de manera más saludable y más agradable.

Este libro es fruto de un trabajo de equipo de los tres coautores, que han elaborado conjuntamente todo su contenido. Por supuesto, en las páginas donde se habla más de cocina predominan los puntos de vista de Ferran Adrià, y en las que se habla más de salud predominan los de Valentín Fuster. Pero, como verán desde los primeros capítulos, cocina y salud están tan íntimamente relacionados que sería imposible trazar una frontera entre las aportaciones de Ferran Adrià y las de Valentín Fuster. Josep Corbella se ha encargado de escribir el texto que une estos puntos de vista. Las aportaciones de los tres coautores han sido conjuntas y se han retroalimentado durante los tres años que ha durado el proyecto de *La cocina de la salud*.

Hemos optado por estructurar el libro en escenas protagonizadas por una familia para ilustrar las múltiples decisiones que tomamos sobre nuestra alimentación y nuestra salud a lo largo de un día cualquiera. Un sábado a las ocho de la mañana, por ejemplo. Carla se acaba de despertar y Juan se levanta para ir a prepararle el desayuno antes de que despierte a toda la familia. La va a buscar a la cama, la coge en brazos, le cambia el pañal hablándole en ese dialecto peculiar con que los padres se comunican con sus hijos pequeños y la lleva a la cocina.

Ella aún no puede contestarle, porque sus estructuras vocales aún no están desarrolladas para articular sonidos complejos, pero Juan no deja de hablarle: «ven conmigo a la cocina», «enseguida te preparo la papilla», y ella le observa con curiosidad, aprendiendo los sonidos, las palabras y la gramática que más adelante, cuando su aparato de fonación haya madurado, repetirá.

Juan le prepara una papilla de leche y cereales y le corta tres trocitos de fruta. Un dado de sandía, una pirámide de manzana y una rodaja de plátano. Con una niña de trece meses, decidir qué se le prepara para comer es fácil. Lo difícil es saber quién tiene que controlar la situación en cada momento. Quién debe coger la cuchara, si ella o sus padres, quién debe decidir el ritmo al que come y cuándo puede decir basta.

Es una edad en que la gran mayoría de los bebés ya han aprendido a hacer la pinza con el índice y el pulgar y disfrutan explorando su pequeño mundo con esta nueva habilidad. Dejar que cojan un trozo de fruta y se lo lleven a la boca —o a la mejilla si les falla la puntería—, o se les caiga al suelo, o acabe destrozado entre los dedos cuando aún no saben cogerlo con delicadeza, es una manera de ayudarles a ser autónomos, de estimularles a hacer las cosas por sí mismos.

No es una manera rápida, desde luego. Carla puede pasarse un buen rato manipulando una rodaja de plátano, intrigada por su textura, arrastrándola sobre la mesa, y acabar no comiéndosela. Darle la comida en la boca resulta más cómodo y limpio.

Pero no es tan divertido. Ni para ella ni, cuando se lo toman con deportividad, para sus padres. Y tampoco es tan educativo.

Lo mismo sucede con la cuchara. Carla ha aprendido a agarrarla con la mano y a sumergirla en la papilla. Pero cuando la cuchara emerge del plato más tarde —y nunca se sabe cuánto tardará en salir, porque para Carla más que una cuchara parece un submarino—, la papilla vuelve a caer antes de llegar a la boca. O bien Carla, en un ataque de alegría, iza la cuchara como una bandera y la agita salpicando a quien se le ponga a tiro. Muy educativo y muy poco nutritivo.

¿Qué hacer en un caso así? ¿Retirarle la cuchara y darle a entender que con la papilla no puede ser autónoma? ¿O dejarle la cuchara y arriesgarse a que todo el desayuno acabe centrifugado por las cuatro paredes de la cocina? Juan ha optado por darle la papilla con dos cucharas. Una se la deja a Carla para que haga con ella lo que quiera —o casi lo que quiera: no deja que la utilice como martillo sobre su cabeza—; la otra se la queda él y, cucharada a cucharada, sin dejar de hablarle en su peculiar dialecto, le da el desayuno.

Después, una vez ha acabado, le limpia la cara, que entre la sandía, el plátano y la tormenta de papilla ha acabado hecha un grafiti, y empieza a preparar el desayuno para el resto de la familia. Hoy es sábado y podrán desayunar juntos y sin prisas. Prepara la cafetera y la tostadora, exprime zumo de naranja para todos y pone la mesa con mermelada, mantequilla, cereales, yogures y fruta.

2 DESAYUNO COMPLETO
9.00 horas

Los primeros en levantarse son Rosa y Pablo. Poco después entra en la cocina doña María. Cris, que durante toda la semana ha estado madrugando para llegar a las ocho al instituto, se levantará más tarde. Las mañanas de los sábados, dice, son para remolonear.

De todo lo que hay en la mesa, Rosa empieza por el zumo de naranja, vierte después un yogur en un bol y lo llena de muesli, le añade troceado el resto del plátano del que ha comido Carla, y acaba con un café con leche.

Pablo también toma zumo, se prepara una taza de leche con cacao en polvo y dos tostadas con mantequilla y mermelada, una de fresa y la otra de melocotón.

Doña María empieza por el café con leche, una vieja costumbre, lo acompaña de tres galletas y acaba con una manzana.

Tres personas distintas, tres desayunos distintos. ¿Cuál es el mejor?

El mito del desayuno ideal

Si se fijan con detalle, no son desayunos tan distintos. A primera vista la única coincidencia son los cafés con leche de Rosa y doña María.

Pero, más allá de las apariencias, todos tienen más o menos los mismos nutrientes. En los tres predominan los carbohidratos: abundan en el muesli de Rosa, en las tostadas y la mermelada de Pablo, en las galletas de doña María, en la fructosa de la fruta y en la lactosa de la leche, en las cucharadas de azúcar del yogur o del café con leche... En los tres desayunos hay alimentos lácteos. En los tres hay una pequeña cantidad de grasas, que son contraproducentes cuando se abusa de ellas pero que resultan imprescindibles para el buen funcionamiento del organismo. Y en los tres hay fruta. Desde un punto de vista nutricional, con la excepción de la cafeína que Pablo no toma, son desayunos afines.

La diferencia más relevante entre los tres no está en el tipo de alimentos sino en las cantidades. El desayuno de doña María es menos abundante. Lo cual no está ni bien ni mal. Ni Rosa y Pablo desayunan demasiado ni doña María demasiado poco. Cada uno toma un desayuno equilibrado en la cantidad que necesita. Pablo, que está en edad de crecimiento y realiza mucha actividad física, no escatima mermelada en las tostadas. Rosa, consciente de que el desayuno es una de las comidas más importantes del día, se llena el bol de yogur hasta el borde. Y doña María, que a sus setenta y cinco años come como un gorrión, porque ya no está tan activa como cuando era joven, se conforma con cantidades pequeñas.

De modo que estos tres desayunos, aun siendo distintos, cumplen los dos principios básicos de un desayuno adecuado. El principio de la calidad: aportan una variedad de nutrientes apropiada para empezar bien el día, con más carbohidratos que grasas y proteínas, y con minerales y vitaminas, como el calcio de los lácteos y los antioxidantes de la fruta. Y el principio de la cantidad: sin ser excesivos, son lo bastante abundantes para llegar sin desfallecer a la comida siguiente.

Mientras se cumplan estos dos principios, hay una gran flexibilidad a la hora de elegir qué se toma para desayunar. ¿Es correcto tomar un cruasán? Puede serlo. ¿Se pueden tomar huevos con beicon? ¿Por qué no una vez a la semana? Y no es que una dieta sólo a base de cruasanes o de huevos con beicon pueda considerarse equilibrada. Pero hay un error común cuando se habla de dieta equilibrada: pensar que lo idóneo es que cada plato y cada comida sean equilibrados. Esto, más que idóneo, es utópico. Es un objetivo imposible de cumplir. Y aunque fuera posible, una dieta tan cuadriculada acabaría resultando tan monótona que sería difícil de seguir.

Si se quiere llevar una dieta equilibrada, el equilibrio debe buscarse en el conjunto de la dieta, no en cada bocado. Uno puede permitirse no tomar fruta en el desayuno si después toma la suficiente durante el resto del día. Pensar que el desayuno puede aportar todos los nutrientes que necesita el cuerpo humano en las proporciones óptimas sería esperar demasiado. Por muy variado que sea, siempre habrá algún mineral o alguna vitamina que queden fuera. ¿Dónde está el hierro en el desayuno que toman Rosa, Pablo y doña María? ¿Dónde está la vitamina D? ¿Y el ácido fólico? Apenas hay y no pasa nada.

Así que el desayuno ideal, el que aporta todos los ingredientes que necesita el cuerpo humano para funcionar correctamente, no existe. Más bien hay una gran variedad de desayunos adecuados posibles, que son distintos según las necesidades y los gustos de cada cual.

Aun así, muchas personas no consiguen encontrar un desayuno adecuado a sus necesidades o a sus gustos. No hay más que ver los resultados de las encuestas nutricionales. En España, el 10 por ciento de los niños no desayuna. Entre los adultos, hay un 17 por ciento de la población que, cuando lo hace, desayuna de pie. Estudios realizados en otros países de Europa, América y Asia registran el mismo fenómeno. Aunque los porcentajes varían según el lugar donde se realiza cada encuesta, siempre se encuentra un porcentaje apreciable de la población que toma un desayuno insuficiente, otro que toma un desayuno desequilibrado y otro que ni siquiera desayuna. Especialmente, entre niños y adolescentes.

Éstos son datos que muestran que tenemos un problema global de salud pública con el desayuno. Puede parecer un problema banal, y nadie ganará nunca un premio Nobel por defender el desayuno, pero su impacto sobre la salud de las poblaciones es enorme.

El desayuno alimenta el cerebro. *Flash forward* a las once de la mañana

—Mamá, no tengo hambre, ¿me puedo saltar el desayuno? —pregunta Cris cuando se levanta.

Encuentra la mesa aún dispuesta, con su plato y su taza esperándola, pero lo único que le apetece de todo lo que ve es medio vaso de zumo de naranja. Tiene sed, más que hambre. Va aún en pijama y sigue con sueño.

—Tómate algo más, o no se te pondrá el cerebro en marcha —le aconseja Rosa, que disfruta enseñando a sus hijos a comprender cómo funciona su cuerpo.

—Pero, mamá, ¿cómo no se me va a poner el cerebro en marcha, si ya estoy despierta?

Hoy es sábado y no es grave si desayuna poco. Pero sería distinto si se tratara de un día de escuela. El cerebro es un ávido consumidor de glucosa, el tipo de azúcar que el cuerpo humano fabrica a partir de los alimentos y que proporciona energía a los distintos órganos. Tan ávido que consume cerca del 25 por ciento de toda la glucosa del organismo aunque, en una persona adulta, el peso del cerebro sólo represente el 2 por ciento del peso total del cuerpo.

Lo que parece ocurrir cuando no se desayuna, o cuando se desayuna mal, es que el cerebro se ve privado del combustible que necesita para funcionar a pleno rendimiento por la mañana. Es como el motor de un coche al que no le llega suficiente gasolina. Por muy potente que sea el motor, si le llega poca gasolina, tirará poco.

En España, el estudio más amplio que se ha realizado sobre la relación entre desayuno y rendimiento escolar detectó que la nota media en el instituto es de 7,73 entre los alumnos de doce y trece años que suelen desayunar bien y de 5,63 entre los que desayunan mal. Una diferencia de dos puntos sobre diez asociada al desayuno.

El desayuno, naturalmente, no tiene por qué ser la única causa de esta diferencia. Puede ocurrir, por ejemplo, que en las casas donde los padres tienen un nivel educativo alto se dé especial importancia a la educación, lo cual favorece que los hijos obtengan buenas notas, y de manera independiente se dé importancia al desayuno.

Pero cuando se analiza en qué tipos de pruebas obtienen mejores notas los alumnos cuando han desayunado bien, las mayores diferencias se observan en pruebas que requieren atención y concentración. Por ejemplo, en pruebas de aritmética y de fluidez verbal. Lo cual indica que la diferencia de rendimiento sí se debe, por lo menos en parte, al desayuno.

La razón de ello es que la capacidad de atención y la de concentración están directamente relacionadas con una forma de actividad cerebral llamada memoria de trabajo. Se trata de un tipo de memoria a corto plazo que permite mantener varios datos en el pensamiento de manera simultánea para ejecutar una tarea. Viene a ser como hacer malabares mentales: igual que el malabarista necesita tener bolas en movimiento en el aire para manejarlas con fluidez, un alumno necesita tener los datos en la memoria de trabajo para pensar con fluidez.

Por ejemplo, mientras escribe un párrafo, necesita recordar lo que ha escrito unos momentos antes, y lo que se querrá escribir unos momentos después, para que el texto tenga coherencia. Mientras resuelve un problema matemático, necesita mantener varios números en la cabeza al mismo tiempo para llegar a la solución correcta. Todo esto es memoria de trabajo.

Se trata de una memoria distinta de la que se emplea para recordar los nombres de los huesos del esqueleto o las fechas de la segunda guerra mundial con vistas a un examen, que es un tipo de memoria más a largo plazo en la que no se ha demostrado que el desayuno tenga tanta influencia. Para ampliar la capacidad de esta memoria a largo plazo, más que desayunar bien, lo que importa es dormir bien.

Pero la memoria de trabajo requiere un cerebro bien alimentado. Cuanto mayor sea el rendimiento del cerebro, cuanto mayor sea su capacidad de hacer malabarismos con los datos, más fácil resultará escribir aquel párrafo o resolver aquel problema matemático.

Así que, cuando Cris protesta diciendo que ya está despierta y con el cerebro en marcha, Rosa le dice:

—¿Verdad que, si intentas hacer deporte por la mañana sin haber desayunado nada, a tus músculos les faltan fuerzas?

—Supongo.

—Pues con el cerebro ocurre lo mismo. Para tener fuerzas necesita desayunar.

El equivalente de la fuerza muscular en el cerebro es la memoria de trabajo. Cuando se intenta llevar a cabo un trabajo intelectual intenso como el que se pide a los alumnos en los institutos, la memoria de trabajo desfallece si no se ha desayunado. Y sin suficiente memoria de trabajo, decaen la atención, la capacidad de concentración, el rendimiento en matemáticas o en inglés y hasta la creatividad.

Éste es un efecto directo e inmediato de la falta de desayuno. Otro efecto menos inmediato pero no por ello menos importante es que cuando se desayuna demasiado poco, se tiende a engordar.

Desayunar bien previene el sobrepeso

Esto puede parecer una paradoja. Uno esperaría que comer poco a la hora del desayuno ayudara a perder peso, no a ganarlo. Pero el cuerpo humano es una máquina compleja que no se presta a explicaciones simples. Y lo que ocurre con el desayuno es exactamente lo contrario. Un desayuno escaso hace ganar peso, un desayuno adecuado ayuda a no ganarlo.

Posiblemente, el estudio más importante sobre esta cuestión sea el realizado por un equipo de médicos especialistas en salud pública de la Universidad de Minnesota (EE.UU.) que hizo una encuesta a más de dos mil chicos y chicas de entre trece y dieciséis años con preguntas del tipo «¿Cuántos días has tomado desayuno en la última semana?» o «¿Has intentado perder peso, o no ganarlo, en el último año?». Era una encuesta exhaustiva, que no se limitaba a indagar sobre el desayuno y la dieta, sino también sobre otras cuestiones relacionadas con la salud. Cinco años más tarde, los investigadores volvieron a ponerse en contacto con los encuestados, que ahora tenían entre dieciocho y veintiún años, y repitieron la encuesta.

Los resultados del estudio revelan que, en el momento de la primera encuesta, los adolescentes que no desayunaban ya solían tener sobrepeso. Era una relación lineal: cuanto menos desayuno, más sobrepeso. O tal vez cuanto más sobrepeso, menos desayuno, en un intento de controlar la línea. Poco se podía concluir hasta aquí.

Lo más interesante apareció al realizar la segunda encuesta. Fue entonces cuando se vio que aquellas personas que menos desayunaban entre los trece y los dieciséis años eran las que más habían aumentado de peso después. De nuevo la relación era lineal. Y daba igual si el motivo por el que no desayunaban era porque querían adelgazar o por cualquier otra causa. El efecto era el mismo. Aumento de peso.

Los médicos analizaron si había alguna variable que pudiera explicar aquel fenómeno. Miraron el nivel socioeconómico de las familias. O si había alguna relación con el tabaquismo. O con el consumo de alcohol. Y vieron que, en general, los adolescentes que desayunaban bien eran los que tenían un estilo de vida más saludable. Más actividad física, menos tabaco, menos conductas de riesgo... Pero, una vez completados los análisis estadísticos, se confirmó que la principal variable que explicaba el aumento de peso era el hecho de no desayunar.

Lo cual, aunque resulte paradójico, tiene su lógica. Las personas que desayunan bien suelen tomar alimentos basados en cereales, como pan o cereales para el desayuno, que contienen fibra y favorecen la sensación de saciedad. Quienes desayunan mal, por el contrario, se sienten después más hambrientos y suelen tomar más alimentos ricos en grasas en la comida siguiente o picotean más a lo largo del día.

El estudio de Minnesota, el más amplio que ha investigado los hábitos del desayuno y su relación con el peso corporal en una población adolescente, también revela que el porcentaje de jóvenes que se saltan el desayuno aumenta con la edad a medida que preocupa más la imagen corporal. Y que las chicas son más propensas a saltarse el desayuno que los chicos. Aquí, cuando uno se para a pensarlo, es donde está la gran paradoja: en un intento de controlar su peso, hay personas que adoptan medidas poco saludables que les inducen a engordar.

Prevención desde la infancia

Desayunar bien es recomendable a cualquier edad. Pero es en la infancia cuando es más importante. Y no sólo porque ayuda a funcionar mejor en la escuela. También, y sobre todo, porque ayuda a mantener un peso adecuado.

El sobrepeso y la obesidad en la infancia se han convertido en un problema de magnitud colosal. La población de niños y adolescentes que tienen sobrepeso u obesidad se ha multiplicado en las dos últimas décadas en los países occidentales. Hoy en España uno de cada cinco niños y una de cada siete niñas de seis a diez años son obesos. Y gran parte de ellos se convertirán en adolescentes obesos y, más adelante, en adultos obesos. Con todas las consecuencias que esto comporta para la salud.

Se ha calculado que, por cada once kilos de sobrepeso en un adolescente de trece años, el riesgo de que sufra un infarto décadas más tarde se triplica. Y se ha comprobado que los niños y adolescentes con sobrepeso ya presentan gran parte de los problemas de salud propios de las enfermedades cardiovasculares, como una tensión arterial excesiva, niveles de colesterol inadecuados o una regulación deficiente de la glucosa en la sangre. Son problemas que esos niños y adolescentes no perciben como una enfermedad, porque a esas edades tempranas aún no causan síntomas, y a los padres pocas veces se les suele ocurrir consultar a un pediatra para que compruebe si sus hijos tienen bien la tensión, el colesterol o la glucemia.

Tampoco es habitual que se busque ayuda médica para los problemas psicosociales que se derivan con frecuencia de la obesidad, como baja autoestima, ansiedad, sentimientos depresivos, trastornos alimentarios o aislamiento social tras ser víctima de burlas u otros ataques.

Pero ninguna otra edad mejor que la infancia para enfrentarse a la obesidad. Para prevenirla o para tratarla si ya se ha iniciado. En parte porque el exceso de peso causa daños en el organismo desde el principio. Pero también porque, en personas adultas, los intentos de mejorar la dieta, de hacer más actividad física, de cambiar de estilo de vida y de corregir la obesidad tienen un éxito limitado. El organismo de una persona adulta obesa ya está en cierto modo programado para la obesidad. Su manera de regular el apetito y su modo de quemar calorías hacen muy difícil que una persona obesa se transforme en una persona delgada. Puede conseguir, con esfuerzo, bajar unos kilos y no recuperarlos, lo cual será bueno para su salud. Pero si se deja que un niño obeso se convierta en un adulto obeso, después probablemente será demasiado tarde para que algún día pueda recuperar su peso ideal. En la infancia, por el contrario, aún se está a tiempo de evitar que la obesidad se instaure.

¿Hasta qué edad se está a tiempo? Ésta es una de las preguntas que intrigaban a Rosa cuando Pablo era pequeño. Pequeño y rollizo. Tenía unos dos años y le llamaban el Michelín. Cariñosamente, pero el Michelín. Sus muslos parecían flotadores. Hay fotos que lo demuestran. Rosa se informó, consultó a dos amigos pediatras con los que había estudiado la carrera, a una amiga endocrinóloga, buscó bibliografía en la literatura médica —resulta curioso cómo los adultos son capaces de esforzarse más para cuidar la salud de sus hijos que para cuidar la suya propia— y se tranquilizó.

El peso de un niño a los dos años, descubrió, dice muy poco sobre si de mayor tendrá un peso adecuado. Salvo en casos extremos, los pediatras no suelen aconsejar intervenir a esta edad mientras el niño tenga una dieta equilibrada. Se aconseja a los padres que no sobrealimenten al niño. Que le ofrezcan una dieta variada y dejen que sea él quien regule cuánto come según el hambre que tenga. Se les recuerda si hace falta que la posguerra ha terminado y que la idea de que un niño rollizo es un niño bien alimentado no tiene sentido en sociedades que han entrado en una fase de opulencia alimentaria. Pero es una edad en la que los especialistas en nutrición infantil ponen más énfasis en la calidad de la dieta que en su cantidad.

Es distinto a los cinco años. A esa edad, el peso del niño ya condiciona su propensión a tener sobrepeso u obesidad más adelante. Posiblemente esto esté relacionado con el aumento de células grasas que se produce en el organismo entre los cuatro y los cinco años de edad. En cualquier caso, cuando se ha estudiado cómo evoluciona el peso a lo largo de la infancia, se ha observado que, si un niño tiene exceso de peso a los cinco años, es probable que también lo tenga a los nueve. Y si lo tiene a los nueve, es probable que lo mantenga de adulto.

Para no llegar a esta situación, lo ideal es que se ofrezca al niño una alimentación correcta desde los primeros años de vida. Una alimentación que sea equilibrada y que no sea excesiva. Esto es algo tan obvio que parece fácil y, sin embargo, son muchas las familias a las que les resulta difícil. Ocurre que personas distintas tienen ideas distintas sobre lo que es una alimentación correcta. Y en ocasiones las ideas que algunas personas creen correctas en realidad son erróneas. Si la obesidad suele transmitirse de padres a hijos no es sólo por razones genéticas, sino en gran parte porque los niños aprenden a comer de la manera que comen sus padres. En las casas donde los padres tienen una alimentación hipercalórica, es difícil que un niño sea delgado.

Pero incluso en casos como éstos hay una oportunidad única para intervenir entre los cuatro-cinco y los once años, en la etapa de la escuela primaria. Es una edad en que los niños son especialmente receptivos a lo que les enseñan padres y maestros, en la que ya son capaces de razonar y de comprender ideas abstractas relacionadas, por ejemplo, con la alimentación, las drogas o el sexo —ideas que no hubieran comprendido en la etapa preescolar, cuando aprendían más por imitación—, y en la que suelen tener un gran interés por conocer y comprender la naturaleza, desde los animales y los planetas hasta el cuerpo humano. Es la edad ideal para hablarles de salud.

Lo ha comprobado un proyecto educativo de Barrio Sésamo destinado a inculcar hábitos saludables en la población infantil y juvenil de Colombia. Cuando se intenta enseñar a los adultos a adoptar un estilo de vida más sano para ellos y para sus familias, los resultados son pobres. Pero cuando se enseña a los niños a comer bien y cuidarse mejor, los resultados mejoran. Se dan casos en que los niños enseñan en casa lo que han aprendido y los padres empiezan a alimentarse de manera más saludable. Es como una educación al revés. En lugar de ver cómo los padres educan a los hijos, en cuestiones de salud se ha observado cómo los hijos educan a los padres.

Entre adolescentes es distinto. El grupo de amigos tiene una influencia creciente, mientras que la influencia de padres y maestros, aun siendo importante, es cada vez menor. Así pues, los proyectos educativos de salud que mejor funcionan son aquellos en los que es el propio grupo de amigos el que defiende las conductas saludables. Si los líderes del grupo se abrochan siempre el casco cuando van en moto, esto en general tiene mayor influencia sobre los otros jóvenes que lo que les puedan decir sus padres. Y si no se lo abrochan, también. «Es que todos lo hacen, ¿sabes, mamá?, y yo no quiero quedar al margen.»

Sin hambre y con prisas

Una vez que una persona se ha concienciado de que le conviene desayunar bien, el problema siguiente es cómo conseguirlo. Especialmente si ha perdido la costumbre. Por ejemplo, si está habituada a levantarse con el tiempo justo, ducharse rápido y salir de casa sin desayunar. Un problema frecuente es que muchas personas no tienen hambre cuando se levantan. Incluso si han cenado poco la noche anterior, su cuerpo necesita un tiempo para ponerse en marcha. Les ocurre como a un ordenador. En algunas personas el sistema arranca rápido y en otras tarda más. Pero siempre hay que esperar un tiempo entre el momento en que se pulsa el botón de encendido y el momento en que se está operativo. Y el programa Apetito, en el cuerpo humano, no es de los primeros que se abre por la mañana.

Para acelerar la puesta en marcha y abrir el apetito, puede ser aconsejable empezar el desayuno con un zumo de fruta. Lo ideal es un zumo natural recién exprimido. Preparar un vaso de zumo de naranja es algo que todo el mundo sabe hacer y que no requiere más de dos minutos, incluido el tiempo de limpiar el exprimidor. Si aun así se prefiere recurrir a un zumo comercial, es preferible tomar zumos naturales envasados y no abusar de los que llevan azúcar añadido.

Rosa y Juan han optado por una solución alternativa para conseguir que Cris y Pablo desayunen bien en casa. Se la recomendó su pediatra. «Es mejor levantarse un cuarto de hora antes que no desayunar», les dijo. Y no es que la recomendación les pareciera una gran idea. Tenían la sensación de que perdían tiempo de sueño, cuando más bien hubieran querido ganarlo, como tantas otras personas que duermen menos de lo que necesitan. Pero se dieron cuenta de que la sensación de falta de sueño varía poco por dormir quince minutos menos. Y que las insuficiencias del desayuno de Cris y Pablo se solucionaban completamente con esos quince minutos.

Otro consejo que les dio el pediatra: desayunen con los niños. Se ha comprobado que los niños que se sientan a la mesa en compañía de adultos toman un desayuno más completo. Si los adultos no desean comer a la misma hora, porque ya lo han hecho antes o porque piensan hacerlo después, es aconsejable que por lo menos se sienten con ellos.

En las casas donde los niños no desayunan por falta de tiempo, y no tienen tiempo porque se apura hasta la última migaja de sueño, el origen del problema está en que los niños duermen menos de lo que necesitan. En estos casos, no está de más recordar que el sueño es una necesidad del cerebro y que mientras el cuerpo descansa el cerebro permanece activo manejando información. Los recuerdos de lo que se ha aprendido durante el día se consolidan por la noche y privar a los niños de parte del sueño que necesitan no ayuda a que desarrollen todo su potencial intelectual. Así que, más que privarles de un desayuno adecuado por la mañana, puede ser aconsejable tratar de acostarles antes por la noche.

Cabe también el recurso del coche camino de la escuela. No es que sea una buena alternativa al desayuno en casa, porque no permite una gran variedad de alimentos ni que el niño desayune con tranquilidad, pero es mejor que llegar a clase con el estómago vacío.

Y finalmente está la posibilidad de dividir el desayuno en dos tomas. En España es seguramente la opción que más seguidores tiene tanto entre adultos como entre niños y jóvenes. Un café rápido a primera hora y una pausa para volver a llenar el depósito a media mañana. O un vaso de leche en casa y después un bocadillo a la hora del recreo.

Un último consejo del pediatra. A la hora de preparar el desayuno del colegio, eviten que sea cada día igual. Si algunos días es un bocadillo, intenten que otras veces sea fruta. Un plátano, unas cerezas, una manzana, melón troceado cuando sea temporada... O también una barrita de cereales con un yogur líquido. O frutos secos. Y eviten la monotonía en los bocadillos. Que no sean cada día del mismo embutido o del mismo queso. Pueden

* Bocadillos originales

Flauta de aguacate y anchoas
Pasta de aguacate + semillas de tomate + anchoas.

Bocadillo de xató
Escarola + tomate + atún + salsa romesco.

Sándwich caliente de mozzarella y setas
Pan de molde + mozzarella + setas.

Bocadillo de caballa
Caballa a la plancha + pimientos del piquillo + queso fresco tipo quark.

Chapizza
Poner los ingredientes de una pizza (tomate, mozarella, anchoas...) dentro de una chapata y calentar al horno.

Flauta de sardinillas
Poner unas sardinillas de lata de calidad y un poco de su propio aceite en el pan.

Bocadillo de cuchara
Vaciar un panecillo y rellenarlo con un guiso para comer con cuchara.

probar a que un día por semana sea de tortilla. O de pechuga rebozada. O de anchoas con olivas... Incluso los niños que prefieran el embutido agradecerán la variedad. Tal vez esto no evitará que protesten. «¿Tortilla?, ¡qué palo, me gusta más el jamón!» Pero si cada día es distinto, el día que vuelvan a tener jamón lo disfrutarán más.

Aprender a disfrutar de la comida, al fin y al cabo, no consiste en comer siempre lo mismo sino en conocer sabores y texturas variados. Es descubrir que no todo sabe igual y que aquello que gusta menos da más valor a aquello que gusta más. Es aprender a distinguir los sabores que son más exquisitos para el paladar de cada uno. Y es el factor sorpresa, encontrarse un sabor inesperado, la oliva junto a la anchoa en el bocadillo del jueves.

Lo que hay que saber sobre los carbohidratos

Regresemos a la mesa donde están desayunando Rosa, Pablo y doña María. De los tres grandes grupos de macronutrientes, el que predomina en los tres desayunos son los carbohidratos, mientras que grasas y proteínas son minoritarios. Esto se ajusta a las recomendaciones nutricionales de las sociedades médicas, que recomiendan que alrededor del 55 por ciento de las calorías que se consumen con la dieta deben proceder de los carbohidratos, mientras que las grasas pueden aportar hasta un 30 por ciento y las proteínas, aproximadamente un 15 por ciento.

Dentro de los carbohidratos, en los tres desayunos predominan los llamados carbohidratos complejos. Esto también se ajusta a las recomendaciones. Estos carbohidratos abundan en alimentos de origen vegetal, especialmente en los derivados de los cereales y las legumbres, como el pan, la pasta, el arroz, las lentejas o la patata. Están en la manzana y las galletas de doña María, en el muesli y el plátano de Rosa y en las tostadas de Pablo.

* Mermeladas enriquecidas

Mezclar fruta fresca en las mermeladas. Por ejemplo:

- Mermelada de frambuesa con frambuesas frescas
Aplastar las frambuesas con un tenedor y mezclar con la mermelada.
- Mermelada de albaricoque con trocitos de albaricoque

También se puede añadir piel de limón rallada, especias, hierbas frescas...

* Mantequillas originales

Dejar atemperar una mantequilla hasta que esté blanda y mezclarla con otro ingrediente:

- Mantequilla + vainilla
- Mantequilla + canela en polvo
- Mantequilla + dulce de leche

* Ideas para zumos de frutas

El zumo más básico
Un zumo de naranja se elabora en menos de tres minutos, contando lo que se tarda en limpiar el exprimidor. La falta de tiempo no es motivo para dejar de prepararlo.

Zumo de naranja aromático
Pasar la naranja por la licuadora en lugar de por el exprimidor. Por cada cuatro naranjas, licuar una con la piel. Se obtendrá un zumo espeso y muy aromático. Incluso se pueden añadir unas gotas de agua de azahar.

Piña colada sin alcohol
Mezclar zumo de piña y coco a partes iguales para obtener un cóctel refrescante.

Zumo a partir de fruta congelada
Hoy día se empieza a encontrar pulpa de frutas congeladas de alta calidad en supermercados. Basta con rebajarla con agua si es necesario para poder tomarla como zumo.

Zumo de melón con menta
Se pueden añadir hierbas frescas y especias a los zumos. Por ejemplo, menta, pero también nuez moscada, pimienta...

Se diferencian de los carbohidratos simples (también llamados azúcares) por su estructura química. Pero no hace falta ser doctor en química para comprender la diferencia. Los azúcares son moléculas pequeñas. Los carbohidratos complejos son moléculas grandes formadas por cadenas de pequeños azúcares.

Ambos tipos están formados por carbono, hidrógeno y oxígeno. De ahí su nombre: el hidrógeno y el oxígeno son los átomos del agua, cuyo dios en la mitología griega era Hydros. Y ambos son una fuente de energía tanto para los animales que los ingieren como para las plantas que, en su mayoría, los producen.

Pero hay dos diferencias importantes entre ellos. La primera es el sabor. Los azúcares son dulces, mientras que los carbohidratos complejos son más insípidos. Ésta es la razón por la que los platos basados en cereales y legumbres suelen acompañarse de salsas ricas en grasas que los hacen más apetecibles.

La segunda diferencia es que los azúcares ofrecen energía inmediata. Apenas necesitan ser procesados en el aparato digestivo para que el cuerpo pueda utilizarlos. Son calorías listas para consumir. En cuanto se ingieren, pasan rápidamente a la sangre y se desplazan al cerebro, a los músculos o allí donde se los requiera. O bien, si no se los requiere, pueden acumularse en forma de grasa.

Los carbohidratos complejos, por el contrario, deben ser procesados. El aparato digestivo tiene que descomponerlos en azúcares simples para poder extraer su energía. Es un proceso que requiere su tiempo y que garantiza un suministro de energía estable durante varias horas tras haber tomado un bol de cereales con el desayuno o un plato de arroz o lentejas a la hora de comer. De modo que, si se quiere garantizar un suministro suficiente de glucosa al cerebro para tener una buena memoria de trabajo a lo largo de toda la mañana, es preferible que el desayuno sea más rico en carbohidratos complejos que en azúcares.

Lo que hay que saber sobre la fibra

Existe un tercer tipo de carbohidratos que, en lugar de aportar calorías, tienen el efecto contrario: limitan la cantidad de calorías que se ingieren. Son carbohidratos por su estructura química, también formada por átomos de carbono, hidrógeno y oxígeno, pero su efecto en el organismo es diferente. Son las fibras.

Las fibras han demostrado su utilidad para prevenir o controlar el sobrepeso, la diabetes, el exceso de colesterol, las enfermedades cardiovasculares y el cáncer de colon, entre otras dolencias, así como para facilitar el tránsito intestinal. Por estos motivos, una de las recomendaciones principales sobre nutrición de la Asociación Americana del Corazón (AHA, según sus iniciales en inglés) es «elegir alimentos con cereales integrales y ricos en fibra». Ésta es una de las recomendaciones, por cierto, que menos seguidores tiene: pese a los beneficios demostrados que la fibra tiene para la salud, son minoría las personas que toman los 25 gramos diarios que recomienda la Sociedad Española de Nutrición Comunitaria.

Hay unos cinco gramos de fibra en el bol de muesli que toma Rosa, otros dos en el plátano y cinco más en la manzana que toma doña María, aunque apenas hay ninguno en el desayuno de Pablo. El muesli aporta sobre todo fibras no solubles, que ofrecen saciedad sin calorías —por lo que son recomendables para luchar contra el exceso de peso— y que facilitan el paso rápido de los alimentos por el tracto digestivo. Son un tipo de fibras que abundan en los vegetales de hoja verde, en los frutos secos, en la piel de las frutas y en los cereales integrales, motivo por el que la AHA recomienda que por lo menos la mitad de los cereales que se consuman sean integrales. Otra recomendación que tiene pocos seguidores.

La manzana, por el contrario, aporta sobre todo fibra soluble. Concretamente, una fibra llamada pectina que interfiere con el paso del azúcar y del colesterol de los alimentos a la sangre y que es uno de los motivos principales por los que la manzana es un símbolo de salud. De ahí el popular dicho inglés «*An apple a day keeps the doctor away*»: una manzana al día mantiene al médico a distancia.

Este tipo de fibras, las solubles, abunda también en algunos vegetales como la zanahoria o el brócoli, en la pulpa de numerosas frutas y en las legumbres. Son fibras que en parte se pueden disolver en agua, por lo que a la hora de cocinar dan una textura suave, a veces gelatinosa, a los alimentos.

Pros y contras de la leche

Además de carbohidratos, los tres desayunos también tienen lácteos. Yogur y café con leche para Rosa, café con leche para doña María, y leche con cacao para Pablo.

Un caso curioso, el de la leche. Considerada un alimento esencial y un símbolo de salud hasta hace unos veinte años, ha perdido después parte de su buena imagen. Se le ha criticado desde su alto contenido en grasas saturadas hasta que es un alimento que la naturaleza ha diseñado para los recién nacidos. Se ha dicho que tomarla siendo adultos no es natural y que resulta indigesta, porque los adultos no pueden digerir la lactosa de la leche como los bebés. En España, estas críticas han llevado a que el consumo de leche se haya reducido un 26 por ciento en doce años. De 111 litros anuales por persona en 1994 a 82 litros en 2006. Pero en los últimos años, a medida que se han acumulado estudios sobre los efectos de la leche en la salud, ha emergido una visión más matizada sobre sus virtudes y defectos.

Empecemos por las virtudes. La más importante de ellas es el calcio, el principal mineral de huesos y dientes. Los lácteos son la mejor fuente de calcio de la dieta. También aportan calcio las legumbres, los frutos secos, algunas frutas como las naranjas, algunas verduras como el brócoli o las espinacas... Pero ni suelen tener tanto calcio ni éste suele ser tan útil para el organismo. El de la leche tiene la ventaja de que llega acompañado de vitamina D, lactosa y aminoácidos que favorecen su absorción. Es decir, favorecen que el calcio pase a la sangre y que el organismo pueda utilizarlo.

Este calcio es uno de los requisitos básicos para construir los huesos en edades de crecimiento, regenerarlos en edades posteriores y reducir de este modo el riesgo de fracturas. No es el único requisito. Para tener un buen esqueleto, tan importante como el calcio es la actividad física. Y dentro de la actividad física, es preferible un ejercicio en que las piernas deban sostener el peso del cuerpo, como correr o saltar, que otros ejercicios como nadar o ir en bicicleta, que son igualmente beneficiosos para el corazón pero no son tan útiles para los huesos.

En cualquier caso, sin suficiente calcio no es posible construir y mantener unos huesos saludables. En los cuatro años en que se acumula el 40 por ciento de la masa ósea de toda la vida, aproximadamente entre los once y los quince años, se necesitan unos 1.300 miligramos diarios de calcio, lo que equivale a un litro de leche, o a seis yogures. Pero muchos adolescentes no llegan a esta cantidad, con lo que tendrán un mayor riesgo de sufrir fracturas cuando sean mayores. Y no es una carencia que se limite a los adolescentes. También hay amplios sectores de la población de veinte a cincuenta años que no llega a los 1.000 miligramos diarios recomendados, y de la población de cincuenta a setenta que no llega a los 1.200.

Segunda gran virtud de los lácteos: las proteínas. Un vaso de leche de 200 centímetros cúbicos contiene 6,5 gramos de proteínas, que representan el 10 por ciento de las necesidades proteicas diarias de una persona adulta. Pero más importante que la cantidad es la calidad de estas proteínas. Aportan los aminoácidos esenciales (aquellos que el cuerpo humano no es capaz de sintetizar y que por lo tanto deben ingerirse con los alimentos) en proporciones adecuadas.

De hecho, la leche es uno de los escasos alimentos de nuestra dieta que la naturaleza ha diseñado precisamente para ser un alimento. Y la ha diseñado de manera que cubra todas las necesidades nutricionales de un mamífero en sus primeros meses de vida. Esto la convierte en un alimento muy completo que aporta no sólo calcio y proteínas sino también otros nutrientes vitales como vitamina A o minerales como fósforo o potasio.

Vayamos a los defectos. La leche de vaca, se dice, es rica en grasas saturadas. Cierto. Esto ocurre porque las bacterias del aparato digestivo de los rumiantes convierten las grasas insaturadas de los pastos en grasas saturadas que después pasan a la leche. Pero esto tiene remedio. Si un vaso de leche entera contiene siete gramos de grasas, la mayoría de ellas saturadas, en la semidesnatada la cantidad se reduce a 3,2 gramos, y en la desnatada, a 0,2 gramos. Esto explica que la mayoría de consumidores opten en España por leche semidesnatada, que tiene más sabor que la desnatada pero menos grasas que la entera.

Segundo defecto. La leche contiene lactosa, que resulta indigesta para un gran número de personas. También cierto. La lactosa es el azúcar de la leche y para digerirlo es necesaria una enzima llamada lactasa, que las crías de todos los mamíferos tienen mientras dura la lactancia y pierden después cuando crecen. En el norte de Europa se ha extendido una modificación genética que permite a los adultos seguir digiriendo lactosa, lo que se atribuye a que, tras la aparición de la ganadería, las personas capaces de tomar leche sobrevivieron mejor a los inviernos y tuvieron más descendientes. Ahora en Escandinavia

* Ideas para sacar partido de los lácteos

Yogur para beber hecho en casa
Batir yogur natural + fresas + azúcar con túrmix y servir.
(Se puede hacer de otros sabores según temporada: plátano, kiwi, frambuesas...)

El yogur como salsa
Usar un yogur cremoso ligeramente batido como salsa para acompañar postres.

Polos de leche
Poner la leche a hervir con azúcar unos veinte minutos y congelar en moldes de polo o en cubiteras con un palito.

Leches aromatizadas
Para dar variedad al sabor de un vaso de leche, se puede aromatizar con canela o limón y un poco de azúcar. También se pueden probar aromas más atrevidos como anís, azafrán...

* Un buen té frío

Una buena forma de disfrutar de un té frío es mezclar el té con el agua en frío y dejarlo tapado en la nevera durante toda una noche. Se descubrirá todo el frescor de los aromas del té.

* Otra forma de tomar café

Café con hielo
Congelar cubitos de café para refrescar el café con hielo sin aguarlo.

Café cremoso
Poner 4 tazas de café en un recipiente alto con 4 cubitos de hielo y batirlo con un túrmix moviendo de abajo arriba hasta que se forme una espuma espesa. Puede usarse para hacer un café en texturas o para acompañar postres.

el 98 por ciento de los ciudadanos toleran la lactosa. En Alemania y el norte de Francia, el 90 por ciento. En el sur de Europa, sólo el 40 por ciento.

Pero incluso personas que no tienen suficiente lactasa pueden consumir pequeñas cantidades de leche sin experimentar la sensación de pesadez, las flatulencias o la diarrea características de la intolerancia a la lactosa. Esto explica que mucha gente pueda tomar un cortado sin problema pero se sienta mal si toma un vaso entero de leche.

Estas mismas personas, sin embargo, pueden obtener calcio de otros lácteos como los quesos, que prácticamente no contienen lactosa, o los yogures, que incorporan bacterias saludables capaces de digerir la lactosa.

El café, rehabilitado

El caso del café no es muy distinto al de la leche, pero al revés. Cargado de connotaciones negativas durante décadas, las investigaciones realizadas en los últimos años lo han rehabilitado.

Al café se le ha acusado de agudizar el estrés y se temía que pudiera contribuir a las enfermedades coronarias. Estas acusaciones tenían su fundamento: la cafeína tiene un efecto estimulante en el cerebro y un efecto vasoconstrictor en las arterias. Pero cuando se ha analizado, en 128.000 personas de Estados Unidos, si aquellas que toman mucho café tienen más riesgo de sufrir una enfermedad cardiovascular que aquellas que toman poco o nada, se ha observado que esto no es así. Por lo menos hasta seis tazas diarias, el café no aumenta el riesgo de infarto. Eso sí, tampoco parece reducirlo.

Lo que sí parece reducirse con el consumo de café son las pérdidas de memoria, por ejemplo en personas diagnosticadas de alzhéimer, así como algunos síntomas de párkinson, el riesgo de desarrollar diabetes tipo 2 (la diabetes más frecuente), el de litiasis biliares (piedras en la vesícula) y el de cirrosis hepática.

Estos efectos se han observado en estudios epidemiológicos en los que se ha relacionado estadísticamente el consumo de café con la evolución de los síntomas en grupos amplios de pacientes. Son estudios que no permiten deducir cuál es el mecanismo por el que el café puede producir estos efectos protectores. La principal línea de investigación apunta a los llamados receptores de adenosina, unas estructuras químicas que se encuentran en la mayoría de órganos y tejidos del organismo y con las que la cafeína interactúa.

Pero no todo son beneficios en el café. Hay personas que toleran mal la cafeína, por su acción sobre estos mismos receptores de adenosina. Y aunque otras muchas lo toleren bien, cantidades altas de cafeína parecen acelerar la pérdida de calcio en los huesos. Lo que, si se añade a una dieta con insuficiente calcio y un estilo de vida con insuficiente actividad física, puede favorecer la osteoporosis.

La lista de la compra

Antes de levantarse de la mesa, como cada sábado, Rosa y Pablo hacen juntos la lista de la compra. Para Rosa sería más rápido hacer la lista ella sola. Pero lo aprovecha para ayudar a su hijo a aprender a escribir, tanto por la ortografía («mamá, ¿cómo se escribe zanahoria?») como por la psicomotricidad fina, es decir, para que adquiera precisión y soltura en las acciones que se hacen con las manos. También lo aprovecha para que Pablo empiece a ayudar en las tareas de casa de manera natural, como si fuera un juego, y para que sienta que participa en la compra, porque después será él quien vaya con Juan al supermercado, y no irá como acompañante sino como ayudante.

No hay ninguna fórmula universal para hacer bien una lista de la compra. La manera de hacer la lista es un reflejo de la organización mental de cada persona. Algunas listas son metódicas, otras son caóticas. Unas muy detalladas («400 gramos de tomates de pera»), otras más generales («Tomate»). Unas empiezan por los primeros platos, después los segundos... Otras agrupan los alimentos de la nevera en una columna, los de la despensa en otra... No hay una manera de hacer la lista de la compra mejor que otra. Mientras al volver a casa se tenga todo lo que se necesitaba, toda lista es buena.

Las únicas recomendaciones que se pueden hacer ante tanta diversidad de organizaciones mentales es que, si se va al supermercado una vez por semana, puede ser útil planificar con antelación qué se comerá en casa a lo largo de la semana. No es necesario que la planificación sea detallada hasta el punto de indicar los platos concretos que se van a servir cada día. Pero sí conviene que cuando haya pescado no siempre sea merluza, que cuando haya pollo no siempre sea rebozado, que no cada sábado se compren las mismas frutas... En fin, que los platos sean variados y se evite la monotonía.

3 COMPRA INTELIGENTE
10.00 horas

Son casi las diez y media cuando Juan llega con Pablo al supermercado de una gran superficie comercial. Les recibe un enorme cartel de colores alegres que les invita a probar una nueva marca de batido de cacao, otro cartel que anuncia rebajas en la sección de bollería, largos pasillos llenos de productos con envases diseñados para llamar la atención... Golosinas para la vista. La gran superficie es a la compra lo que el *fast food* a la comida. Es *fast* compra. A gran escala, en poco tiempo y con un gran recipiente que llenar. El estómago en un caso, el carro del supermercado en el otro. Todo muy cómodo y apetitoso. Y, al igual que un restaurante de *fast food*, una gran ocasión para educar a un niño de ocho años como Pablo. Excepto por el hecho de que, a partir del momento en que uno se toma la compra como una oportunidad de educar, deja de ser *fast* compra. Educar, ya se sabe, no es algo que se pueda hacer con prisas.

Un ejercicio para aprender a elegir

—Fíjate, Pablo; entre estos dos yogures, ¿cuál elegimos? —le pregunta Juan al llegar a la nevera de los lácteos.

En el envoltorio de uno de los yogures, que vienen en *packs* de cuatro, aparece un conejo rosa sonriente. El envoltorio del otro tiene un diseño más sobrio, no tan infantil. El primer impulso de Pablo es elegir el del conejo rosa. Pero no es la primera vez que hacen este juego y ya ha aprendido que los cereales no saben a oso panda, así que el yogur tampoco sabrá a conejo rosa. Reprime su primer instinto de compra impulsiva y trata de descubrir cuál será mejor. Lee las letras grandes de los envoltorios: los dos son yogures de fresa. No sabe cuál le va a gustar más.

—Mira —le dice Juan—, en este pone «Con fruta troceada». En este sólo pone «Sabor a fresa». ¿Te gusta encontrar trozos de fruta dentro del yogur?

—No mucho.

—Entonces ¿cuál cogemos?

—Éste —dice Pablo señalándolo con el dedo.

—Ponlo en el carro.

Desde luego, es un ejercicio arriesgado. Hay que aprender a jugarlo y puede que no salga bien el primer día. Uno puede acabar llevándose a casa una caja de galletas que no pretendía comprar. Pero es instructivo. El principal aliciente del juego, para Pablo, no es conseguir meter en el carro esas galletas que papá no quería sino aprender a elegir los alimentos correctos y seguir jugando. Pasar pantallas, versión supermercado. Y Juan tiene que ser coherente. No puede dejarle elegir el yogur o las galletas a Pablo y, si toma una decisión que no le gusta, defraudarle y decirle que no. Es mejor limitar las opciones a dos o tres tipos de yogur, en lugar de dejar que elija entre varias docenas, y guiarle para que aprenda a tomar la mejor decisión.

Los trucos del supermercado

Sabor a conejo rosa; qué tontería, ¿verdad? Probablemente es lo que habrán pensado algunos lectores. Pero los adultos caemos en las mismas trampas. Tal vez no en un conejo rosa, pero sí en un prado verde en un envase de leche que nos sugiere que la vaca ha pastado al aire libre (falso, es leche de una granja industrial). O en el color rojo de un tomate que parece indicar que estará sabroso (falso, hay tomates menos agraciados que saben mejor). O en la palabra *light* en un envase de mayonesa (que tiene menos calorías que una mayonesa convencional pero sigue siendo un producto rico en calorías). O en la iluminación del supermercado y la disposición de los productos, que están estudiados para inducir a comprar.

Nada de qué escandalizarse, por otra parte. La industria alimentaria es un negocio y lo extraño sería que no utilizara estrategias para hacernos adquirir incluso productos que no necesitamos. Lo hace de dos maneras. La primera de ellas consiste en apelar a mecanismos inconscientes, a nuestra impulsividad a la hora de decidir qué compramos y qué comemos, y se aprovecha de que la cultura de consumo actual antepone los deseos a las necesidades. De ahí que se haya establecido una competencia entre marcas para presentar productos a cuál más sabroso, con texturas agradables y estudiadas combinaciones de grasas y azúcares que apelan directamente a los circuitos neurológicos del placer. Los mismos circuitos, por cierto, que se activan en las adicciones y que explican por qué a veces es tan difícil resistirse a alimentos que, si pudiéramos decidir de manera racional, no tomaríamos. Y de ahí también que en los supermercados se cuide la iluminación y la música ambiental, se estudie la separación óptima entre estantes o se coloquen los productos que más interesa vender en los lugares donde son más fáciles de coger, de manera que baste un rápido gesto para meterlos en el carro y se reduzca el tiempo para que nos preguntemos si realmente los queremos o no.

Nadie está a salvo de estas estratagemas que actúan por debajo del umbral de la conciencia. Pero para aquellas personas que son más resistentes a ellas hay un segundo tipo de estrategias de venta que apelan a la racionalidad. Ejemplo típico: las ofertas de tres por dos. Uno las adquiere porque razona que sale a cuenta pagar dos unidades y llevarse tres. Pero cuando las organizaciones de consumidores han analizado estas ofertas, han advertido que no suelen aplicarse a alimentos básicos que compraríamos de todos modos como la leche o el arroz, sino a productos más marginales que tal vez no compraríamos. O bien que se aplican a productos perecederos que tal vez no dará tiempo a consumir antes de que caduquen. O que se utilizan como reclamo para atraernos al supermercado. De modo que no son una estrategia para ayudarnos a ahorrar sino para inducirnos a gastar más.

Otro ejemplo de estrategia que apela a la racionalidad del consumidor: etiquetar un alimento como *light*, como bio, ciento por ciento natural, enriquecido, bajo en sal, sin colesterol... En suma, dar a entender que es un alimento saludable. Por lo menos más saludable que alimentos similares de la competencia. Y algunas veces es cierto. Pero otras veces no tanto. ¿Cómo podrían tener colesterol un refresco de cola o un pan de molde?

No hay nada ilegal en todo esto. No puede decirse que sean exactamente engaños. Podríamos decir, por llamarlas de algún modo, que son estrategias de optimización de ventas.

La mejor defensa que tienen los consumidores ante estas presiones comerciales es la información. Si una persona está bien informada y procura comprar los alimentos de manera racional, es poco probable que se vea empujada a adquirir productos que en realidad no deseaba. Ante las ofertas de tres por dos, por ejemplo, las organizaciones de consumidores aconsejan calcular cuánto costaría un kilo o un litro del producto, porque a veces uno se encuentra con la sorpresa de que sale más caro el producto que está de oferta que el de al lado que no lo está. Y ante las proclamaciones de que un alimento es saludable, aconsejan leer la información nutricional de las etiquetas. También recomiendan ir a comprar sin hambre, por ejemplo después de haber desayunado, como hacen Pablo y Juan, para comprar de manera racional y no caer en la tentación de la compra por impulso.

Aprender a leer etiquetas de información nutricional

Pablo y Juan llegan a la sección de cereales para el desayuno. Los preferidos de Pablo son una especie de semiesferas de cereal chocolateado. Los hay de dos marcas distintas: unos están envasados en una caja amarilla que presenta el dibujo de un mono, y los otros, en una caja verde con otro mono.

—¿Cuál de los dos nos llevamos, Pablo?

El juego no consiste en decir éste o aquél, sino en encontrar una buena razón para quedarse con uno u otro. Por sabor, poca diferencia hay. No saben exactamente igual, pero los dos le gustan. Por precio, tampoco. Uno es algo más caro que el otro, pero teniendo en cuenta que en una caja hay suficientes cereales para diez desayunos, la diferencia acaba siendo de unos pocos céntimos por desayuno. Hasta aquí, empate. La diferencia importante, Pablo lo sabe de otros sábados, es la calidad. Así que coge las dos cajas y se prepara para descifrar la letra pequeña.

Hay mucha letra, la verdad, y muchos números. Parece hecho adrede para ponérselo difícil. Pero sabe que tiene que ir a mirar la línea donde pone grasas.

—Éste tiene más —dice señalando el amarillo—. Pone 4,8 y en el otro pone 2,5.

No sabe exactamente 4,8 qué, pero sabe que, con los cereales, cuanto menos tengan, mejor. Después va al sodio, que su padre le contó que es una manera de saber si han puesto más o menos sal, y que es mejor que hayan puesto poca.

—También tiene más éste.

Y para acabar mira el azúcar. Amarillo, 38 – Verde, 34.

—Nos llevamos éste —dice poniendo la caja verde en el carro—. ¡Ha ganado por tres a cero, papá!

Grasas, sodio y azúcar: a menos que uno tenga alergias o intolerancias alimentarias, éstos suelen ser los tres datos más relevantes en las etiquetas de información nutricional, porque son tres nutrientes que contribuyen a algunos de los problemas de salud más frecuentes en las sociedades actuales. Los excesos de grasas y de azúcares contribuyen al exceso de peso, y a la larga lista de trastornos que se derivan del sobrepeso y la obesidad, como el síndrome metabólico, la diabetes tipo 2 (la más común), la hipertensión o las enfermedades cardiovasculares. Y el exceso de sodio contribuye a elevar la tensión arterial, por lo que acostumbrarse a tomar una dieta baja en sodio desde la infancia es una de las maneras más sencillas de reducir el riesgo de tener hipertensión en el futuro.

No es que los otros datos de información nutricional no sean relevantes, pero su interés depende más de las circunstancias personales de cada consumidor. Por ejemplo, fijarse en la cantidad de calcio, que se suele añadir como suplemento a los cereales para el desayuno, puede ser importante para adolescentes, especialmente si tienen una dieta pobre en lácteos, pero no lo es tanto para personas adultas sanas con una dieta equilibrada. Fijarse en el hierro es útil si se tiene anemia, especialmente cuando la dieta es pobre en carnes rojas. El ácido fólico tiene especial interés para mujeres que desean quedarse embarazadas y en los primeros meses de la gestación, ya que el feto lo necesitará para que su sistema nervioso se desarrolle correctamente...

Y después hay datos a los que a veces se da mucha importancia y que, desde el punto de vista de la salud, son poco informativos. Los transgénicos, por ejemplo, en contra de los cuales se puede estar por razones ideológicas pero que no son peligrosos para la salud; al fin y al cabo, la mayoría de alimentos de nuestra dieta han sido manipulados genéticamente a lo largo de la historia de la agricultura y la ganadería para potenciar sus cualidades y minimizar sus defectos. O bien los aditivos, que es obligatorio declarar en las etiquetas para informar a los consumidores pero que no tienen ningún riesgo demostrado para la salud en las cantidades en las que se emplean, a menos que uno sea alérgico a alguno de ellos.

Los aditivos, en cierto modo, son víctimas de la manera de etiquetarlos. Se los identifica con códigos que parecen matrículas, como E-101 o E-300, lo que puede inducir a pensar que son sustancias artificiales. Pero no tienen por qué serlo. Algunos son artificiales y otros naturales, como precisamente el E-101 (que es la vitamina B2 o riboflavina) o el E-300 (que es la vitamina C). Se les llama aditivos simplemente porque se añaden a los alimentos para mejorar características como el sabor, la apariencia, la textura o la conservación. Visto así, la sal que ponemos en una tortilla o la pimienta de un gazpacho son aditivos domésticos. Y si se los identifica con códigos no es porque sean sintéticos, sino para unificar la manera de designarlos en las etiquetas de alimentos de la Unión Europea (UE). La E indica precisamente que es un aditivo alimentario aceptado en la UE. Los que empiezan por el número uno, que abarcan del 100 al 199, son colorantes. Los que empiezan por dos son conservantes. Y los que empiezan por tres incluyen antioxidantes y reguladores de la acidez.

Lo que hay que saber sobre las grasas

A las grasas, pese a su mala fama, les debemos la vida. Tienen la gran ventaja de que no se mezclan con el agua. Se dice que son hidrofóbicas. Por eso todas las células del cuerpo humano utilizan grasas para construir sus membranas y no mezclarse unas con otras. Las grasas constituyen la frontera de las células, los envoltorios del cuerpo, que está formado por agua en un 70 por ciento. Algunas grasas son también trabajadoras cualificadas que realizan tareas de alta precisión, como el colesterol HDL (o colesterol bueno) que mantiene las arterias en buen estado. Además, son imprescindibles para que funcionen algunas moléculas vitales, como las vitaminas liposolubles, que sólo se disuelven en grasas. Y son una excelente reserva de energía para tiempos difíciles. Por eso son tan calóricas, porque la naturaleza las diseñó para empaquetar la máxima energía en el mínimo espacio, y ayudar así al oso polar a resistir el invierno, y a los humanos de la prehistoria a sobrevivir a las hambrunas. Es por todas estas virtudes que se recomienda que entre el 30 y el 35 por ciento de las calorías de la dieta procedan de las grasas. Porque seguimos necesitándolas para regenerar las membranas de nuestras células y para realizar funciones vitales.

Pero no todas las grasas son iguales. Hay un detalle importante de la etiqueta de los cereales en el que Pablo no se ha fijado. Bajo la línea donde ha leído «grasas», en letras más pequeñas, ponía «de las cuales saturadas». En la caja verde, cantidad de grasas: 2,5 gramos (por 100 gramos de alimento); de las cuales saturadas: 1 gramo. Juan sí que se ha fijado. Porque tan importante como el contenido de grasas, que indica si un alimento es más o menos calórico, es la calidad de estas grasas.

Como norma general, las grasas que son líquidas a temperatura ambiente son preferibles a las que son sólidas. Las saturadas son sólidas y abundan en algunos productos de origen animal como la carne de ternera o de cordero, la mantequilla o la nata. Son grasas que el cuerpo humano necesita en cantidades pequeñas pero que, en exceso, contribuyen a tener niveles altos de colesterol LDL (o colesterol malo) y aumentan el riesgo de sufrir enfermedades cardiovasculares, así como algunos cánceres como el colorrectal o el de mama.

También son sólidas a temperatura ambiente las grasas trans que se emplean en la industria alimentaria para mejorar la textura y el sabor de algunos alimentos y conseguir que productos como bollos o galletas no resulten aceitosos sino secos. Son un tipo de grasas que se obtienen a partir de aceites vegetales por un proceso químico llamado hidrogenación. Por eso se las llama también grasas vegetales hidrogenadas. Y por eso, si la etiqueta de un producto dice que contiene aceites vegetales, lo que puede dar a entender que contiene grasas saludables, conviene pensar que puede tratarse de grasas trans, que son las más perjudiciales para la salud. Las grasas trans elevan el colesterol malo, reducen el bueno, aumentan los triglicéridos, puede que interfieran con la insulina contribuyendo así al riesgo de diabetes y probablemente merman la capacidad de dilatarse de los vasos sanguíneos y favorecen la hipertensión. Pero en la Unión Europea la normativa de etiquetado de alimentos por ahora no obliga a informar si las grasas vegetales han sido hidrogenadas, lo que permite a la industria ocultar el contenido en grasas trans de los alimentos. De modo que un consumidor puede adquirir un producto porque ve que lleva grasas vegetales y en realidad estar adquiriendo grasas trans.

Cuando no están hidrogenadas, las grasas de origen vegetal suelen ser aceites, que son líquidos a temperatura ambiente. Se trata en su mayoría de un tipo de grasas llamadas insaturadas. Sin embargo, dentro de las insaturadas hay una gran variedad.

Resultan especialmente recomendables las monoinsaturadas, que predominan en el aceite de oliva. Reducen el colesterol malo, elevan ligeramente el bueno y se recomienda que aproximadamente la mitad de las grasas de la dieta sean de este tipo. Además de encontrarse en el aceite de oliva, cosa que lo convierte en el aceite ideal para cocinar y para aliñar, las grasas monoinsaturadas abundan también en los aguacates, en algunos frutos secos como almendras y avellanas y hasta en algunos productos de origen animal como el pato o el bacalao.

También merecen párrafo propio por sus virtudes las grasas insaturadas omega 3, que predominan en el pescado. Mejoran los niveles de colesterol al igual que el aceite de oliva, pero además reducen la tendencia de la sangre a formar coágulos, ayudan a controlar la tensión arterial y previenen arritmias. Entre las distintas especies de pescado, tienen más omega 3 los pescados azules, como el salmón, la anchoa o la sardina, que los blancos, como el rape o la merluza. La diferencia no se debe a que el pescado blanco sea peor, sino a que es un tipo de pescado menos graso.

Hoy día también se pueden encontrar alimentos enriquecidos en omega 3 como huevos y leche. Existen varios tipos de ácidos grasos omega 3. Entre ellos, el DHA (nombre completo: ácido docosahexaenoico, por si alguien tiene afición a los trabalenguas) y el EPA (ácido eicosapentaenoico). Y algunos productos se promocionan como «enriquecidos en DHA», en lugar de «enriquecidos en omega 3». Ambos ácidos grasos, el DHA y el EPA, se consideran igualmente beneficiosos para la salud cardiovascular, aunque el DHA tiene la ventaja adicional de que favorece el desarrollo neurológico en fetos y recién nacidos. Sin embargo, ningún estudio ha demostrado todavía que el consumo habitual de estos alimentos enriquecidos tenga los mismos efectos que el consumo de pescado.

En cuanto al resto de grasas insaturadas, como las omega 6 que predominan en el aceite de girasol, se sitúan en la zona media de la tabla, a medio camino entre el aceite de oliva y las grasas del pescado, que ocupan los puestos de honor, y las grasas saturadas y las trans, que ocupan las posiciones más bajas. Se sabe que el cuerpo no puede fabricarlas, por lo que una dieta correcta debe incluir por lo menos una pequeña cantidad de omega 6, pero se recomienda consumirlas con moderación para que no más del 10 por ciento de las calorías de la dieta proceda de este tipo de grasas.

Ningún alimento, de todos modos, contiene un único tipo de grasas. Ni todas son monoinsaturadas en el aceite de oliva (lo son un 74 por ciento, pero también contiene un 13 por ciento de grasas saturadas) ni todas son saturadas en un bistec de ternera (sólo lo son un 50 por ciento, y también contiene un 29 por ciento de monoinsaturadas beneficiosas). Y, contrariamente a una idea extendida, no siempre predominan las grasas saturadas en las carnes: en el pollo, el pato y el cerdo son mayoría las monoinsaturadas. Y también en el filete de cocodrilo, si es que lo han probado alguna vez: 48 por ciento de monoinsaturadas frente a 30 por ciento de saturadas.

Cuándo elegir el producto más caro

Para Pablo —lo hemos visto cuando elegía los cereales—, una de las diferencias importantes entre dos alimentos es la calidad. El precio importa, y entre dos productos que empaten en calidad, elige el más barato. Pero cuando hay una pequeña diferencia de precio y una pequeña diferencia de calidad, le han enseñado a elegir el más caro.

Esta norma tiene sentido, en particular, con alimentos elaborados con grasas. Son alimentos en los que se aprecian diferencias claras de calidad que se reflejan en el precio y que repercuten en los beneficios para la salud.

Por ejemplo, las grasas trans son baratas, las insaturadas son más caras. Por lo tanto, la bollería elaborada con grasas de calidad resultará más cara, incluso si no es más sabrosa.

Otro ejemplo: el aceite de oliva es más caro que el de girasol. Pero la diferencia de precio entre los dos es pequeña si se compara con el gasto total en alimentos de una familia o con otros gastos que en el fondo se consideran menos importantes que la salud. De modo que, cuando Pablo y Juan llegan a la sección de aceites, eligen el de oliva.

Y cuando llegan a las anchoas en conserva, eligen las que están en aceite de oliva, que suelen tener peor aspecto que las que están en otros aceites, porque el de oliva tiende a solidificarse a temperatura de nevera, pero son de más calidad.

Otro alimento donde el precio se suele corresponder con la calidad es el pan. En este caso, la calidad es más una cuestión de sabor que de beneficios para la salud. Pero para disfrutar de un pan cocido en un buen horno después de que la masa se haya dejado fermentar durante tres horas, es preciso que un panadero haya estado trabajando de noche para preparar la masa y haya cuidado después la cocción, lo cual repercutirá en el precio del pan. Lo que es difícil es tener pan excelso a precio de precocinado.

De todos modos, la relación entre calidad y precio no es una ley universal. Las excepciones más notorias se observan entre los productos frescos, donde puede ocurrir que el precio de un manojo de espárragos baje a la mitad en una semana mientras la calidad sigue siendo la misma. O que el precio del rape se dispare porque han llegado menos capturas a la lonja.

Y también ocurre que productos considerados modestos, como las sardinas frescas o las hortalizas de temporada, sean excelentes, mientras que otros considerados más lujosos, como una langosta congelada, resulten mediocres. De esta paradoja ya han tomado nota los restaurantes de alta cocina, donde hasta hace poco era inconcebible no servir productos de lujo, y donde ahora lo que es inconcebible es no servir productos de calidad.

La calidad de los congelados

Hablando de langosta congelada, ¿por qué resulta mediocre? ¿Por qué hay tantas diferencias de calidad entre unos alimentos congelados y otros?

Las patatas fritas, por ejemplo, quedan bien para el gusto de un gran número de consumidores. Prueba de ello es que se han convertido en uno de los productos congelados estrella. Incluso hay variedades de patatas que se cultivan específicamente para congelarlas y freírlas. La congelación ayuda a que queden crujientes ya que, al estar tan frías cuando se introducen en aceite caliente, el agua de su capa más externa se evapora inmediatamente y se produce una reacción química que crea una corteza dura y quebradiza.

Por esta misma razón, conviene freír las patatas en aceite muy caliente aunque no estén congeladas si se quiere que queden crujientes. Si se introducen en la sartén cuando el aceite aún está templado, no se evaporará el agua de su superficie con tanta rapidez, la reacción química no será tan eficiente y las patatas quedarán más blandas. Lo cual puede gustar a algunas personas.

También las carnes y los pescados congelados pueden resultar excelentes. Un filete de merluza congelado, por ejemplo, tiene características muy similares a las de una merluza sin congelar desde un punto de vista nutricional. La misma proporción de proteínas y grasas, y el mismo valor nutritivo. Incluso es posible que los pescados congelados sean más frescos, porque se someten a bajas temperaturas desde el momento de la captura y apenas se degradan durante todo el proceso de transporte y venta.

Pero no todos los alimentos se prestan por igual a ser congelados. Una excepción entre los pescados es el bacalao fresco, ya que sus proteínas se alteran con la congelación, de modo que pierde su textura melosa y después queda más seco y menos agradable al paladar, aunque sigue siendo igual de nutritivo. Y, entre los vegetales, las lechugas, que cambian de color al perder algunos de sus pigmentos y micronutrientes.

Los alimentos congelados pueden deteriorarse por diferentes razones. La primera es que gran parte del agua de los alimentos se solidifica y forma cristales de hielo. Estos cristales pueden perforar las membranas de las células, de modo que una parte de los nutrientes se pierda. Es por este motivo que, cuando se descongela un trozo de carne o de pescado, suele perder un poco de agua. En esa agua está el contenido de las células que se han roto. Para limitar el problema, los productos alimentarios se someten a un proceso de congelación ultrarrápida con temperaturas que suelen situarse entre cuarenta y sesenta grados bajo cero, de modo que los cristales que se forman son pequeños y no suelen sobresalir de las membranas de las células.

Un segundo problema es que en algunos alimentos, incluso estando congelados, siguen produciéndose reacciones químicas que alteran su aspecto y propiedades nutricionales. No se trata de un problema de contaminación sino de reacciones causadas por proteínas del propio alimento —concretamente, por enzimas, un tipo de proteínas que favorecen reacciones químicas—. Es por este deterioro, además de por la gran cantidad de agua que contienen, por lo que no resulta aconsejable congelar hortalizas y frutas que se consumen crudas como lechugas o manzanas. Las verduras que se toman cocidas, por el contrario, se sumergen en agua hirviendo durante uno o dos minutos antes de congelarlas, lo que inactiva las enzimas y evita las reacciones químicas perjudiciales.

Tercer problema: las grasas de los alimentos también siguen degradándose poco a poco en el congelador. Grasas químicamente estables como las saturadas se degradan lentamente, de modo que el cerdo se puede conservar seis meses congelado, el cordero nueve meses y la ternera hasta un año. Pero grasas menos estables como las monoinsaturadas y, sobre todo, las poliinsaturadas se degradan más rápido, por lo que no es aconsejable conservar en el congelador durante más de tres o cuatro meses el pollo o pescados ricos en grasas como el salmón.

Finalmente, los alimentos congelados pueden deteriorarse si se rompe la cadena del frío. Es decir, si se deja que se descongelen y se vuelven a congelar después. Esto puede perjudicar la calidad del alimento y favorecer la proliferación de microorganismos que resisten al frío y que se multiplican cada vez que el producto se descongela.

Si no se rompe la cadena del frío, el único problema que puede darse si se consumen de manera habitual alimentos congelados sería el de recurrir a un exceso de productos precocinados, que suelen tener poca fibra, bastantes grasas y mucha sal. Si se consumen de manera ocasional, los precocinados pueden resultar apetecibles y resolver la cena algún día que se llega a casa sin tiempo o sin ganas de ponerse a cocinar. Pero una dieta con exceso de precocinados ricos en grasas y sal difícilmente será una dieta equilibrada.

En el caso de alimentos no precocinados, los congelados son una buena alternativa a los productos frescos. Especialmente para aquellas familias que dedican poco tiempo a la compra y no tienen cada día alimentos frescos en casa.

Mercados en peligro de extinción

Para adquirir alimentos frescos, muchas personas prefieren el mercado tradicional a la gran superficie comercial. Comprarlos en el mercado requiere más tiempo y, desde el punto de vista de la salud, no hay una diferencia sustancial entre los productos frescos adquiridos en un sitio u otro. Pero en el mercado a veces encuentran más variedad de alimentos, tienen más capacidad de pedir que se los preparen tal como los quieren y pueden establecer una relación personal con el tendero.

Esta relación personal puede parecer un anacronismo en el siglo XXI. Estamos en el siglo de la eficiencia: máxima compra en el mínimo tiempo. Pero seguimos siendo primates sociales —unos más sociables que otros, pero todos igualmente sociales—, de la misma especie que los cromañones que se juntaban alrededor de una hoguera hace 40.000 años y con el mismo cerebro diseñado para relacionarnos con otros cerebros humanos. El tigre de Bengala es solitario; el ser humano, qué le vamos a hacer, es social. Y en el mercado, si se fijan, los compradores se relacionan con el tendero. A veces eligen un puesto u otro según la persona que les atiende. En cambio, si observan cómo se comporta la gente en los supermercados, verán que allí los compradores se relacionan directamente con el producto sin ningún intermediario humano. Nada que objetar, pero con el producto.

Y si la gran superficie es el reino de la uniformización, con decenas de cajas de las mismas marcas que en cualquier otro supermercado, a veces las mismas marcas que en otros países y que en otros continentes, porque es lo más rentable, el mercado es el reino de la diversidad, con una sucesión de pequeños comercios que no venden lo mismo y que son distintos de una ciudad a otra y de un país a otro. No deja de ser una paradoja que en el establecimiento más grande haya menos para elegir que en los pequeños. Pero lo mismo ocurre en la naturaleza, donde hay una gran diversidad de especies en ecosistemas pequeños, como en las selvas de Costa Rica o Indonesia, y después grandes territorios con una menor riqueza biológica, como en el Sahara. A los mercados y a los pequeños comercios de comesti-

10 consejos básicos para comprar con lógica

1. No ir a comprar con el estómago vacío. Ayudará a comprar de forma razonable sin caer en tentaciones.

2. Ir a comprar habiendo hecho antes una lista de lo que se necesita.

3. Si se dispone de tiempo, dar una primera vuelta al mercado o supermercado para ver los productos y localizar las ofertas.

4. Leer con atención las etiquetas y comparar artículos.

5. Dejar para el final la compra de los productos que deben conservarse en frío. Cuanto menos tiempo pasen fuera de la nevera, mejor.

6. La compra por internet en las grandes superficies ayuda a hacer una compra lógica. Es especialmente útil para productos de la despensa.

7. Ordenar el carro de manera que los productos delicados no reciban peso o golpes que los pueda dañar.

8. Al comprar productos frescos como carne o pescado, pedir al dependiente que haga las preparaciones más laboriosas como desespinar, deshuesar, cortar...

9. No desestimar de entrada los productos que no se conocen. Se pueden descubrir nuevas recetas interesantes con ellos.

10. Guardar los tickets de compra y repasar los precios. En pocas semanas se tendrá una base de datos mental útil para comparar productos.

bles les ocurre en cierto modo como a los ecosistemas de Indonesia y Costa Rica. Que, pese a su riqueza, están en peligro de extinción.

Por este motivo, hacer el esfuerzo de ir a comprar a estos pequeños comercios es también, más allá de las preferencias de cada cual, una opción ideológica. Es una manera de contribuir a su supervivencia. Y de defender un sistema comercial que no se limite a la uniformidad de las multinacionales y de las grandes superficies.

Para Juan, además, es una oportunidad más de enseñar a Pablo a conocer los alimentos. De aprender a distinguir los distintos tipos de plátano (en el supermercado al que han ido había de una sola variedad); a reconocer las distintas especies de pescado (en el supermercado ya estaban fileteados y preparados para la plancha); o a descubrir cómo se descuartiza un pollo.

—Fíjate, Pablo, eso marrón de ahí que sale de la tripa es el hígado.

—¿Para qué sirve?

—Es como un colador. Si en los alimentos que comes hay algo malo, el hígado lo filtra para que no te haga daño.

—¿Yo también tengo hígado?

—Claro, todos tenemos hígado. Lo tienes aquí —le dice Juan tocándole la parte derecha de la barriga justo debajo de los pulmones.

Ya ven, cualquier excusa es buena para hablar de alimentación y de salud a un niño de ocho años. Una noticia del diario, un anuncio de la tele, un pollo descuartizado... Cuando le hablan de cómo funciona su cuerpo, a Pablo le maravilla todo lo que le explican, como a gran parte de los niños en la etapa de la escuela primaria. O cuando le enseña a conocer los distintos tipos de alimentos con los que su cuerpo se construye día a día, a comprender de dónde vienen y a reconocer sus cualidades. O cuando le explica cómo reconocer si un pescado es fresco.

Cómo reconocer si un pescado es fresco

Con el pescado, al consumidor le puede resultar difícil saber de dónde viene una pieza, cuánto tiempo hace que la pescaron y cómo la han manipulado desde entonces. De modo que la pescadería es una de las tiendas donde la relación personal con un tendero de confianza, que conozca bien las características de las distintas especies y se preocupe por la calidad del género que vende, más ayuda a comprar productos en condiciones óptimas.

A falta de un pescadero de confianza, la manera más rápida de reconocer si un pescado es fresco es fijarse en los ojos y la piel. Los ojos deben ser negros, brillantes y convexos; si son grises, o bien se ven planos o hundidos, significa que el pescado, aunque siga siendo comestible, ya no está en su mejor momento. La piel debe verse brillante y tensa; si está mustia o arrugada, tampoco es muy fresco.

Para apreciar todas estas diferencias, es preferible comprar pescados enteros que filetes cortados previamente. O bien, en el caso de especies grandes como el atún o el emperador, es mejor comprar trozos que el pescadero corta ante la vista del consumidor. Además, si los filetes están ya cortados, habrán estado más tiempo expuestos a los microorganismos que pueda haber en el aire. Aun así, si se opta por filetes cortados con antelación, conviene fijarse en que tengan una apariencia brillante y en que sus bordes no hayan adquirido una tonalidad marrón, ya que esto sería una señal de que las grasas del pescado se han empezado a oxidar.

También el olor ayuda a apreciar si un pescado es fresco. Debe oler a mar, más que a pescado. Cuando se nota un fuerte olor a pescado, en realidad, no se huele a pescado sino a trimetilamina. Y cuando tiene un fuerte olor a trimetilamina, significa que hay bacterias que la han estado liberando durante un periodo largo. El pescado aún es comestible, pero ya no es fresco.

—Papá, ¿por qué aquí en el mercado tienen el pescado con hielo y la carne no? —pregunta Pablo.

—Para que se conserve mejor.

—¿Entonces la carne no se conserva tan bien?

Es el problema de enseñar a los niños a razonar, que a veces le ponen a uno en aprietos.

—Es porque hay pescados que viven en aguas muy frías y, aunque los pongas en la nevera, sus microbios pueden seguir creciendo —interviene el pescadero cuando ve que Juan no encuentra la respuesta—. Si pones la carne en la nevera, sus microbios ya no crecen. Pero para detener a los microbios del pescado, tenemos que ponerlo en hielo. Por eso la carne la podéis tener unos cuantos días en la nevera y el pescado es mejor que os lo comáis el mismo día que lo compráis o al día siguiente.

Beneficios y riesgos del pescado

La Sociedad Española de Nutrición Comunitaria recomienda tomar tres o cuatro raciones de pescado por semana a toda la población, y en pacientes cardiovasculares está justificado tomarlo cada día. Estas recomendaciones se han hecho después de que se haya observado que los consumidores habituales de pescado tienen un riesgo de morir por enfermedad cardíaca mucho más bajo que las personas que no suelen tomar pescado; y que, en las personas con problemas cardiovasculares, el riesgo de muerte súbita baja de un modo significativo si se consume pescado a diario.

Los efectos beneficiosos del pescado para el corazón y la circulación sanguínea se atribuyen a las grasas omega 3, que como

* Ideas para preparar pescado

Mejillones en escabeche rápido
Preparar unos mejillones frescos al vapor y usar el escabeche de una lata de mejillones como salsa.

Enharinar el pescado sin ensuciar platos
Poner el pescado limpio y bien escurrido en una bolsa de plástico, añadir la harina, cerrar y agitar. El pescado quedará perfectamente enharinado, listo para freír, sin haber ensuciado nada.

Papillote de caballa con verduras
También se le puede añadir alguna fruta ácida.

Sardinas marinadas a la frambuesa y pimienta
Aplastar unas frambuesas frescas y pasar un colador para conseguir un puré. Utilizarlo para acompañar unas sardinas marinadas y añadir un poco de pimienta recién molida.

Salmón meloso
Calentar el horno a 100 °C y cocer el salmón durante 20-25 minutos.

* Pescados de lujo asequibles

Hay muchos tipos de pescados que resultan económicos y, al mismo tiempo, deliciosos. Por ejemplo, la maira, el gallo, la caballa, los salmonetes, las sardinas, los boquerones, el cazón, o el jurel, entre otros muchos.

Algunos consejos:

- Es mejor una sardina excelente que un mal bogavante.
- Para descubrir nuevos sabores, conviene tener curiosidad y preguntar al pescadero por los tipos de pescado. Si se compra un pescado desconocido para nosotros, conviene preguntarle cómo cocinarlo.
- Es aconsejable fijarse en el precio y comprar un pescado u otro según la temporada.

hemos visto abundan en el pescado azul y tienen un efecto cardiosaludable. El pescado, tanto azul como blanco, es además una excelente fuente de proteínas de alta calidad y aporta micronutrientes imprescindibles como el yodo, el selenio y la vitamina D.

El consumo de pescado se recomienda especialmente a mujeres embarazadas y durante la lactancia, ya que aporta DHA, el ácido graso omega 3 que parece favorecer el correcto desarrollo del cerebro en fetos y recién nacidos. Sin embargo, en los últimos años se ha comprobado que el pescado también contiene contaminantes —como mercurio, dioxinas y bifenilos policlorados (PCB)— que pueden interferir en el correcto desarrollo del sistema nervioso. Se trata de contaminantes liposolubles, es decir, que se acumulan en tejidos grasos. Por lo tanto, se encuentran sobre todo en el pescado azul, más que en el blanco. Lo cual plantea un dilema: si los mismos pescados que se recomiendan para favorecer el desarrollo neurológico contienen contaminantes que pueden perjudicarlo, ¿qué debe hacer al final una mujer embarazada o que da el pecho, tomar pescado o no tomarlo?

Una vez revisados los estudios científicos realizados hasta ahora, la Asociación Médica Americana ha llegado a la conclusión de que los beneficios para la salud de comer pescado superan con creces a los riesgos potenciales. Pero recomienda a mujeres que estén o puedan quedarse embarazadas, a aquellas que den el pecho y a niños muy pequeños que eviten las especies de pescados que acumulan más contaminantes.

Como norma general, esto equivale a evitar las especies de pescado azul de gran tamaño porque, cuando un pez se come a otro, el mercurio y los contaminantes orgánicos de la presa se acumulan en la grasa del depredador. Por lo tanto, pescados grandes como el atún, el emperador o los tiburones suelen tener una grasa con más contaminantes que pescados más pequeños.

Las especies idóneas para incluir en la dieta durante el embarazo y la lactancia son pescados azules pequeños como la sardina, la anchoa, la caballa o el arenque, que son las que ofrecen el mejor equilibrio entre un contenido alto en omega 3 y bajo en contaminantes.

Con la excepción de mujeres embarazadas, en personas adultas no se ha demostrado que el mercurio y los contaminantes orgánicos que se encuentran en el pescado tengan efectos perjudiciales para la salud, ya que se ingieren en cantidades tan bajas que los efectos posiblemente sean insignificantes. Pero si, por precaución, se quiere minimizar la cantidad de contaminantes que se ingieren, es aconsejable retirar la piel del pescado antes de cocinarlo, porque la piel es un tejido rico en grasas que se pueden fundir durante la cocción y acabar en el plato.

Pescado y medio ambiente: atún para hoy, hambre para mañana

Consumir especies de tamaño pequeño, además, puede contribuir a salvar algunas de las variedades más populares de pescado que hoy día están amenazadas por la sobrepesca, y permitir que las generaciones futuras puedan seguir disfrutando de ellas. Este efecto del tamaño se debe a una ley general de los ecosistemas: abundan los animales pequeños, escasean los animales grandes. Del mismo modo que hay muchas gacelas y pocos leones, hay muchas sardinas y pocos atunes. Y hoy día quedan cada vez menos atunes debido a que tenemos un nivel de consumo no sostenible. Quedan también menos bacalaos, menos lenguados, menos merluzas, menos arenques y menos tiburones, entre otras especies en declive.

De modo que el consumo de pescado, tan bueno para la salud y para el paladar, parece ser malo para el medio ambiente. Esto plantea un dilema ético: ¿qué debe prevalecer, el derecho a cuidar la propia salud y al placer gastronómico o el deber de preservar la biosfera para las próximas generaciones? ¿Pueden los 6.700 millones de personas que viven en la Tierra comer pescado dos veces por semana, como recomiendan las asociaciones médicas, y no agotar los mares? ¿O tal vez se puede encontrar una solución para seguir comiendo pescado sin acabar con ninguna especie?

De entrada, una primera opción es intentar no consumir especies de pescado que estén amenazadas ni pescados capturados en caladeros que estén al borde del colapso. Esto es algo fácil de decir y difícil de hacer, porque el comprador a menudo no sabe de dónde viene el pescado que adquiere. Y hay especies como el bacalao o el lenguado que están amenazados en unos mares y no en otros. Pero en casos como el del atún rojo, esta duda no se plantea, porque está amenazado en todo el mundo y no va a ser posible seguir consumiéndolo durante muchos años al ritmo actual. Igual que hoy día se acepta que no es posible comer caza cada día porque no hay suficientes animales salvajes para alimentar todas las bocas del mundo, el atún dejará de ser un producto de gran consumo para convertirse en un pescado de alta gama y consumo esporádico. Esto en el mejor de los casos. En el peor, se seguirá pescando a escala industrial aun sabiendo que está amenazado y privaremos a la generación de Pablo de la experiencia de comer atún cuando sean mayores. Adiós a todo ese sushi.

Una segunda opción es la acuicultura. El inconveniente es que el pescado de piscifactoría no siempre tiene las mismas cualidades que el que se ha pescado en el océano. Hoy día la diferencia más importante está en la cantidad de grasas omega 3 que contiene. Si el pescado se ha alimentado con dietas ricas en aceite de origen marino, puede tener tantas omega 3 como el pescado salvaje. En cambio, si se ha alimentado con piensos de origen vegetal, la proporción de omega 3 se reduce y la de otras grasas aumenta.

Pero la acuicultura es el único futuro posible si se quiere que toda la población mundial pueda comer pescado dos veces por semana. Se trata de hacer en el agua lo mismo que se ha hecho en tierra con la ganadería, que ha permitido que miles de millones de personas puedan comer carne cuando ya no queda suficiente caza para todos.

Beneficios y riesgos de la carne

Gran invento, la ganadería. Vacas, ovejas, cerdos y pollos se domesticaron para transformar vegetales no comestibles en alimentos comestibles como leche, huevos y carne. Durante siglos sirvieron además como reserva de nutrientes a los que se podía recurrir en las épocas del año en que los huertos y los bosques no daban fruto. Y ofrecían alimentos con una alta concentración de proteínas, una cantidad notable de hierro y un aporte sustancial de energía en forma de grasa, cualidades todas ellas que tuvieron una gran importancia desde el Neolítico hasta bien entrado el siglo XX y que han convertido la carne en el plato central de las grandes comidas en casi todas las culturas.

Pero el mundo ha cambiado. En las sociedades urbanas modernas se ha pasado de la escasez a la opulencia alimentaria. Gran parte de los ciudadanos toman más proteínas de las que necesitan y deberían tomar menos grasas de las que toman. Especialmente grasas saturadas como las que predominan en la carne de vacuno.

La carne sigue siendo un alimento muy nutritivo. Es proteica, sabrosa, aporta todos aquellos aminoácidos que el cuerpo humano no puede sintetizar por sí mismo, ayuda a construir y regenerar los tejidos del organismo, es especialmente útil en edades de crecimiento y para las mujeres en edad fértil, ya que ayuda a recuperar el hierro perdido con cada menstruación... En fin, la lista de beneficios de la carne es larga.

Pero la tendencia a consumir cada vez más carne que se inició hace unos 10.000 años cuando se empezaron a domesticar cabras, ovejas y cerdos en Oriente Medio y en China —las vacas tardarían aún otros 2.000 años— llega a su fin. Hemos llegado a un cambio de rasante en nuestra relación con la carne y empieza a emerger una tendencia a consumir cada vez menos. Podríamos seguir comiendo carne a diario. Al fin y al cabo, la carne nunca había sido tan asequible como ahora. Quien quiera mantener una dieta del pasado, con más carne de la que necesita y más de la que le conviene, puede hacerlo sin dificultad. Pero en este caso, a diferencia de lo que ocurre con el pescado, lo que es mejor para la salud de las personas también es mejor para la salud del planeta.

Carne y medio ambiente: el coste real de la carne

Como máquinas de transformar vegetales no comestibles en alimentos comestibles, las terneras son poco eficientes. En las modernas granjas industriales, que buscan la máxima productividad, hacen falta ocho kilos de pienso para producir un kilo de ternera. Con el cerdo, la proporción es de cuatro a uno. Y con el pollo, campeón de la eficiencia, bastan dos kilos de pienso para obtener un kilo de carne.

Estos datos convierten la carne de pollo en la que tiene un menor impacto ambiental. También es una de las más aconsejables para la salud porque tiene una mayoría de grasas monoinsaturadas (las que predominan en el aceite de oliva) y pocas grasas saturadas.

En el otro extremo, la carne de ternera es la que tiene un mayor impacto, tanto sobre el medio ambiente como sobre la salud. Para obtener cada kilo de ternera se emiten a la atmósfera tantos gases contaminantes como los que emite un coche de tamaño medio al recorrer 250 kilómetros. A escala global, la ganadería emite una quinta parte de los gases que contribuyen al cambio climático y es una de las principales causas de contaminación de acuíferos y de deforestación de selvas tropicales, que se destruyen para plantar los cereales con que se alimentará a los animales.

El bajo impacto ambiental del pollo se consigue a costa de sacrificar las aves cuando tienen unas seis semanas y de tenerlas enjauladas para que no disipen energía en movimientos improductivos. Por supuesto, no se las cría así para minimizar su impacto ambiental sino para maximizar su rendimiento económico. El resultado es una carne tierna, pálida y barata, con un color, una textura y un sabor distintos a los de los pollos de corral que han ejercitado sus músculos.

El pollo es, en cierto modo, un símbolo de cómo el mundo de la alimentación está en evolución permanente. Los de ahora son pollos distintos a los que comía Juan de niño y seguramente distintos a los que comerá Pablo de mayor. También eran distintos los mercados y supermercados, y los alimentos que se podían encontrar en ellos. Algunos de estos alimentos casi han desaparecido (como los sesos, que doña María preparaba rebozados y que prácticamente no sobrevivieron a la crisis de las vacas locas), otros han cambiado (como el pollo o los tomates, que ahora se pueden adquirir todo el año pero ya no saben igual), y otros son nuevos (como el kiwi o los cereales de desayuno chocolateados, que Juan no conoció en su infancia). También fueron nuevos en su día alimentos que hoy se consideran tradicionales como la naranja, el plátano, el chocolate y hasta el pan. Y también serán nuevos algunos de los alimentos que Pablo irá a comprar de mayor, tal vez con sus hijos, al mercado si aún existe o a algún supermercado del futuro. Su alimentación será distinta de la que tenemos hoy día. De lo que se trata, y en parte por esto Juan se lo lleva con él a comprar, es de que no sea peor. Y de que en el puesto del pescado siga habiendo atún.

4 CÓMO GUARDAR LOS ALIMENTOS
12.00 horas

—Mamá, ¿por qué guardamos los huevos en la nevera? —pregunta Pablo. Son ya las doce y, tras volver del mercado con Juan, está ayudando a Rosa a guardar la compra. Ya han puesto los congelados en el congelador, que era lo más urgente para no romper la cadena del frío, y ahora están ocupados con los alimentos que se guardan en la nevera.

—Para que se conserven mejor —contesta Rosa.

—¿Y entonces por qué en la tienda los tienen fuera de la nevera?

Cómo reconocer un huevo fresco

El huevo es una de las grandes maravillas de la naturaleza. En apenas cincuenta centímetros cúbicos, contiene todos los nutrientes necesarios para que un embrión se convierta en pollo. Es uno de los alimentos más completos que existen. No tiene rival como fuente de los aminoácidos que necesita todo animal para construir sus proteínas. Aporta abundantes ácidos linoleico y araquidónico, dos tipos de grasas insaturadas que el cuerpo humano no es capaz de sintetizar y por lo tanto deben obtenerse de la dieta. Es generoso en vitaminas y minerales. Y sí, contiene colesterol, cuatro veces más que la carne, porque el colesterol es un ingrediente básico de la vida animal, necesario por ejemplo para formar las membranas de las células; pero aunque el exceso de colesterol en la sangre es perjudicial para la salud, el colesterol que se ingiere con los huevos no parece tener una influencia significativa sobre la cantidad que circula en la sangre, de modo que la Sociedad Española de Nutrición Comunitaria aconseja a la población sana comer tres o cuatro huevos por semana.

Si el huevo es tan nutritivo es porque la naturaleza lo ha diseñado precisamente para ser un alimento, al igual que la leche o las semillas, que han evolucionado para nutrir a seres vivos en las primeras etapas del desarrollo, cuando aún no son capaces de valerse por sí mismos. Y lo ha diseñado para conservarse en buen estado a temperatura ambiente durante semanas, al menos durante los 21 días que tarda un pollo en desarrollarse, protegido de infecciones y otras amenazas exteriores por la clara —que contiene proteínas con actividad antivírica y antibacteriana— y por la cáscara. Es esta capacidad de conservarse a largo plazo a temperatura ambiente lo que permite a supermercados y pollerías tener los huevos en estantes sin necesidad de gastar electricidad para refrigerarlos.

Pero, aunque se puedan tener fuera de la nevera, se conservan mejor dentro. La fecha de caducidad de un huevo no significa que esté en perfecto estado hasta ese día y sea arriesgado tomarlo a partir del día siguiente. En realidad, a partir del momento en que la gallina pone el huevo, empiezan a producirse cambios que afectan a su calidad. Por ejemplo, a través de los poros de la cáscara, el huevo pierde agua por evaporación, de modo que día a día va creciendo una pequeña burbuja de aire en su interior. La clara, que al principio es firme y queda recogida alrededor de la yema cuando se rompe el huevo, tiende después a desparramarse. La membrana que rodea la yema tiende a debilitarse, de modo que es más probable que se rompa la yema en un huevo de varias semanas que en uno de pocos días.

Guardar los huevos en la nevera ayuda a frenar todas estas alteraciones y a conservarlos en buen estado durante más tiempo. Es preferible guardarlos en una huevera de plástico que en una de cartón, y mejor en una huevera cerrada que en una entreabierta, para limitar las pérdidas de agua por evaporación y para evitar la entrada de olores de otros alimentos a través de los poros de la cáscara.

—¿En qué zona de la nevera los pongo, en la puerta?

—Si te caben, es mejor ponerlos dentro, en un estante.

—¿Por qué?

—Porque los huevos son delicados. Cuanto menos se mueven, mejor se conservan. Si los ponemos en la puerta, la clara y la yema se agitarán cada vez que alguien abra y cierre la nevera.

Si, pese a todas estas precauciones, el huevo se acerca a su fecha de caducidad, seguirá conservando sus nutrientes y siendo comestible. La importancia de tener un huevo más o menos fresco depende del tipo de plato que se quiera cocinar, más que de sus virtudes nutricionales.

Para un huevo frito, si se quiere obtener una bonita yema protuberante y una clara compacta a su alrededor, y reducir el riesgo de que la yema se rompa, cuanto más fresco sea el huevo, mejor.

Pero para huevos revueltos, flanes, natillas o huevos duros —a menos que en estos últimos se quiera obtener la yema perfectamente centrada por motivos estéticos—, importa poco si el huevo tiene ya varias semanas.

En caso de duda sobre el grado de frescura de un huevo, conviene rechazarlo por el riesgo de que pueda transmitir salmone-

* Huevos rápidos

Huevos al microondas

Cascar un huevo dentro de una taza, echar sal por encima y cocer al microondas unos 30 segundos a máxima potencia (800 w).

Tortillas y revueltos exprés

Utilizar productos de supermercado permite hacer tortillas rápidas.

- Una tortilla «paisana» usando un bote de verduras hervidas en conserva.
- Una tortilla de patatas usando una bolsa de patatas chip.
- Un revuelto de setas usando un variado de setas en conserva.
- Un revuelto de gambas usando gambitas peladas.

Tortilla al microondas

Para hacer una tortilla rápida y sin ensuciar, batir los huevos con sal y un chorrito de aceite de oliva en un plato hondo. Poner directamente el plato al microondas y cocer 1,5 minutos a 600 w. Si se quiere hacer una tortilla de sabores, añadir al mismo plato los ingredientes previamente cocidos (patata + cebolla, setas, gambas, verduras, queso...). Es ideal para bocadillos porque queda muy hecha.

El huevo frito ideal

Conseguir que tenga la yema líquida para mojar pan y las puntas de la clara crujientes es sencillo:

- Poner una sartén con abundante aceite de oliva y calentar hasta que empiece a humear.
- Cascar el huevo y dejar caer suavemente sobre el aceite.
- Dejar freír sin tocarlo hasta que la clara esté completamente cocida y con las puntas doradas.
- Retirar del aceite con la ayuda de una espumadera y salar.
- Servir de inmediato.

* Huevos bajos en colesterol y grasas

Reducir la proporción de yema respecto a la clara permite consumir huevos con un bajo contenido en grasas y colesterol. Por ejemplo:

- Hacer una tortilla con dos claras y una yema.
- Hacer la tortilla sólo con clara y añadir un poco de azafrán o colorante alimentario (el de paella) para simular el color final de la tortilla.
- Poner clara de huevo en un vaso y puré espeso de zanahoria en medio para sustituir la yema. Cocerlo en el microondas.

losis —una infección causada por una bacteria del género *Salmonella* que suele ocasionar vómitos y diarreas y que puede derivar en problemas de salud más graves—. También conviene descartar huevos que, sin haber llegado a la fecha de caducidad, tengan la cáscara rota o agrietada. Si un huevo acaba de caducar y ha estado conservado correctamente en la nevera, cabe la opción de cocerlo para aprovecharlo, ya que la duración y la alta temperatura de la cocción destruirán las bacterias que pueda tener.

Para comprobar si un huevo es más o menos fresco, la prueba más sencilla es sumergirlo en agua. Un huevo fresco se quedará en el fondo en posición horizontal. Un huevo que ya ha perdido suficiente agua por evaporación para que se haya formado una burbuja de unos tres milímetros de diámetro en su interior no quedará horizontal sino que su punta más gruesa —allí donde se forma la burbuja— empezará a elevarse. Cuanto más grande sea la burbuja, más se elevará la punta. Si el huevo es de hace tantas semanas que llega a flotar, es preferible tirarlo.

—Mamá, ya he puesto los huevos en la nevera, ¿qué más quieres que te ayude a guardar?

—Ahora la carne.

—¿En la nevera, verdad?

—¿Cómo lo sabes?

—Me lo han contado en el mercado, es por los microbios.

Por qué se estropean los alimentos (y cómo evitarlo)

Lo que no le han contado a Pablo en el mercado es que no sólo los microbios estropean la carne. Los alimentos pueden estropearse por un exceso de calor, o más raramente por un exceso de frío; por un exceso de humedad, o más raramente por falta de humedad; por un exceso de luz, o por el simple contacto con el oxígeno del aire, que es un gas muy reactivo —es decir, que busca reaccionar con otras moléculas— y que oxida los componentes más vulnerables de los alimentos.

Calor, humedad, luz y oxígeno suelen favorecer la multiplicación de hongos y bacterias, así como reacciones químicas de componentes de los propios alimentos. En algunos casos, estos microorganismos y reacciones químicas mejoran los alimentos. No existirían ni el pan ni el vino ni los quesos de no ser por las levaduras —que son un tipo de hongo— y bacterias. Pero en la mayoría de ocasiones los deterioran.

Contra el calor, se aconseja conservar la mayoría de los alimentos en lugares frescos. Contra la humedad, en lugares secos o recipientes cerrados. Contra la luz, en lugares oscuros o en recipientes opacos: lugares como una bodega o una nevera, que no es más que la versión electrodoméstica de la bodega. Y contra el oxígeno, se aconseja conservarlos bien envueltos.

Pero cada alimento tiene sus condiciones de conservación ideales. A unos les sienta mejor el frío que a otros. Algunos prefieren tener más humedad y otros menos. A algunos les molesta más la luz que a otros. Pongan un aguacate en la nevera y se volverá oscuro más rápido que si lo dejan fuera. Dejen unas fresas fuera y se estropearán más rápido que si las guardan dentro. O hagan el experimento de los plátanos. Cojan dos plátanos lo más parecidos posible, mejor maduros que verdes, pongan uno en la nevera, dejen el otro fuera y comparen al cabo de tres días qué aspecto tiene cada uno. Y después comparen el sabor.

Pero empecemos por la carne, como Rosa y Pablo. ¿Cómo guardarla para que se conserve el máximo tiempo posible sin que se deteriore?

Carne picada, carne delicada

No todas las carnes se conservan igual de bien. Se mantienen más o menos tiempo en buen estado según las grasas que contengan. Aquellas que tienen más grasas insaturadas —las grasas que se oxidan con más facilidad— son las que duran menos. Aquellas que tienen más grasas saturadas —que son poco vulnerables al oxígeno— duran más. Esto significa que el pollo dura menos que el cerdo, y el cerdo menos que el cordero o la ternera. Y que del pollo, la pechuga resiste mejor que el muslo, ya que contiene menos grasa.

Estas reacciones de oxidación que estropean la carne y le dan un olor rancio característico tienen lugar en la superficie del alimento, allí donde la carne entra en contacto con el oxígeno del aire. Lo mismo ocurre con la proliferación de microorganismos que pueden causar infecciones alimentarias, ya que muchos de ellos dependen del oxígeno para multiplicarse. Esto es un problema para la carne picada, ya que los hilos de carne que salen de la picadora ofrecen una superficie de contacto con el aire mucho mayor, y por lo tanto se conservan menos tiempo en buen estado que los bistecs enteros.

Si a una persona le gustan las hamburguesas muy hechas, las altas temperaturas de la cocción destruirán las bacterias y evitarán cualquier posible infección alimentaria. Pero para las personas a las que les gustan las hamburguesas poco hechas o platos con carne picada cruda como el steak tartar, lo ideal es triturar la carne poco antes de cocinarla. Una solución alternativa, más cómoda, es adquirir la carne ya picada, evitar que le dé el sol o esté en contacto con alimentos calientes durante el transporte y, si no se va a tomar el mismo día o como mucho al día siguiente, congelarla al llegar a casa.

Si se va a preparar la carne picada poco hecha, es preferible pedir en la carnicería que la trituren en el momento de la compra, en lugar de adquirir la que ya está triturada con antelación, ya que de este modo se reduce el tiempo que la superficie de la carne está en contacto con el oxígeno del aire.

Cuando se adquieren cortes de carne enteros, por el contrario, se puede minimizar el contacto con el aire envolviéndolos bien con plástico impermeable al oxígeno o con papel de aluminio. Las reacciones de oxidación y la proliferación de microorganismos se limitarán si además se guarda la carne en las zonas más frías de la nevera, que suelen estar situadas en los compartimentos más bajos. Y, en cualquier caso, la cocción de un bistec en una sartén o una plancha eliminará los microorganismos que pueda haber en su superficie.

Con piezas de carne de gran tamaño —por ejemplo, para preparar un rosbif o algún otro tipo de asado—, esta conservación en la nevera puede incluso mejorar la textura y el sabor. Esto se debe a que las carnes, al igual que los vinos o los quesos, pero a diferencia de otros alimentos como los huevos o el pescado, tienen un periodo de envejecimiento durante el que mejoran. En el caso de piezas grandes de carne, se vuelven más tiernas y sabrosas. Es un periodo que no dura más de una semana en el cerdo o el cordero, y que puede llegar hasta un mes en el vacuno.

Si se quiere completar este proceso de envejecimiento para mejorar la carne en casa, basta con comprarla unos días antes de consumirla y guardarla en la nevera. Puede que aparezcan manchas en la superficie si no está bien aislada, pero estas manchas no significan que se haya estropeado toda la pieza y haya que desecharla. En el caso de que aparezcan, es aconsejable eliminar la capa deteriorada y cocinar únicamente la parte que se conserva en buen estado, que sigue siendo apta para el consumo.

El arte de congelar y descongelar

Familias como la de Rosa y Juan, que no suelen ir a la compra más de una vez por semana, recurren hoy día al congelador para disponer de alimentos frescos cada día. Es una historia interesante, la del congelador. Empezó como un pequeño compartimento accesorio de la nevera destinado únicamente a cubitos de hielo. Se amplió a medida que los alimentos congelados pasaron de ser un producto de lujo a ser un producto común en la segunda mitad del siglo XX. Y hoy día se ha convertido en un electrodoméstico básico en la organización de la familia urbana moderna. Ahora ya se congela casi de todo, desde los bocadillos que los niños se llevarán a la escuela durante la semana hasta el pastel de una fiesta de cumpleaños. Hasta el punto de que una avería del congelador puede trastocar toda la rutina de comidas de la familia. Pero la congelación no deja de ser un tratamiento físico agresivo que, si no se hace bien, puede deteriorar la calidad de los alimentos.

La lógica de la congelación es que el agua que contienen los alimentos se solidifica. Dado que los organismos vivos necesitan agua líquida, los procesos biológicos como la proliferación de bacterias se detienen —aunque los procesos químicos como el deterioro de las grasas continúan al ralentí, razón por la que los alimentos no se pueden conservar congelados indefinidamente—. El agua se solidifica en forma de cristales de hielo, que serán pequeños si la congelación es rápida pero tendrán tiempo de crecer si la congelación es lenta. Y como hemos visto en el capítulo anterior, si los cristales son grandes, es más probable que perforen las delicadas membranas de las células y que se pierdan parte del agua y los nutrientes cuando más tarde se descongele el alimento, con lo cual quedará más seco y menos nutritivo. Por lo tanto, lo más importante para evitar este deterioro es conseguir una congelación lo más rápida posible.

Aunque los congeladores domésticos no alcanzan los casi sesenta grados bajo cero de la congelación industrial ultrarrápida, un congelador de tres estrellas garantiza temperaturas de 18 bajo cero, y uno de cuatro estrellas, de 24 bajo cero. Éstas son las categorías de congeladores aconsejables en hogares donde se hace un uso habitual de alimentos congelados. Los 12 bajo cero de los aparatos de dos estrellas, aunque garantizan que el agua se solidificará, no permiten una congelación tan rápida y conllevan un mayor deterioro de los alimentos.

Aun disponiendo de un congelador de alta gama, es conveniente tomar algunas precauciones adicionales para facilitar una congelación rápida. La primera es dejar enfriar los alimentos en la nevera antes de ponerlos en el congelador, ya que un alimento que ya esté frío se congelará más rápido que uno que aún esté caliente. También puede ser útil introducir los alimentos en el congelador sin envolver, ya que el envoltorio tiene un efecto aislante que puede llegar a duplicar el tiempo de congelación, y no envolverlos hasta más tarde, cuando ya estén congelados.

Pero lo más importante es congelar los alimentos en porciones pequeñas siempre que sea posible. Por ejemplo, si se congelan bistecs, mejor cuatro paquetes de uno que uno de cuatro. Y si se prefiere congelar cuatro juntos porque resulta más práctico para una familia de cuatro personas, es preferible extenderlos uno junto a otro que amontonarlos. Se gastará más papel de envoltorio, pero se congelará mejor la carne. Es pura física: en una pieza gruesa, o en una torre de cuatro bistecs, el frío tarda más en llegar al centro del alimento y la congelación es más lenta que en piezas delgadas.

También resulta práctico etiquetar las distintas piezas indicando qué hay dentro del envoltorio y la fecha de congelación,

10 consejos para congelar

1. Etiquetar todos los productos que se vayan a congelar; es preferible anotar también la fecha de congelación.

2. Los congelados no son eternos. Cada alimento tiene una vida útil distinta una vez congelado. Por lo general, no es recomendable guardar ningún producto durante más de un año.

3. Los congelados tienen que estar bien envueltos para preservar las propiedades del alimento y evitar que incorporen olores ajenos.

4. Es mejor congelar los productos en porciones pequeñas para facilitar la posterior descongelación.

5. Intentar que los alimentos no estén en contacto directo con las paredes del congelador para evitar que se deterioren.

6. Realizar periódicamente una limpieza y descongelación del congelador para asegurarnos de su correcto funcionamiento y ahorrar energía.

7. Congelar los caldos de pollo, carne o pescado en recipientes de la cantidad que sea más práctica.

8. Congelar picada de ajo y perejil con aceite en cubiteras. Es útil para guisos, arroces, pescados a la plancha...

9. Congelar sofritos. El día que se hace un sofrito, se puede preparar más cantidad de la necesaria y congelar el que sobre en un recipiente plano. Luego se podrá cortar en trozos cada vez que se requiera sin tener que descongelarlo todo. Se puede usar, por ejemplo, como base de un guiso o una salsa, como relleno de una carne o pescado...

10. Recordar que no todos los productos quedan igual de bien cuando se congelan. Por ejemplo, los guisantes y las habas quedan bien. Las alcachofas y el calabacín, no.

DOSIFICACIÓN DE RACIONES PARA SOPA

Personas

1	2	3	4
500 g	750 g	1000 g	1500 g

Caldo

Siempre podemos añadir un poco de agua antes de echar la pasta, ya que luego se evaporará durante la cocción.

por ejemplo con un rotulador que permita escribir directamente sobre plástico o sobre papel de aluminio.

Casi tan importante como una buena congelación es una buena descongelación. El método más común de descongelar carnes y pescados, dejarlos unas horas sobre un plato en algún rincón de la cocina, es también el más desaconsejable. No es seguro y tampoco resulta eficiente.

La temperatura ambiente de la cocina propicia que los microorganismos que pueda haber en el alimento proliferen, por lo que es preferible descongelar dentro de la nevera. Esto puede parecer un problema menor, pero no cumplir unas normas básicas a la hora de congelar y descongelar ya se ha convertido en la causa principal de infecciones alimentarias en los países occidentales.

Si se tiene prisa por descongelar y la nevera se antoja demasiado lenta, entonces la opción del plato en la cocina tampoco será la más rápida. En estos casos es mejor poner el alimento en el microondas a mínima potencia o, procurando que esté bien envuelto, sumergirlo en un recipiente con agua, ya que el agua transmite cambios de temperatura con mucha más eficiencia que el aire. Es algo que todo el mundo sabe: cuando se va en manga corta con una temperatura de quince grados, al principio se nota que hace fresco pero se tarda unos minutos en sentir frío; cuando uno se sumerge en una piscina a quince grados, se siente frío inmediatamente. Con los alimentos, no hace falta que el agua esté caliente para descongelar con rapidez. Mientras la temperatura sea superior a cero grados, el alimento se descongelará.

Al preparar cortes de carne delgados en plancha o sartén, también cabe la opción de cocinar la carne directamente sin descongelar. Pero con cortes gruesos es mejor descongelar antes para evitar que el exterior de la pieza empiece a quemarse cuando el interior aún está frío. También las verduras y hortalizas pueden cocinarse directamente sin necesidad de descongelarlas, al igual que los platos precocinados. Y, a diferencia de lo que ocurre con carnes y pescados, los productos de pastelería como aquel pastel de cumpleaños y los bocadillos de la escuela pueden descongelarse a temperatura ambiente.

Peligro anisakis: precauciones ante el sushi doméstico

Un caso peculiar de alimento que conviene congelar es el pescado cuando se tiene la intención de prepararlo crudo, por ejemplo para un sushi, un carpaccio o boquerones en vinagre caseros. Es un caso peculiar porque el objetivo, con el pescado crudo, no es conservarlo mejor sino destruir las larvas de anisakis que pueda contener.

Los anisakis son pequeños gusanos que parasitan a un gran número de peces y otras especies marinas como calamares y delfines. Horas después de ser ingeridas por personas, sus larvas pueden causar un violento dolor abdominal con náuseas y vómitos. En algunos casos, las larvas son expulsadas y la infección remite sin mayores complicaciones. En otros, los parásitos acceden al intestino, causan una grave reacción inmunitaria y deben ser eliminados en una intervención quirúrgica. O también puede ocurrir que las larvas de anisakis provoquen reacciones alérgicas graves.

No se trata de un problema menor. En España, un estudio realizado en las lonjas de los puertos ha detectado que un tercio de las capturas llegan con larvas de anisakis. El riesgo de que un pescado tenga o no el parásito varía según la especie de que se trate y según el lugar donde se haya capturado. De las especies analizadas en las lonjas, la merluza, el bonito, la caballa, el boquerón y el calamar fueron las que más a menudo contenían larvas de anisakis. En otros países se ha observado que hay más casos de infecciones por anisakis entre los ciudadanos allí donde hay más tradición de comer pescado crudo o poco hecho, como en Japón (la cuna del sushi), la costa oeste de Sudamérica (cuna del ceviche), Holanda (sobre todo por el consumo de arenque) o Escandinavia (por el hígado de bacalao).

Las larvas de anisakis pueden detectarse a veces a simple vista en el pescado en forma de pequeños ovillos claros de unos pocos milímetros de diámetro. Pero en la mayoría de casos las larvas pasan inadvertidas para los consumidores, que tienen dos opciones para asegurarse de que no contraerán la infección: cocer bien el pescado o congelarlo, ya que las larvas mueren tanto con el calor como con el frío.

Si se congela, es aconsejable tenerlo por lo menos 24 horas a 20 grados bajo cero, para lo cual conviene disponer de un congelador de cuatro estrellas. Si se cuece, es aconsejable alcanzar por lo menos una temperatura de 60 grados y mantenerla durante diez minutos. La cocción con microondas, en la que se calienta sobre todo la parte exterior de la pieza pero la parte central suele quedar menos hecha, puede no ser suficiente para destruir todas las larvas de anisakis. Una precaución adicional es evitar los preparados de pescado crudo —boquerones en vinagre, por ejemplo, que son una de las principales causas de infección por anisakis en España— a menos que se tenga la garantía de que las piezas han estado bien congeladas.

Cómo guardar frutas y hortalizas

Volvamos por un momento a Rosa y Pablo. Ya han guardado la carne, el pescado, los yogures... Los alimentos que más rápido se deterioran fuera de la nevera y que tenían prioridad. Todos ellos, si se fijan, son de origen animal y siguen una norma básica: el frío facilita su conservación. Pero ahora que empiezan a guardar los de origen vegetal, Pablo va a descubrir que no siguen una norma tan sencilla.

—Mamá, ¿pongo los plátanos en la nevera? —pregunta.

—No, los plátanos los dejamos fuera.

—Ah, ¿no tienen microbios como la carne?

No es por los microbios. ¿Recuerdan el experimento de los plátanos: dejar uno dentro de la nevera, el otro fuera, y ver qué pasaba? Rosa lo hizo y ya tiene la respuesta.

—Es que los plátanos vienen del trópico, Pablo. En la prehistoria sólo había plátanos en Asia. Les gusta el calor y, si los ponemos en la nevera, se defenderán haciendo que la piel se les vuelva oscura.

—¿Y los chimpancés de la prehistoria no comían plátanos?

—No, y los gorilas tampoco, porque también son de África. Pero los orangutanes sí.

Otros vegetales de origen tropical que suelen evolucionar mejor fuera de la nevera que dentro son pimientos, tomates, berenjenas, naranjas y —tal vez el ejemplo más extremo— aguacates, que se vuelven oscuros con el frío y dejan de madurar. Sandías y melones también vienen de latitudes cálidas y se encuentran más a gusto fuera de la nevera aunque, una vez abiertos, es preferible conservarlos dentro para evitar que se deterioren con rapidez.

Por el contrario, frutas de latitudes templadas como manzanas, peras, higos o fresas aceptan bien la refrigeración. Si la nevera está llena, manzanas y peras se pueden dejar fuera, igual que kiwis o zanahorias, ya que todos ellos tienen un metabolismo lento —es decir, tienen poca actividad biológica, como si estuvieran hibernando—, por lo que tardan en estropearse. Higos y frutos rojos, en cambio, tienen un metabolismo rápido y se conservan mucho mejor en frío.

—Pero, mamá —insiste Pablo—, fuera de la nevera, los plátanos se estropean muy rápido.

Y tiene razón. Los plátanos también tienen un metabolismo rápido y en pocos días pasan de estar demasiado verdes a demasiado maduros. Para evitarlo, la solución obvia es no comprar más plátanos que los que se tenga previsto tomar en los días siguientes. Y si sobra alguno, es recomendable dejar que madure a temperatura ambiente y, cuando llegue al punto en que está más apetitoso, refrigerarlo. La piel se afeará con el frío pero, si completan el experimento de los plátanos, verán cómo la pulpa se mantiene consistente y sabrosa durante varios días.

—¿La lechuga la dejo con los plátanos fuera de la nevera? —continúa Pablo.

—No, la lechuga, mejor dentro.

—¿No viene del trópico?

—No sé de dónde viene —reconoce Rosa—. Pero es que está hecha de hojas, que son la parte más delicada de las plantas.

La lechuga, en realidad, es originaria de la región mediterránea, donde se ha cultivado desde hace más de 5.000 años, y ya formaba parte de la dieta de los antiguos griegos y romanos. Pero lo importante aquí no es de dónde viene sino que la fragilidad de los alimentos vegetales —y por lo tanto la manera ideal de conservarlos— depende de la parte de la planta de la cual se obtienen. Las raíces, como la zanahoria o el rábano, suelen ser tejidos resistentes que se conservan bien en la nevera, pero que se pueden mantener fuera de ella.

Cebollas y ajos son depósitos de agua y carbohidratos que la planta desarrolla en su primer año de crecimiento para utilizarlos al año siguiente, cuando llegue el momento de producir semillas, por lo que están preparados para conservarse bien durante meses a temperatura ambiente.

La patata también es un depósito de nutrientes subterráneo que la planta utiliza para sobrevivir a estaciones de frío o de sequía y que también puede conservarse en un carro verdulero sin necesidad de refrigeración, aunque conviene que sea en un lugar oscuro y sin humedad.

Los tallos, como los de los espárragos o el apio, ya son más delicados. Aunque se empiezan a estropear desde el momento en que se arrancan, están dotados de una estructura resistente para canalizar nutrientes desde las raíces hasta las hojas, y suelen aguantar varios días o semanas en condiciones adecuadas.

Pero las hojas son material sensible. Su misión es realizar la fotosíntesis: captar luz y dióxido de carbono para producir glucosa y oxígeno. Para ello necesitan tener una gran superficie de contacto con el aire, por lo que suelen ser planas y esponjosas. Y tan pronto como se arrancan de la planta empiezan a perder vigor y volverse mustias.

Aunque las hojas necesitan el oxígeno del aire —lo producen con la fotosíntesis, pero lo consumen con la respiración—, este mismo oxígeno provoca reacciones químicas de oxidación que las daña. Ésta es la razón por la que las hojas son tan ricas en sustancias antioxidantes saludables, porque han desarrollado antídotos contra los daños producidos por el oxígeno. Y también es la razón por la que las hojas exteriores de las lechugas, las que están más expuestas al oxígeno del aire, son más ricas en antioxidantes que las hojas interiores. Es algo que se aprecia a simple vista: cuanto más oscura es la hoja de una lechuga, más rica es en antioxidantes.

Para frenar el metabolismo de las células de las hojas, y limitar así su deterioro, muchos vegetales verdes se comercializan hoy día en bolsas con atmósferas modificadas. Por ejemplo, bolsas con un 8 por ciento de oxígeno, en lugar del 21 por ciento habitual en la atmósfera terrestre, lo que permite que las células sobrevivan y alarga su tiempo de conservación alrededor de un 50 por ciento. Para conservar los vegetales en el mejor estado posible, por lo tanto, conviene no abrir estas bolsas hasta que se vayan a consumir. Una vez abiertas, se escapará la atmósfera modificada y el deterioro de los vegetales se acelerará hasta el punto de que tal vez habrá que desecharlos antes de llegar a la fecha de caducidad indicada en la bolsa.

Una buena conservación de la mayoría de hortalizas requiere también que mantengan un cierto grado de humedad. Por lo tanto, es aconsejable guardarlas en un cajón de la nevera o en una bolsa de plástico, ya que en espacios cerrados se limitará la pérdida de humedad. Sin embargo, un exceso de humedad en el recipiente puede favorecer la proliferación de microorganismos. Para evitarlo, conviene poner un material absorbente, como papel de cocina, en el interior de la bolsa o el cajón para que capte la humedad que sale de los alimentos y evitar así que el agua se deposite sobre los vegetales.

Como precauciones adicionales, conviene limpiar periódicamente los cajones de la nevera para desalojar los microorganismos que puedan haberse instalado allí; eliminar las hojas dañadas de lechugas y otros vegetales para evitar que el deterioro se extienda al resto del alimento; y, por este mismo motivo, evitar el contacto entre hortalizas frescas y mustias, ya que las mustias no rejuvenecerán pero las frescas pueden envejecer más rápido.

Por qué el plátano madura en casa y la naranja no

Con muchas frutas, a diferencia de lo que ocurre con las hortalizas, es mejor evitar las bolsas de plástico y los pequeños espacios cerrados. La razón de ello es que segregan etileno, un gas que propicia su maduración incluso después de haber sido cogidas del árbol. Son las llamadas frutas climatéricas e incluyen la manzana, la pera, el plátano, el melocotón, el kiwi, el tomate (pues sí, es una fruta) o el aguacate (¡otra fruta!). Estas frutas siguen madurando en casa y, si se guardan en una bolsa de plástico en la que queda atrapado el etileno, pueden madurar demasiado rápido.

Para la industria alimentaria, las frutas climatéricas tienen la ventaja de que se pueden recoger cuando aún están verdes, transportar sin que sufran grandes daños y, una vez llegan a la región donde se venderán, hacerlas madurar exponiéndolas a etileno. Los consumidores también tienen la posibilidad de acelerar su maduración en casa. Si, por ejemplo, un día sólo encuentran plátanos verdes en el mercado, pueden ponerlos en una bolsa junto a una o varias frutas maduras al llegar a casa. El etileno liberado por la fruta madura, que no tiene por qué ser otro plátano, acelerará la maduración de la fruta verde. Pero mejor utilizar una bolsa de papel que una de plástico, ya que bastará para atrapar el etileno y dejará escapar la humedad.

Las frutas no climatéricas, por el contrario, dejan de madurar una vez recogidas. Esto incluye a los cítricos como naranjas y limones, los frutos rojos como fresas y moras, y algunos otros ejemplos como uvas y piñas. Estas frutas se estropean una vez recogidas; unas más rápido que otras, pero ya no maduran. Una vez compradas, no hay manera de mejorarlas.

El pan, fuera de la nevera

Un caso excepcional en la conservación de los productos de origen vegetal es el pan. Mal tratado, un pan tierno se reseca con facilidad. Bien tratado, un pan seco puede reconvertirse en tierno. La clave está en la relación entre el almidón del pan, que está formado por pequeños granos, y el agua.

En las primeras horas después de salir del horno, cuando el pan se enfría, el agua sale de estos pequeños granos y la consistencia del alimento mejora. El pan sigue teniendo agua, pero adquiere más rigidez y se vuelve más fácil de cortar porque el agua ya no está encerrada en los granos de almidón. En los días siguientes, a medida que continúa la migración del agua, el pan se reseca y su consistencia empeora.

Si se pone en la nevera, en lugar de frenarse, este proceso se acelera, ya que el frío —siempre que sea por encima de la temperatura de congelación, en que el agua se solidifica— favorece la migración del agua del almidón y la resecación del pan. Así, una barra conservada a siete grados se reseca seis veces más rápido que una conservada a treinta. Pero el calor puede revertir el proceso. Y si el pan se calienta por encima de los 60 grados, los granos pueden recuperar el agua perdida.

Ésta es la razón por la que una barra de dos o tres días puede reblandecerse de nuevo si se calienta en el horno. O por la que las tostadas hechas con pan seco tienen el interior tierno —aunque el exterior queda crujiente porque el agua de la superficie de la tostada se evapora.

Sin embargo, rejuvenecer pan en el horno o la tostadora sólo funciona durante el periodo en que parece estar seco pero en realidad aún conserva agua en su interior. Si el pan tiene varios días o semanas, y se le ha evaporado casi toda el agua que contenía, el calor ya no conseguirá reblandecerlo.

Para conservar bien el pan, por lo tanto, conviene limitar la pérdida de humedad, por ejemplo guardándolo en una caja para el pan. Es preferible tenerlo en un rincón cálido de la cocina que en un rincón frío, aunque sin que le llegue a dar el sol. Y mejor evitar las bolsas de plástico, ya que la humedad que escapa del almidón queda atrapada en el interior de la bolsa, hace que el pan adquiera una textura gomosa al cabo de unas horas y favorece la aparición de mohos al cabo de unos días. Sólo en el caso de tener que congelarlo es conveniente envolverlo bien en plástico, ya que el pan es muy propenso a impregnarse de olores de otros alimentos y, cuando no está bien aislado, a resecarse con el frío.

Cómo guardar los quesos

Más delicados aún que el pan son los quesos. La temperatura idónea para que se conserven bien suele situarse entre los 10 y 15 grados para quesos curados, que es una temperatura similar a la de las bodegas donde han madurado. El problema es que esta temperatura es más alta que los aproximadamente cinco grados de una nevera y más baja que los veintipocos de las cocinas. Durante la mayor parte del año, en la mayoría de las casas no hay ningún rincón que esté entre 10 y 15 grados. ¿Dónde guardar entonces los quesos? Suele ser preferible mantenerlos a temperatura ambiente que en la nevera, a menos que haga tanto calor que la grasa se funda y el queso empiece a sudar, lo cual suele ocurrir a partir de unos veinticinco grados. Si se guardan en la nevera, que tampoco es una mala opción, la grasa se endurecerá —igual que ocurre con la mantequilla—, las moléculas responsables del aroma y el sabor serán menos volátiles y los quesos pueden resultar por tanto menos sabrosos. Para que recuperen toda su riqueza de aromas y sabor, conviene sacarlos de la nevera antes de servirlos con tiempo suficiente para que pierdan rigidez y las moléculas volátiles puedan liberarse.

A diferencia de la mayoría de alimentos que deben guardarse bien envueltos para limitar el contacto con el aire, los quesos se conservan mejor si no están encerrados. Cuando se los aprisiona en papel de aluminio o film de plástico, se crea a su alrededor un microclima con exceso de humedad y escasez de oxígeno que favorece la aparición de mohos y bacterias indeseables. Pero dejarlos sin envolver es problemático si se guardan en la nevera, ya que los quesos frescos se impregnan de olores de otros alimentos y los quesos fuertes pueden hacer que toda la nevera huela a queso. En los casos en que se opta por envolver el queso, suelen ser aconsejables el papel de cera o un trapo porque no lo asfixiarán como el papel de aluminio o el film de plástico.

Como norma general, las piezas de queso grandes o enteras se conservan mejor que las que vienen cortadas en lonchas porque presentan una menor superficie de contacto con el aire. En el otro extremo, el queso rallado es el que presenta una mayor superficie expuesta al aire, lo que acelera la pérdida de aroma. Para disfrutar de un queso rallado lo más sabroso posible, lo ideal es prepararlo en casa cuando se quiera tomar. Si por comodidad se prefiere volver de la compra con el queso ya preparado, es aconsejable adquirirlo poco antes de tomarlo y asegurarse de que el envoltorio queda bien cerrado para no perder aroma, o bien optar por alguno de los productos herméticamente cerrados que caducan semanas o meses más tarde.

—Mamá, pero ¿el queso es bueno para la salud? —pregunta Pablo. Tal vez algunos lectores, extrañados de que un libro sobre cocina de la salud hable de quesos, se hayan hecho esta misma pregunta.

—Depende de cuánto tomes —contesta Rosa.

El queso se obtiene de la leche y comparte muchas de sus virtudes y defectos. Virtudes: abundantes aminoácidos esenciales, calcio y vitamina A. Defectos: abundantes grasas saturadas que, en exceso, elevan el riesgo de enfermedades cardiovasculares. Por lo tanto, si una persona debe seguir una dieta especial para reducir el sobrepeso o prevenir accidentes cardiovasculares, es probable que su médico le aconseje que limite el consumo de quesos, especialmente el de quesos grasos. Pero para personas sanas sin problemas de sobrepeso, un consumo no abusivo de quesos puede formar parte perfectamente de una dieta equilibrada.

Dónde guardar las golosinas

Bien, Rosa y Pablo ya tienen toda la compra guardada. Son más de las doce y media: se acerca la hora de empezar a preparar la comida. Tal vez se habrán dado cuenta de que no han guardado bollos de chocolate ni patatas fritas ni palomitas ni caramelos. No es que Rosa y Juan los tengan prohibidos. Pero tampoco fomentan que Cris y Pablo los tomen.

No tienen ningún alimento prohibido en casa. En parte, porque múltiples estudios han comprobado que vetar un alimento incita a los niños a desearlo más. En un sencillo experimento de la Universidad del Estado de Pennsylvania (EE. UU.), se invitó a dos grupos de niños a comer tantas galletas como quisieran. No eran galletas especialmente sabrosas. Eran de manzana y melocotón, y los niños habían dicho en una encuesta previa que no estaban mal, pero que no les chiflaban. En uno de los grupos, los investigadores dispusieron las galletas en platos sobre una mesa y les dijeron a los niños que podían empezar a comer cuando quisieran. En el otro grupo, pusieron las galletas en un jarrón en el centro de la mesa y les dijeron que tenían que esperar diez minutos antes de empezar a comer. Resultado: los niños a los que se obligó a esperar acabaron comiendo el triple de galletas que los que no tuvieron que reprimirse durante diez minutos.

Por investigaciones como ésta, Rosa y Juan han optado por dejar que Cris y Pablo tengan acceso a todo lo que hay en la cocina y en la despensa. Pueden abrir cualquier cajón y cualquier estante. No hay zonas prohibidas ni alimentos escondidos. Deben respetar los horarios de las comidas, pero si después, a la hora de la merienda, les apetecen más unos cereales que un yogur, o viceversa, pueden elegir. Cuando alguna vez se han encontrado con algún alimento que se prestaba a abusos, como en una época en que Cris siempre pedía las mismas galletas para desayunar, Rosa y Juan han optado por dejar de comprarlo de manera habitual.

Al no haber alimentos prohibidos en casa, tampoco hay alimentos premio («si te portas bien, tendrás un caramelo» o «si te acabas la fruta, tendrás una chocolatina»), otra estrategia que incita a los niños a desear más los alimentos restringidos. Y no es que Cris y Pablo nunca tomen caramelos, chocolatinas, palomitas o patatas fritas. Pero para ellos son productos de consumo ocasional, no alimentos que formen parte de la dieta diaria.

5 EN LA COCINA
13.00 horas

Hora de empezar a preparar la comida. Rosa y Pablo salen de la cocina y entran en escena doña María y Cris. Doña María es quien mejor cocina en casa, quien más experiencia tiene, quien más sabe de guisos y caldos. Y a Cris desde pequeña le ha gustado ayudarla a cocinar y aprender sus trucos.

Empezó ayudándola a hacer pasteles. Batiendo huevos, midiendo azúcar, mezclando harina... Una actividad ideal para que los niños pequeños se inicien en la cocina ya que, con los pasteles, pueden ayudar sin acercarse a los cuchillos ni al fuego. También puede ser ideal empezar con batidos de fruta, con macedonias, con albóndigas, con croquetas... Con cualquier receta que sea como hacer trabajos manuales con comida. Se mancharán igual que con pintura o con arcilla pero al final, en lugar de un dibujo o una figura, tendrán un plato que podrán comer y compartir. Si les gusta el chocolate, se puede empezar enseñándoles a hacer un bizcocho de chocolate. Si les gusta la manzana, una tarta de manzana. Si les gustan las fresas, un batido de fresa.

10 consejos básicos para cocinar con lógica

1. Pienso, luego cocino. No empezar a cocinar sin pensar antes en lo que se va a preparar y cómo se va a hacer.

2. Veinte minutos bastan. Hay una gran variedad de menús completos y sabrosos que se pueden preparar en poco tiempo. Por ejemplo, espárragos verdes a la plancha + salmonetes + pieza de fruta.

3. Gestionar el tiempo. Organizar todos los pasos para preparar la comida para que no haya tiempos muertos. Por ejemplo, poner primero el agua a hervir o el horno a calentar y preparar después los ingredientes.

4. Dejar las elaboraciones largas para el fin de semana. Los días laborables son poco apropiados para intentar recetas complicadas que lleven mucho tiempo.

5. Evitar las preparaciones pesadas. Pedir al pescadero o al carnicero que limpie y corte el pescado o que deshuese la carne.

6. Aplicar cocciones cortas. Cocinar a la plancha, al microondas o con escaldados permite obtener platos sabrosos en poco tiempo.

7. Comer bien no es caro. Comprando con lógica y conociendo los alimentos, se puede comer de lujo por muy poco dinero.

8. A cocinar se aprende practicando. No desanimarse si una receta no sale perfecta la primera vez.

9. Aprovechar los productos preparados. Si se tiene poco tiempo, caldos preparados, bases de pizza, hojaldres o salsas, entre otros ejemplos, facilitan la cocina.

10. Tener una despensa bien surtida. Conviene tener siempre a mano productos que puedan sacar de un apuro, como conservas de pescado o vegetales, pastas, tostadas...

Niños a la cocina

A Cris, lo que más le gustaba de pequeña era triturar caramelos de colores en el mortero para esparcirlos después por encima de los pasteles, uno de los trucos que le enseñó doña María y que se utiliza en algunos restaurantes por el contraste de texturas y sabores que se consigue. Y también le divertía verter chocolate fundido sobre un plato muy frío —lo ponían antes en el congelador para enfriarlo— y moldearlo a medida que se solidificaba. Las figuras no siempre les quedaban bien, porque sólo tenían unos segundos para darles forma, pero siempre quedaban buenas. Hoy preparará su postre preferido. Dejará derretir un helado de vainilla, lo batirá con el túrmix y lo servirá en boles acompañado de trozos de fresas cortadas. Lo llama sopa de submarino amarillo.

A medida que se hizo mayor, Cris empezó a ayudar también con primeros y segundos platos, sobre todo los fines de semana. Cortar tomates para ensaladas, empanar pechugas para rebozar, limpiar calamares para una paella... Pero es un caso atípico. Hoy día son pocos los adolescentes que entran en la cocina para ayudar a preparar las comidas de la familia. Y son mayoría los hogares donde se rompe la cadena de enseñanza culinaria entre generaciones. Por muchos motivos. No es habitual que tres generaciones convivan en la misma casa y que una nieta como Cris pueda aprender de una abuela como doña María. Ni los alimentos actuales y la manera de prepararlos son iguales que hace una generación o dos. Las carnes, por ejemplo, son más tiernas y muchas de ellas ya no requieren cocciones largas para reblandecerlas como sucedía con los estofados. Además, han aparecido nuevas técnicas de cocción como las microondas o la inducción, lo que ha reducido en parte el uso del horno clásico o la cocción con fuego.

Y, sobre todo, está el problema de la falta de tiempo. Niños y adolescentes tienen a menudo horarios sobrecargados, con deberes y actividades extraescolares que les dejan poco tiempo libre para aprender a cocinar. Los padres tampoco suelen tener tanto tiempo como querrían para estar con ellos, enseñarles por ejemplo a hacer un bizcocho o una tortilla, y procuran dedicar poco tiempo a preparar las comidas. Y cuando se tiene poco tiempo, no es el mejor momento para invitar a los niños a ayudar. Empanar y freír pechugas con un niño de ocho años como Pablo puede requerir el doble de tiempo que hacerlo solo, aunque también puede resultar el doble de gratificante.

Y, sin embargo, dejar que los niños entren en la cocina y ayuden a preparar las comidas es un primer paso no sólo para que conozcan los distintos alimentos sino para que tengan una dieta variada y equilibrada en el futuro. Ésta es una de las cuestiones que investiga un equipo científico especializado en educación y nutrición de la Universidad de Columbia (EE. UU.). En una de sus investigaciones, se dieron lecciones para enseñar a comer de manera saludable a 600 niños y niñas de la región de Nueva York. Eran alumnos de parvulario y primaria, con edades de tres a once años, y el objetivo era que mejoraran su dieta, que era pobre en frutas, verduras, hortalizas y cereales integrales. A todos se les dieron lecciones sobre dieta saludable. Algunos de los niños, además, participaron en talleres de preparación de comida en los que, durante unos días, cocinaron sus propios platos. Cuando más tarde se analizó qué alimentos elegían los niños en el comedor, se observó que los que habían participado en talleres de cocina eran los que elegían alimentos más variados y los que tomaban más verduras y hortalizas. Se observó incluso que algunos alumnos que habían preparado platos con rábanos, un vegetal que los niños suelen evitar, después se servían rábanos en el comedor.

De modo que, cuando los niños manipulan alimentos, es más

probable que después estén dispuestos a probarlos. Que los prueben, por supuesto, no garantiza que les vayan a gustar. Pero los investigadores vieron que a algunos de aquellos niños les gustaron lo suficiente para repetir. Al haber participado en el taller de cocina, algunos niños aprendieron a apreciar verduras y hortalizas que de otro modo no hubieran ni probado. Conclusión: si se quiere que un niño tenga una dieta variada, dejarle ayudar en la cocina es más eficaz que decirle que debe comer de todo.

Presionarle para que coma de todo, por el contrario, resulta contraproducente. En otra investigación realizada en la Universidad del Estado de Pennsylvania (EE. UU.), se pidió a un grupo de niños que tomaran vegetales y leche y se les premió con pegatinas y permiso para ir a ver la tele si lo hacían. La mayoría de ellos tragaron. Pero cuando más tarde se les preguntó qué les había parecido la comida y la leche, dijeron que no les habían gustado. Las habían tomado sólo por la recompensa. Conclusión en este caso: si se quiere que un niño aprenda a apreciar verduras y hortalizas, y no sólo que las tome cuando se siente obligado, es mejor no entrar en negociaciones del tipo «si quieres jugar con el ordenador, acábate la ensalada». Este tipo de trato induce al niño a tomar la ensalada a disgusto y años más tarde, cuando pueda elegir libremente qué come, será más difícil que le gusten los vegetales y que tenga una dieta saludable.

Si el niño no toma las hortalizas a menos que se le presione, los estudios realizados hasta ahora sugieren que es mejor respetar sus gustos y esperar a que adquiera una dieta más variada a medida que crezca. Se le pueden ofrecer hortalizas y verduras distintas preparadas y presentadas de maneras variadas, y antes o después descubrirá que algunas le gustan. Pero conviene no perder de vista que los niños pequeños son lo que se llama neofóbicos: les gustan los alimentos que ya conocen y evitan los que son nuevos. Es un mecanismo de defensa natural que parece estar inscrito en el genoma humano y que se ha desarrollado a lo largo de miles de años de evolución para evitar intoxicaciones y envenenamientos entre las crías de nuestra especie. Aunque los padres no lo recuerden, y si lo recuerdan no lo reconozcan ante sus hijos, ellos también eran neofóbicos de pequeños. Dejar que los niños entren en la cocina y ayuden a preparar las comidas es una manera de ayudarles a familiarizarse con alimentos nuevos y minimizar esta neofobia.

Pero los beneficios de la cocina para los niños van más allá de sentar las bases de una dieta saludable. Cocinar es un trabajo manual que, en edades de parvulario, estimula la psicomotricidad fina —la habilidad de utilizar las manos con precisión—. En niños algo mayores, pesar doscientos gramos de azúcar o leer una receta equivale a hacer pequeños ejercicios de matemáticas o de lengua. Y, tal vez lo más importante, cocinar enseña a seguir una serie de instrucciones en el orden adecuado; enseña a tener la persistencia de completar la receta hasta el final; enseña a ser paciente a la espera de que la comida esté hecha, y enseña que el esfuerzo vale la pena cuando el pastel por fin se ha enfriado y está listo para comer.

Una vez se acepta que los niños ayuden a cocinar —no suele resultar complicado convencerles, especialmente en edades de parvulario y primaria—, la pregunta es qué se les puede dejar hacer y qué no. ¿Conviene dejarles que experimenten como quieran? ¿Dejarles probar lo que hacen a medida que cocinan? ¿Hay que insistir en que mantengan la cocina limpia? ¿A partir de qué edad pueden empezar a manejar el fuego? No hay estudios científicos que aclaren dudas como éstas, por lo que las respuestas deben basarse en el sentido común.

Como normas generales, conviene resignarse a que, cuando los niños pequeños empiezan a manipular alimentos, es inevitable que se manchen: pónganles un delantal o algún tipo de ropa que se pueda estropear. No pierdan de vista que puede romperse algún plato, derramarse la leche o caer azúcar al suelo: eviten

* Trucos para guisar en casa

• Utilizar la olla exprés para acortar las cocciones más largas. Por ejemplo, el caldo de pollo o las alubias.
• No poner toda el agua de golpe. Ir añadiéndola poco a poco para guisar los alimentos en lugar de hervirlos.
• Dejar reposar los guisos antes de comerlos para que resulten más sabrosos. Conviene dejarlos reposar por lo menos dos horas.
• Utilizar aceites aromáticos para condimentar los guisos. Por ejemplo, aceite de canela en un guiso de conejo, aceite de comino para garbanzos guisados...
• Colar las salsas con un colador chino para conseguir una textura más fina y homogénea.
• Tener sofrito, caldo o picada en el congelador para facilitar los guisos.
• Utilizar xantana para ligar el producto. No aporta ningún sabor ni color al guiso y se consigue la textura deseada con muy poca cantidad.
• Experimentar con toques aromáticos. Por ejemplo, un poco de jengibre fresco rallado en un guiso de costilla de cerdo, unas hojas de cilantro fresco en un guiso de pollo, unas hojas de menta en unas habas...
• Recordar que utilizar muchos ingredientes no significa que un guiso sea mejor.

regañarles por accidentes menores que forman parte del proceso de aprendizaje y que podrían llevarles a no volver a ayudar en la cocina. No pierdan de vista tampoco que, cuando la cocina pretende ser educativa, conseguir un plato exquisito no es el objetivo principal: no es el fin del mundo si el pastel sale mal; al contrario, puede ser una lección más. Hagan que se sientan cocineros, no sólo pinches: déjenles probar los ingredientes y los platos que se están cocinando como hacen los adultos, pónganles si quieren un gorro de chef, enséñenles a limpiar la cocina después de preparar un plato como hacen los cocineros de verdad... Y la norma más importante y que más a menudo se olvida: recuerden que cada niño es distinto, que lo que resulta fácil para uno puede ser un reto para otro, y que aquel al que más le cuesta suele ser también el que más puede aprender y el que más necesita que se tenga paciencia con él. Sería más fácil dejar entrar a la cocina sólo a los niños a quienes les sale bien, y que ayudan de verdad, pero es más educativo dejar entrar también y seguir animando a los que ponen a prueba la paciencia de los padres.

¿Mejor hervir o al vapor?

Cris y doña María cocinarán hoy judías verdes salteadas con jamón de primero y doradas al horno de segundo. Dos platos fáciles y rápidos de preparar que ilustran las ventajas e inconvenientes de los principales métodos de cocción de alimentos.

Empiezan lavando bien las judías y cortándoles las puntas. Ponen agua en una olla al fuego y, cuando hierve, echan las judías dentro. Añaden un puñado de sal en el agua —una proporción adecuada es una cucharada sopera rasa por litro de agua—, ya que la sal limita la fuga de nutrientes de los alimentos al agua y ayuda a preservar así los componentes nutritivos de las judías. En cambio, contrariamente a una idea extendida, la sal no hará que la verdura se cueza más rápido. Haría falta que el agua de la olla estuviera tan salada como la del mar para elevar medio grado la temperatura de ebullición, y aun así apenas se aceleraría la cocción. Dejan hervir las judías doce minutos y después las escurren.

Doce minutos exactos. Ésta es una de las ventajas de la cocción en agua hirviendo, que la temperatura es constante —100 grados al nivel del mar— y que es fácil ver cuándo empieza a hervir, lo que permite calcular con una gran precisión el tiempo de cocción ideal. Precisamente porque la temperatura ya no subirá más, no es necesario desperdiciar energía manteniendo el fuego a una gran potencia a partir del momento en que el agua hierve.

Hervir los alimentos es además un método de cocción rápido gracias a que el agua transmite el calor de manera mucho más eficiente que el aire, como hemos visto en el capítulo anterior al descongelar alimentos. Hace más frío en una piscina con el agua a quince grados que yendo en manga corta con el aire a quince grados, ¿recuerdan? Es por esta misma razón que podemos introducir la mano en un horno encendido por un momento sin quemarnos pero no podemos introducirla en agua hirviendo, pese a que la temperatura del horno es superior a la del agua.

Hervir es un método de cocción idóneo para alimentos que deben absorber una gran cantidad de agua para ser digeribles, como arroz, pasta y legumbres.

Pero tiene sus contrapartidas. La más obvia es que algunos de los componentes que dan sabor a los alimentos se pierden, en parte porque el calor de la cocción los modifica, pero sobre todo porque escapan del alimento y se diluyen en el agua. Por eso un pescado hervido, por ejemplo, resulta menos sabroso que preparado al horno.

Menos obvio, pero igualmente importante, es que junto a los componentes del sabor pasan al agua algunos nutrientes como vitaminas y minerales. Esto afecta especialmente a alimentos ricos en estos nutrientes como las judías que preparan Cris y doña María o cualquier otra verdura.

Aunque un alimento hervido no pierde todas sus vitaminas y minerales, del mismo modo que tampoco pierde todo su sabor, las verduras quedarán más nutritivas y más sabrosas si se consigue limitar estas pérdidas. Una manera de conseguirlo es hervir en olla a presión. Al aumentar la presión, aumenta también la temperatura de ebullición —que llega a 120 grados— y se acorta el tiempo de cocción, con lo cual se limita la pérdida de nutrientes y componentes aromáticos. Por este motivo, cuando se hierven verduras en alta montaña, donde la presión atmosférica es menor, se alarga el tiempo de cocción y la pérdida de nutrientes y de sabor es mayor.

Una opción aún más aconsejable es la cocina al vapor. En este caso, no se acorta el tiempo de cocción —más bien se alarga—, pero los nutrientes y componentes aromáticos se conservan mejor porque no se diluyen en agua. La contrapartida es que el alimento no absorbe tanta agua y no queda tan jugoso.

A falta de olla a presión y de utensilios para cocinar al vapor, si se hierve la verdura en una olla convencional, conviene no introducirla en el agua hasta que ya esté hirviendo. Si se hace cuando el agua aún se está calentando, la verdura estará más tiempo perdiendo nutrientes y componentes aromáticos. Por esta misma razón, cuando se prepara un caldo, resultará más sabroso y nutritivo si los alimentos se introducen en el agua cuando aún está fría y se calienta de manera muy gradual.

En cualquier caso, las diferencias entre olla normal, olla a presión o cocción al vapor son pequeñas y la verdura sigue siendo un alimento nutritivo rico en vitaminas y minerales con cualquiera de los tres métodos de cocción. Si se hierve en olla normal, como han hecho Cris y doña María, la verdura conserva aún un 70 por ciento de su betacaroteno original y un 45 por

* Consejos para cocinar al vapor

• Una de las principales ventajas de cocer al vapor es que los alimentos no están en contacto directo con el agua, por lo que se conservan más los sabores y colores, así como las vitaminas y minerales.
• Hay en el mercado muchos utensilios adaptados para cocer al vapor de forma cómoda (de bambú, de acero inoxidable, de silicona...). Si no se dispone de un utensilio específico para cocer al vapor:

1. Poner un cazo con dos dedos de agua a hervir.
2. Colocar un colador apoyado en el contorno.
3. Taparlo con un plato o tapa para evitar que se escape el vapor.

* Cuándo es mejor hervir

• Cuando se quiere que los productos absorban mucha agua. Por ejemplo, arroz, pasta, legumbres...
• Cuando se quiere aprovechar el caldo. Por ejemplo, con el caldo de las verduras se podrá enriquecer un guiso; con el caldo de los mejillones se podrá elaborar una salsa...

* Alimentos ideales al vapor

• Todo tipo de verduras cortadas (coliflor, zanahoria, patata, calabacín, berenjena, guisantes...).
• Pescados fileteados o en supremas (merluza, lenguado, rape, caballa...).
• Moluscos (berberechos, almejas, mejillones...).
• Panes y brioches. Se puede pedir masa de brioche cruda a un panadero y probar a cocerla al vapor. Queda tierna y jugosa.
• Huevos. Se puede aprovechar mientras se cuecen otros productos para poner un huevo con su cáscara al vapor y hacer un huevo duro en 10 minutos. También se puede romper el huevo en una tacita y ponerla en la vaporera: en 8-10 minutos se tendrá un huevo con la clara cocida y la yema líquida.
• Empanadas de pasta de arroz (dumplings). En comercios de comida étnica se encuentran variedades de dim-sums o aperitivos asiáticos que basta con poner al vapor y cocer durante 6-8 minutos. Se pueden aliñar con salsa de soja.

ciento de su vitamina C. Si la hubieran hervido a presión, conservaría un 75 por ciento del betacaroteno y un 65 por ciento de la vitamina C. Y de haber sido al vapor, alrededor de un 80 y un 70 por ciento, respectivamente.

Ventajas e inconvenientes de freír

Mientras hervían las judías, Cris y doña María han cortado una cebolla en rodajas finas, han laminado un ajo y han cortado unas lonchas de jamón serrano en tiras. Ahora, una vez escurridas las judías, ponen la cebolla en una sartén con aceite de oliva caliente; cuando empieza a dorarse, le echan el jamón y el ajo; y cuando el ajo a su vez empieza a dorarse, le echan las judías para saltearlas durante unos minutos. ¿Qué consiguen preparando las judías de esta manera?

Hay dos grandes diferencias entre freír los alimentos y hervirlos. La primera es que la temperatura de cocción en una sartén con aceite suele situarse entre 160 y 180 grados, en lugar de los 100 del agua hirviendo. A esta temperatura, el agua que se encuentra en la parte superficial del alimento se evapora, de modo que se forma una costra, mientras el agua del interior queda atrapada dentro de la costra, de modo que el alimento queda jugoso.

Puede ocurrir, si el fuego está demasiado fuerte, que la temperatura llegue a superar los 200 o 220 grados, cosa que no es deseable porque degrada el aceite con rapidez y hace que se formen sustancias tóxicas. Una manera sencilla de evitarlo, si se fríe con aceite de oliva, es fijarse en el momento en que empieza a humear. Cuando esto ocurre, significa que la temperatura ya se acerca a los 180 grados y es el momento de bajar el fuego o de echar los alimentos, que, al estar fríos, harán bajar la temperatura del aceite.

Las reacciones químicas que estas altas temperaturas provocan en la superficie deshidratada del alimento —llamadas reacciones de Maillard, en honor al médico francés que las descubrió— le dan un color marrón característico y propician la formación de moléculas aromáticas que enriquecen su sabor. Al mismo tiempo, el interior del alimento conserva un elevado contenido de agua, que no se pierde gracias a la costra que lo aísla del exterior, de modo que se mantiene tierno y jugoso. La clave de una fritura bien hecha, por lo tanto, está en la correcta formación de esta costra superficial.

Como normas generales, cuanto más grueso sea un alimento, más moderada tendrá que ser la temperatura del aceite para conseguir una correcta cocción interior y un dorado apetecible. Cuanto más frío esté un alimento, más tardará en freírse, por lo que también convendrá que la temperatura inicial del aceite sea moderada para evitar que la parte exterior se queme.

Para piezas delgadas y que no estén excesivamente frías, por el contrario, es preferible que el aceite esté bien caliente —aunque sin llegar a quemarlo— para que la superficie del alimento se deshidrate rápidamente y se acorte el tiempo durante el que el interior del alimento pierde agua y se reseca. También conviene no introducir demasiados alimentos al mismo tiempo, o en demasiado poco aceite, ya que el aceite se enfriaría y también tardaría más en formarse la costra.

La segunda gran diferencia entre hervir y freír está en que los alimentos hervidos absorben parte del agua donde se cuecen mientras que los alimentos fritos absorben aceite. De ahí que los platos fritos sean de entrada más calóricos que los hervidos.

En el caso de las patatas, por ejemplo, las que se cocinan al vapor o al horno tienen cuatro veces menos calorías que las que se fríen. Y ocho veces menos que las patatas chips de bolsa dado que, cuando se cortan en rodajas finas, las patatas absorben más aceite al freírlas. En el caso de la carne, lleva un 50 por

* Consejos para obtener una buena fritura

El cocinero controla cuatro variables principales al hacer una fritura. De estas variables dependerán la temperatura del aceite y el tiempo de cocción.

- La temperatura óptima para freír se sitúa entre 160 y 180 °C.
- Según el tamaño del producto, conviene freír a mayor o menor temperatura: cuanto más grueso es un alimento, más moderada tiene que ser la temperatura del aceite para conseguir una correcta cocción interior y un dorado apetecible.
- Cuanto más frío está un alimento al introducirlo en el aceite, durante más tiempo tendrá que freírse. Por lo tanto, deberá freírse a temperatura moderada para no quemar su superficie exterior.
- La proporción máxima para freír es de 1 a 10: 100 gramos de producto por cada litro de aceite.
- Escurrir bien los fritos sobre papel de cocina para evitar un exceso de aceite.
- Cuanto más frío esté el producto al introducirlo en el aceite, más crujiente quedará al sacarlo.
- Es mejor añadir la sal al final para que los ingredientes no pierdan excesiva agua mientras se fríen.
- La mejor forma de comer una fritura es servirla inmediatamente, pero si hay que recalentar una fritura, la mejor forma es con el horno bien caliente.

ciento más de calorías cuando se fríe que cuando se asa en el horno o se prepara a la plancha. Y en el del pescado, el doble de calorías frito que al vapor. Las frituras se erigen así en el método de cocción que más calorías añade a un alimento por lo que, si una persona tiene sobrepeso, le conviene tomar frituras sólo de manera ocasional. Si una persona tiene un peso adecuado, por el contrario, no hay motivo para evitar los alimentos fritos.

De todos modos, conviene escurrir bien los alimentos al acabar de freírlos, con una espumadera si se fríe en sartén o con una cesta en caso de haber usado freidora, y extenderlos después sobre un plato con papel absorbente, para que no incorporen un exceso de aceite.

También conviene tener en cuenta que no todos los aceites son igual de apropiados para freír. La razón de ello es que las altas temperaturas de la cocción oxidan las moléculas de los distintos aceites y crean nuevas moléculas que, tomadas en exceso, pueden resultar perjudiciales para la salud.

El aceite de oliva, en el que predominan las grasas monoinsaturadas, es el más adecuado para freír, ya que es el más estable químicamente y el menos vulnerable a las reacciones químicas de oxidación. Además, es rico en sustancias antioxidantes como la vitamina E que limitan la formación de moléculas poco saludables durante la cocción.

En otros aceites como el de girasol, el de maíz o el de soja, por el contrario, predominan las grasas poliinsaturadas. Esto significa que son menos estables químicamente, más vulnerables al calor y más propensos a degradarse formando moléculas potencialmente dañinas.

Se cocine con un tipo de aceite u otro, no es aconsejable reutilizarlo excesivas veces ya que la concentración de estas sustancias perjudiciales aumenta con cada nueva fritura. Si se fríen alimentos empanados o enharinados en una sartén con poco aceite, por ejemplo, conviene cambiarlo después de cada uso, ya que estos productos contienen partículas que aceleran la degradación del aceite. Si se fríen huevos, carnes o pescados sin empanar en una sartén, y se ha cuidado de no calentar el aceite por encima de los doscientos grados, se puede reutilizar dos o tres veces sin problemas.

En los hogares donde se utiliza freidora, por lo general el aceite se puede reutilizar más veces ya que no se calienta tanto como en una sartén y las partículas que se desprenden de los alimentos se sedimentan en el fondo. Pero si el aceite desprende un olor fuerte o desagradable al freír, conviene desecharlo, ya que estos aromas indican que empieza a tener una cantidad apreciable de moléculas tóxicas.

¿Horno o microondas?

Cris y doña María han aprovechado también para preparar las doradas mientras hervían las judías. Han rociado la bandeja del horno con aceite de oliva, han puesto una base de rodajas de patata, han colocado encima cebollas y tomates cortados y lo han dejado en el horno durante veinte minutos a 160 grados. Después han añadido las doradas con una rodaja de limón en el corte de la cabeza —tres doradas medianas para cinco personas— y lo han dejado otros veinte minutos. En total, unos diez minutos de preparación, casi tres cuartos de hora de cocción y listas para servir.

El horno, al igual que la fritura, permite alcanzar temperaturas de cocción lo bastante altas para deshidratar la parte exterior del alimento y propiciar la formación de moléculas aromáticas. A diferencia de la cocción en agua hervida, los nutrientes no se diluyen, aunque algunos se pueden transformar por el calor. Es un método de cocción apropiado para una gran variedad de alimentos, especialmente para pescados y piezas de carne de gran tamaño.

En el caso del pescado, los resultados más sabrosos se consiguen con temperaturas moderadas, de alrededor de cien grados, con las que se obtienen piezas melosas, apenas cocidas, que prácticamente se derriten en la boca. Esto se aprecia sobre todo con las especies de pescado azul como el salmón o el atún, ya que son más ricos en grasas que los pescados blancos como el rape o el lenguado. Con trozos de unos cien gramos, bastan 25 minutos de cocción para preparar el pescado a cien grados, siempre que se haya precalentado antes el horno. Para personas que prefieren notar que el pescado está bien cocido, son aconsejables temperaturas más altas, que permiten una cocción más rápida, aunque el pescado puede quedar algo más seco y puede ser aconsejable rociarlo después con un chorro de aceite de oliva.

Incluso con temperaturas intermedias o altas, las cocciones en horno son lentas ya que se basan en un sistema poco eficiente de transmisión de calor: desde las paredes del horno se calienta el aire del interior, éste a su vez calienta la superficie del alimento y el calor se transmite lentamente al interior de la pieza. Cris encuentra más práctico el microondas. Es más rápido y limpio. Pero el resultado es muy distinto.

En el interior del microondas, hay un campo electromagnético que cambia de polaridad entre 1.830 y 4.900 millones de veces por segundo (la cifra depende del tipo de microondas). Es decir, el polo positivo se convierte en negativo y viceversa. Es como si en la Tierra el polo norte se convirtiera en polo sur y volviera a convertirse en polo norte miles de millones de veces cada segundo. Las brújulas, y posiblemente también nuestras células, enloquecerían. Lo mismo ocurre, a pequeña escala, en los microondas. Allí lo que enloquece son las moléculas de agua de los alimentos, que cambian de orientación de modo parecido a un imán y empiezan a agitarse a toda velocidad. Este rápi-

* Cocinar al microondas en pocos minutos

Patatas «asadas» rápidas

Una vez lavadas, cocer enteras durante 6 a 10 minutos (el tiempo de cocción varía según el tamaño de la patata) a máxima potencia.

• Lavar, pelar y trocear las patatas.
• Cocer durante 6 a 8 minutos a máxima potencia.
• Escurrir, salpimentar y aliñar con aceite de oliva virgen. Se puede mezclar con carne picada, morcilla desmigada o setas salteadas.

Menestra de verduras al plato

• Limpiar y trocear verduras variadas como zanahorias, alcachofas, guisantes, judías verdes...
• Poner en un bol con un poco de caldo.
• Cocer a máxima potencia durante 6 o 7 minutos.

Aceite aromatizado

Poner en una taza aceite de oliva y hierbas (romero, tomillo, laurel...), guindilla y/o ajo, especias (curry, pimentón...).

• Calentar a máxima potencia durante 2 a 3 minutos.
• Guardar con las hierbas dentro.

Moluscos en 2 minutos

• Limpiar los moluscos (mejillones, almejas, chirlas...).
• Cocerlos en el microondas a máxima potencia durante unos dos minutos, hasta que se abran.
• Se les pueden poner rodajas de limón, laurel e hinojo antes de introducirlos en el microondas. Una vez abiertos, se puede añadir aceite de oliva, pimienta negra y perejil picado.

Filetes de pescado entre dos platos

• Poner el filete de pescado plano en un plato con una cucharada de agua por encima y, si se quiere, un poco de sal y aceite.
• Tapar con otro plato encima.
• Cocer entre medio minuto y un minuto.

Manzana al microondas

- Pelar, descorazonar y cocer con un poco de agua durante cinco minutos a máxima potencia. Se puede sustituir el agua por una infusión de hierbas, canela o algún tipo de licor.
- Una vez hechas, se pueden comer tal cual (tibias o frías) o cortar por la mitad y rellenar, por ejemplo con crema o con un yogur batido con azúcar.
- La misma receta se puede hacer con otras frutas como pera, melocotón...

Sacarle todo el jugo a la fruta

- Cortar la fruta (fresas, ciruelas, albaricoques, melocotón...) en trozos de tamaños parecidos.
- Disponer la fruta bien extendida en una bandeja.
- Espolvorear con azúcar moreno (o con algún edulcorante que soporte el calor). Rociar una cucharada de agua por encima. Poner al microondas unos quince minutos a baja potencia hasta conseguir sacar el máximo jugo de la fruta.
- Se puede servir en frío o en caliente, con una bola de helado encima, triturar para obtener una compota...

* Consejos para utilizar el microondas

- Para conseguir una buena cocción, no llenar excesivamente los recipientes.
- Los tiempos de cocción indicados son aproximados y dependen de la potencia del microondas y de las cantidades de comida que se preparan.
- Conviene tapar los alimentos que se cocinan al microondas con tapas diseñadas para este fin para que no manchen las paredes del aparato. No utilizar en ningún caso tapas de metal. A falta de una tapa adecuada, se puede utilizar un plato sopero invertido.
- Utilizar recipientes adecuados. Evitar los que pueden llegar a fundirse con el exceso de calor. Se pueden encontrar en el mercado bolsas especialmente diseñadas para cocinar al microondas.
- Ayudarse con un trapo de cocina para sacar los platos del microondas para evitar quemaduras.
- Conviene desenchufar el microondas siempre que se quiera limpiar.

do movimiento de las moléculas de agua provoca un sinfín de colisiones microscópicas en el alimento, lo que libera energía en forma de calor. Es este calor el que permite cocinar los alimentos.

A doña María no le gusta. No se siente familiar con campos electromagnéticos que marean moléculas y no le ilusiona preparar comida en el microondas. Comparado con el horno, lo encuentra un aparato frío. Para ella, y también para Cris, cocinar es una experiencia sensorial: percibir la textura de los alimentos, los colores, los aromas, el calor... Y también una experiencia emocional: la sensación de expectativa cuando las doradas ya están en el horno y el olor empieza a invadir la cocina, la ilusión de cocinar para otras personas... Las muchas horas que ha pasado en la cocina a lo largo de su vida, sus recuerdos, sus recetas, están ligadas al fuego y al horno. Con el microondas, un artilugio demasiado moderno para su gusto, no ha establecido esta relación sensorial y emocional.

Y no es la única a quien le ocurre. Al microondas le falta tradición culinaria. Pero permite una cocción más rápida que el horno clásico y una cocción más limpia que hervir o freír. Preserva los nutrientes tan bien como cualquier otro método de cocción. Y se adapta bien a las necesidades de las familias urbanas modernas.

Doña María también encuentra que hay alimentos que no quedan bien cuando se cocinan en microondas. Esto ocurre porque el aire del interior del aparato no se calienta con los cambios del campo electromagnético y, por lo tanto, en la superficie de los alimentos no suelen producirse las reacciones químicas que forman una costra, cambian el color y mejoran el sabor. A falta de costra, se produce una pérdida de humedad en el interior del alimento, lo que hace que algunos productos —especialmente las carnes— puedan quedar secos.

Para minimizar este problema, es conveniente recubrir los alimentos que se van a cocinar en el microondas. Se puede utilizar desde una campana de plástico hasta papel para hornear o dos platos soperos invertidos. Con esto se consigue que las ondas electromagnéticas lleguen de manera menos agresiva a la superficie del alimento y que éste no se reseque. Al apagar el microondas y retirar el plato, es aconsejable no destaparlo inmediatamente. Mejor mantenerlo tapado mientras se enfría para que no pierda humedad por evaporación y no se disipen componentes aromáticos.

Brasa y parrilla

Hay una última técnica importante de preparación de alimentos que Cris y doña María hoy no han utilizado. Es la técnica de cocción más antigua de la humanidad. Dejar que una pata de mamut se ase sobre una hoguera o sobre un lecho de brasas. Sus versiones modernas son la parrilla (en que la fuente de calor se sitúa bajo el alimento), la gratinadora (o salamandra, como la llaman algunos cocineros, en que la fuente de calor se sitúa por encima), la tostadora eléctrica (en que el calor es emitido por aleaciones incandescentes) o la barbacoa (que se popularizó en la primera mitad del siglo XX en Estados Unidos y se ha extendido a otros países como técnica de cocción al aire libre para comidas familiares o de grupo: la tribu reunida de nuevo, pero ahora alrededor de salchichas y chuletas en lugar de una pata de mamut).

Todas estas maneras de cocinar se basan en el mismo principio. Una fuente de calor intensa calienta el aire a muy alta temperatura y éste a su vez calienta el alimento. Si en el agua hirviendo la cocción se hace a 100 grados, en la sartén con aceite no se sobrepasan los 180 y en un horno convencional se llega hasta los 250, las brasas de una hoguera o el alambre de una tostadora alcanzan los 1.100. En estas altas temperaturas están su principal ventaja y sus principales inconvenientes.

La ventaja es que la superficie de los alimentos se deshidrata rápido y se generan componentes aromáticos intensos. Es en gran parte por estos componentes que las carnes a la brasa tienen un sabor característico, distinto al de las que se cocinan fritas, a la plancha o al horno. También influye el tipo de carbón o de madera con que se prepara la brasa, ya que desprende aromas que después se incorporan al alimento: no sabe igual una carne cocida sobre madera de pino que sobre madera de encina, de algarrobo o de algún árbol frutal como el manzano o el naranjo.

Los inconvenientes son que, con un calor tan intenso, es fácil que la parte exterior de los alimentos quede chamuscada cuando el interior aún está crudo. Y en estas partes chamuscadas, e incluso en otras zonas del alimento que no están quemadas, se forman moléculas tóxicas que, tomadas en exceso, son perjudiciales para la salud.

Para evitarlo, conviene situar las piezas de comida más cerca o más lejos de la fuente de calor según lo gruesas que sean. Una chuleta de cordero, que es una pieza delgada, puede quedar ideal a cinco centímetros de las brasas. Pero una morcilla rechoncha quedará mejor si se aleja entre diez y veinte centímetros.

Otra solución sencilla, especialmente para las carnes, es empezar a cocerlas cerca de la fuente de calor para que el exterior se dore rápido, de modo que se formen los componentes aromáticos y la costra que preserva la humedad, pero después alejarlas para que el interior se cueza más lentamente.

Este tipo de cocción a la brasa es adecuada para piezas de carne y pescado poco gruesas. Para piezas más voluminosas en que conviene una cocción más paulatina es mejor hacerlas girar sobre sí mismas junto a la fuente de calor. Es lo que se hace por ejemplo con el pollo al ast o con los jabalís de Obélix. Cada zona del exterior del animal se calienta y se enfría sucesivamente a medida que gira, de modo que el exterior se dora gracias al intenso calor que recibe cada vez que se acerca a la llama mientras el interior se puede ir cociendo poco a poco. La rotación ayuda además a que las gotas que se desprenden de la carne vayan girando sobre la superficie de la pieza en lugar de gotear, lo que contribuye a que se dore mejor.

En el caso de los vegetales, hay la posibilidad de envolverlos para prepararlos a la brasa o en barbacoa. Por ejemplo, patatas, cebollas, pimientos o calabacines pueden envolverse en papel de aluminio. Lo que se consigue con esta protección es cocer los vegetales al vapor con su propia humedad sin impedir que se impregnen del aroma característico de la brasa. Sin protección, quedan igualmente suculentos pero es más fácil que se chamusquen y haya que retirar las capas exteriores carbonizadas.

De todos modos, no es una forma de cocción de la que convenga abusar. En las partes quemadas de los alimentos se forman un tipo de moléculas llamadas aminas heterocíclicas, algunas de las cuales son potencialmente cancerígenas. Incluso las partes no carbonizadas incorporan moléculas presentes en el humo como hidrocarburos aromáticos policíclicos (HAP), algunos de los cuales también son potencialmente cancerígenos.

Esto no significa que haya que obsesionarse con los alimentos a la brasa ni que se tengan que erradicar de la dieta. En realidad, los alimentos cocinados a altas temperaturas no son la única fuente de HAP a la que estamos expuestos, ni suele ser la mayoritaria. Estas moléculas son unos de los contaminantes orgánicos más extendidos en el aire que respiramos, ya sea porque vienen de los tubos de escape de los vehículos, del humo del tabaco o de la combustión industrial del carbón o de los hidrocarburos. En los alimentos, los HAP se acumulan mayoritariamente en las partes grasas. Son lo que se llama sustancias lipofílicas, es decir, que tienen más afinidad por las grasas que por el agua. Pero si nos preocupamos poco por los HAP de la contaminación atmosférica, sería incoherente preocuparnos más por los de alimentos cocinados a la brasa: las bajas dosis de un consumo ocasional difícilmente tendrán ningún efecto apreciable en la salud.

Dime cómo cocinas (y te diré cómo come tu familia)

En función de la comida que han preparado y de cómo la han cocinado, Cris y doña María son cocineras saludables, según la clasificación de los distintos tipos de cocineros desarrollada por el Laboratorio de Alimentos y Marcas de la Universidad Cornell (EE. UU.). Intrigados por el enorme impacto que la persona que cocina en una casa tiene sobre la dieta de toda la familia, y no sólo sobre lo que se come en casa sino también sobre los alimentos que se eligen cuando se come fuera de casa, los investigadores de la Universidad Cornell decidieron analizar el perfil de los distintos tipos de cocineras —más que cocineros— domésticas.

Hicieron una encuesta a 317 personas que solían cocinar en sus casas. Ninguna de ellas había ido a clases de cocina pero todas se consideraban buenas cocineras. Les hicieron 152 preguntas sobre qué cocinaban, cómo lo hacían, qué carácter tenían o qué hacían en su tiempo libre. Y a partir de las respuestas, las agruparon en cinco grandes categorías. Según los resultados de la investigación, realizada en Estados Unidos —las cifras pueden variar en otros países—, la categoría mayoritaria la forman las cocineras generosas. Son personas que disfrutan preparando platos que harán felices a los demás. Representaron el 22 por ciento de las encuestadas. Suelen ser personas alegres, que suelen repetir aquellas recetas que mejor les salen y que disfrutan preparando platos para reuniones familiares o de amigos. Sobre todo pasteles, que a menudo son su especialidad. Les preocupa que su familia coma bien y se consideran cocineras saludables, pero paradójicamente son las menos saludables de todas.

Les siguen de cerca, con un 20 por ciento de las personas encuestadas, las verdaderas cocineras saludables. Son las que preparan más platos con verduras y con pescado, como han hecho hoy Cris y doña María. A menudo son personas de nivel sociocultural alto y están concienciadas por la salud y por el medio ambiente. Pero preparar platos sabrosos no es su objetivo principal en la cocina. La paradoja en este caso es que, para las personas que quieren tener una dieta saludable pero disfrutan mucho de la comida, la cocinera saludable no es la ideal, según los investigadores de la Universidad Cornell.

La opción ideal para cuidar la salud y disfrutar comiendo es la cocinera innovadora, que viene después con un 19 por ciento de las mujeres encuestadas. Son las más creativas, las que inventan platos nuevos. Pocas veces usan recetas. Prefieren experimentar con ingredientes y métodos de cocción. Suelen preparar alimentos saludables, pero también cuidan el aspecto hedonista de la comida. Y es más fácil tener una dieta sana si se disfruta con ella que si no se disfruta.

En el otro extremo, las cocineras metódicas (un 18 por ciento de las encuestadas) se apartan poco de las instrucciones de las recetas. Disfrutan cocinando pero sólo preparan platos especiales cuando tienen tiempo, sobre todo en fines de semana, y prefieren asegurarse de que el plato saldrá bien que aventurarse a experimentar.

Finalmente, un 13 por ciento de las encuestadas entraron en la categoría de cocineras competitivas. Suelen tener un carácter dominante y cuidar especialmente la presentación estética de los alimentos. Su objetivo, más que preparar platos saludables o sabrosos, es impresionar a los demás con sus creaciones. Son personas a las que les importa oír «¡oooooh!» cuando levantan la tapa de la cazuela.

Muchas de las encuestadas reunían características de más de una de estas categorías. Y hubo también una minoría que no encajó en ninguna de las cinco.

Más allá del pasatiempo de pensar qué tipo de cocinero es cada uno, la investigación de la Universidad Cornell es útil para darse cuenta de cómo afecta la personalidad del cocinero a lo que se come en cada familia. Y para mejorar la alimentación del hogar en la medida de lo posible. Una cocinera generosa, por ejemplo, puede ayudar a mejorar la dieta de su familia ofreciendo más verdura en lugar de pasta como primero o más fruta en lugar de repostería como postre. Una cocinera saludable, introduciendo un abanico de sabores más amplio. Una cocinera competitiva, cuidando más los ingredientes y menos la presentación.

Corregir estos detalles ayudará a mejorar no sólo cómo se come en casa sino cómo comerán las personas de la familia a lo largo de sus vidas. Múltiples investigaciones han observado que la persona que compra y prepara la comida en un hogar tiene una influencia mucho mayor de lo que ella misma cree. Porque la cadena de transmisión de la enseñanza culinaria se rompe, pero la cadena de transmisión del gusto no. Y si en una casa se cocinan paellas memorables, a los niños de la familia les va a gustar la paella toda la vida. Pero si en esa misma casa no entran espinacas, los niños difícilmente llegarán a ver las espinacas como un alimento cotidiano.

* Espumas al alcance de todos

Las espumas permiten crear texturas originales en casa. Son también una opción útil para tener una dieta variada en personas que tienen problemas de masticación o de deglución.

Algunos ejemplos de recetas para espumas frías y calientes:

ESPUMA DE PATATA

Ingredientes

250 gramos de patata
125 gramos de nata líquida (35 % de materia grasa)
100 gramos del agua de la cocción de la patata
35 gramos de aceite de oliva virgen
Sal

Elaboración

1. Cocer la patata en agua y escurrir.
2. Triturar la patata con la nata, los 100 gramos del agua de la cocción, el aceite y la sal.
3. Colar, introducir en el sifón y cargar con dos cargas de gas.
4. Calentar el sifón directamente al baño María antes de servir hasta que esté bien caliente. Servir caliente como acompañamiento o salsa de platos de pescado o carne.

Combinaciones posibles

- Espuma de patata con puré de aceitunas negras o con verduras asadas.
- Servir estofado de carne (ternera, ave...) en una taza con espuma de patata encima.
- Espuma de patata con judías verdes hervidas y aceite de oliva virgen.

ESPUMA DE YOGUR

Ingredientes

375 gramos de yogur (3 unidades)
125 gramos de nata líquida (35 % de materia grasa)
75 gramos de azúcar

Elaboración

1. Mezclar el yogur con la nata y el azúcar.
2. Una vez disuelto, colar.
3. Introducir en el sifón y poner dos cargas de gas.
4. Agitar y servir bien frío.

Combinaciones posibles

- Se puede servir con o sin azúcar.
- Combinar la espuma de yogur con frutos secos.
- Preparar un milhojas de queso curado y espuma de yogur.
- Preparar la espuma de yogur con miel.

ESPUMA DE CHOCOLATE NEGRO

Ingredientes

150 gramos de nata líquida (35 % de materia grasa)
200 gramos de cobertura negra de chocolate
150 gramos de clara de huevo

Elaboración

1. Llevar la nata a hervor, apartar del fuego y añadir el chocolate troceado.
2. Dejar enfriar un poco, añadir las claras y remover con unas varillas.
3. Colar y poner dentro de un sifón con dos cargas.
4. Calentar directamente el sifón al baño María. Servir caliente.

Combinaciones posibles

- Se puede servir con unos cristales de sal encima.
- Espuma de chocolate con helado de especias.
- Espuma de chocolate con capuccino de leche.
- Espuma de chocolate con tropezones de frutos secos, fruta confitada y frutas ácidas.

ESPUMA DE FRESA

Ingredientes

250 gramos de fresones
50 gramos de azúcar
100 mililitros de agua (100 gramos)
2 hojas de gelatina

Elaboración

1. Cocer las fresas troceadas con el azúcar en el microondas a media potencia durante 20 minutos.
2. Triturar, colar y dejar enfriar.
3. Calentar el agua con la gelatina previamente hidratada para fundirla y mezclar con el puré de fresas.
4. Colar e introducir en un sifón con dos cargas de gas. Agitar.
5. Enfriar en la nevera durante tres horas, agitar de nuevo. Servir fría.

Combinaciones posibles

- Espuma de fresas con yogur batido.
- Copa de zumo de naranja y menta fresca con espuma de fresas.
- Espuma de fresas con nata batida y una base de galletas.
- Espuma de fresas mezclada con trozos de plátano, naranja y manzana.
- Espuma de fresas con helado de vainilla.

* Helados y salsas

- Dejar derretir un helado, colarlo y ponerlo dentro de un sifón. Se obtendrá una textura sorprendente de forma sencilla y rápida.
- Diluir una mayonesa con un poco de nata y ponerla en un sifón. Se obtendrá una espuma muy ligera para acompañar, por ejemplo, unos espárragos.

6 PONER LA MESA
14.00 horas

Además de estudiar el perfil de los distintos tipos de cocineros, el Laboratorio de Alimentos y Marcas de la Universidad Cornell ha abierto una línea de investigación para analizar cómo la manera de poner la mesa o presentar los alimentos influye en qué comemos y en cuánto comemos. El objetivo de estas investigaciones es comprender por qué hay tanta gente con sobrepeso u obesidad que come más de lo que desearía o de lo que le conviene. Los resultados revelan que la cantidad de comida que ingiere una persona no sólo depende del hambre que tiene, de lo ansiosa que está o de cuánto le gusta la comida. También depende en gran medida de factores a los que no se suele prestar atención como el tamaño de platos y vasos o lo cómodo que resulta servirse. Los investigadores han descubierto que ni ellos mismos son inmunes a estas influencias. Aun sabiendo cómo el tamaño de los platos distorsiona la cantidad de comida que ingieren, caen en la trampa. Pero sus conclusiones ofrecen estrategias útiles para poner la mesa y presentar los alimentos de manera que se controle mejor cuánto se come y cuánto se bebe.

Hoy la mesa la ponen Cris y Pablo. Lo hacen desde que eran

pequeños. Es la primera tarea del hogar en la que empezaron a ayudar, antes de cumplir los tres años, cuando ya caminaban y empezaban a hablar. Rosa y Juan no les pedían que ayudaran por la ayuda que pudieran prestar, que era poca, porque al principio sólo llevaban algún plato, alguna cuchara o la barra de pan, y a veces incluso se caían por el camino y daban aún más trabajo que si no hubieran ayudado. Se lo pedían para concienciarles de que las tareas de casa se hacen entre todos, y era mejor empezar desde pequeños como un juego que tener que perseguirles años más tarde. Con el tiempo, Cris y Pablo se han convertido en especialistas en poner la mesa. Saben lo que tienen que poner y lo que no, lo hacen solos, lo hacen rápido y, aunque hay días que refunfuñan si tienen que dejar de lado algo que les interesa más, ya ni les representa un esfuerzo.

El tamaño (del plato) sí importa

Cris empieza poniendo el mantel, porque a Pablo con sus ocho años aún le cuesta, así que él se encarga de llevar los platos. Tienen platos azules de tres tamaños distintos guardados en un armario de la cocina: pequeños como de postre, medianos y grandes, además de los de sopa y los de las tazas de café. Coge cinco platos medianos y los lleva a la mesa.

Los científicos de Cornell también hubieran elegido los medianos. En sus investigaciones han comprobado que, cuando se pone la misma cantidad de comida en dos platos de tamaño distinto, los comensales creen que hay más comida en el plato más pequeño. Esto no es culpa del plato sino de nuestro sistema de percepción visual. Lo mismo ocurre en el clásico test de percepción en que se muestran dos figuras con un disco negro rodeado de seis círculos blancos. El disco negro parece más grande cuando los círculos blancos son pequeños, y más pequeño cuando los círculos son grandes, aunque en realidad el disco tiene el mismo tamaño en las dos figuras.

Cuando esto ocurre con platos en la mesa, en lugar de círculos en un dibujo, la consecuencia es que los comensales se acaban sirviendo más comida en platos grandes que en platos medianos. Llenan el plato con lo que consideran una ración adecuada, y la ración que parece adecuada en un plato mediano parece insuficiente en uno grande.

En un estudio realizado con personas especialistas en nutrición, el equipo de Cornell comparó la cantidad de helado que se servía en boles de distintos tamaños. Los especialistas no sabían que estaban participando en una investigación y que se calcularía cuánto helado tomaban. Se les invitó a una fiesta y no se les dijo que además se llevaría a cabo un estudio. Todos sabían que el tamaño del recipiente condiciona la cantidad que uno se sirve, porque conocían los resultados del equipo de investigación. A la mitad de los especialistas se les dieron boles de 480 mililitros —casi medio litro— para ponerse el helado; la otra mitad recibió boles el doble de grandes. Resultado: los que tenían boles grandes tomaron, no el doble, pero sí un 31 por ciento más de helado.

Seguramente, algunos lectores estén pensando en este momento que esto a ellos no les ocurre. Que ellos comen según el apetito que tienen, no según el tamaño del plato. O que tal vez les pueda haber ocurrido alguna vez pero, ahora que les hemos avisado, no les volverá a ocurrir. Se equivocan. Ésta es precisamente la gran lección del estudio. Que es algo que les ha ocurrido incluso a investigadores universitarios que sabían que el tamaño del recipiente distorsiona la percepción de las cantidades. Y que también pensaban que a ellos no les iba a ocurrir. Lo que confirma que esta distorsión de la percepción de las cantidades actúa al margen de la racionalidad.

Los investigadores de Cornell han observado también que, si la ración que se sirve en un plato parece adecuada, los comensales suelen terminársela y no repetir. Pueden comer un 20 por ciento más o menos según el tamaño del plato sin tener conciencia de que han comido más. A partir de un 25 o un 30 por ciento de diferencia —el porcentaje no es el mismo para todo el mundo— sí se suele notar que se ha comido demasiado. O demasiado poco. Es por esta razón que es mejor elegir platos medianos que pequeños al poner la mesa. Con platos pequeños, los comensales se dan cuenta de que han comido poco y tienden a repetir. Y cuando repiten, aunque cada ración sea pequeña, suelen acabar comiendo más que si se sirven una sola vez.

La forma (del vaso) también importa

No sólo está condicionado por nuestro sistema de percepción visual cuánto se come, sino también cuánto se bebe. Porque, cuando se vierte la misma cantidad de una bebida en un vaso largo y en un vaso ancho, parece que haya más en el vaso largo. El test clásico en este caso es el de la letra T. Si uno traza una T mayúscula con una regla procurando que las dos rayas tengan la misma longitud y pregunta a otra persona cuál de las dos le parece más larga, la mayoría responderá que la vertical. La ilusión óptica es aún más acusada si se invierte la figura y se sitúa el trazo horizontal en la base. Incluso a la persona que ha trazado la T, que sabe que las dos rayas son iguales, le parece que la vertical es alrededor de un 20 por ciento más larga. Los circuitos racionales del cerebro le dicen que son iguales, pero el sistema de percepción visual le dice que son distintas.

Es esta misma distorsión la que hace que una persona que viste prendas con rayas verticales parezca más alta y delgada que si vistiera rayas horizontales: el cerebro exagera la longitud de las líneas verticales y minimiza la de las horizontales. Y eso mismo hace con los vasos.

* La percepción del tamaño

La percepción de la cantidad de comida según el tamaño del plato.

La albóndiga parece más grande cuando está delimitada por un referente pequeño (izquierda) que cuando lo está por un referente grande. En realidad, tiene el mismo tamaño en ambos dibujos.

La percepción de la cantidad de bebida según la forma del vaso.

Las líneas verticales se suelen percibir como más largas que las horizontales aunque ambas tengan la misma longitud.

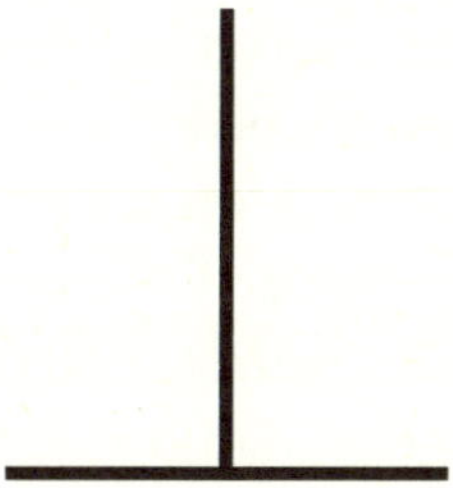

En un experimento realizado en Estados Unidos con un grupo de adolescentes que podían servirse tanta bebida como quisieran a la hora de comer, se observó que los que tenían vasos largos y estrechos se ponían, de media, 156 mililitros de agua o de algún refresco. Y los que tenían vasos bajos y anchos se servían un 74 por ciento más: 272 mililitros. Pero el resultado más revelador fue que los que tenían el vaso ancho creían haber bebido menos de lo que realmente habían bebido. Cuando se les preguntó cuánto pensaban que se habían servido, dijeron —de media— 200 mililitros. Sin que ellos se dieran cuenta, su cerebro había minimizado la dimensión horizontal. Como nos ocurre a todos.

Investigaciones realizadas con otros grupos de población han observado el mismo fenómeno. Por ejemplo, entre los músicos profesionales que asistían a un curso de verano en Massachusetts, se vio cómo los que tenían un vaso corto para servirse zumo o refresco a la hora del desayuno tomaban un 19 por ciento más que los que tenían un vaso largo.

Y de nuevo los expertos son tan vulnerables a estas distorsiones de la percepción como los profanos. En este caso, los expertos no son científicos especialistas en nutrición sino barmans profesionales a los que se pidió que sirvieran ron para un cubalibre, ginebra para un gin-tonic, vodka para un vodka con naranja, o whisky con hielo. Tenían que intentar servir la cantidad exacta para una copa, estipulada en 42,5 mililitros (una onza y media). La misma cantidad que servían decenas de veces cada noche, pero esta vez sin ningún instrumento para medir cuánto echaban exactamente en los vasos. Los que sirvieron las bebidas en vaso largo acertaron la cantidad que se les pedía con una precisión aceptable: echaron una media de 45 mililitros. Pero los que tenían vasos anchos se vieron incapaces de calcular con precisión cuánto servían. Acabaron echando una media de 60 mililitros. Moraleja: si uno quiere moderar la cantidad de bebidas que toma, le ayudará más utilizar vasos largos y estrechos que vasos anchos y bajos.

La forma del vaso tiene poca importancia si se bebe agua. Pero si se toman con frecuencia refrescos o zumos con un contenido elevado de azúcar, o bien bebidas alcohólicas, tener vasos largos puede ser una manera sencilla y barata de reducir el consumo de calorías y alcohol. Tanto es así que, tras realizar estos estudios y darse cuenta de la importancia que puede tener la forma de un vaso, los investigadores del Laboratorio de Alimentos y Marcas de la Universidad Cornell retiraron la mayoría de vasos anchos de sus cocinas y los sustituyeron por vasos largos.

Los mitos del agua: ¿cuánta conviene beber?

Tras poner platos y vasos en la mesa, Pablo va a buscar el agua mientras Cris corta pan. El agua es el más imprescindible de los alimentos. También es uno de los que más enfermedades transmite en países pobres y sobre el que han circulado más ideas que no tienen una base científica sólida en los países ricos.

Cerca del 70 por ciento del cuerpo humano está formado por agua, que se pierde de manera ininterrumpida y que debe reponerse varias veces al día. Cada vez que respiramos, por ejemplo, emitimos agua con el aire que expulsamos. Pero la idea extendida de que beber ocho vasos de agua diarios es recomendable para toda la población no ha sido refrendada por ninguna investigación científica concluyente.

La idea de que beber agua en abundancia es bueno para la piel tampoco está demostrada. A la piel, desde luego, le conviene estar bien hidratada. Pero a partir del momento en que el cuerpo humano ya dispone de toda el agua que necesita, el superávit no se destina a hidratar mejor la piel sino que se elimina por la orina.

Sí se ha observado, en un estudio de diez años de duración en el que participaron 10.000 hombres, que el riesgo de cáncer de vejiga se reduce en un 7 por ciento por cada vaso de más que se toma al día. Y en otro estudio con 20.000 personas de California se observó que el riesgo de morir por una enfermedad cardíaca era menor en grandes consumidores de agua. Pero estos estudios no demostraron que el agua fuera la causa directa del menor riesgo de enfermedades ni justifican la recomendación de ocho vasos diarios para toda la población.

Un caso aparte son las personas que han sufrido cálculos renales (piedras en el riñón) y a las que se recomienda un consumo abundante de agua para prevenir la formación de nuevos cálculos. Lo cual tiene sentido: cuanta más agua drenen los riñones, más probable es que arrastre minerales y no llegue a formarse un cálculo.

También constituyen un caso particular las personas ancianas que pierden la capacidad de regular la sensación de sed y a las que se recomienda que beban agua aunque no tengan sed.

Por el contrario, las personas que toman fármacos diuréticos para la hipertensión o para la insuficiencia cardíaca, que a menudo preguntan a sus médicos si tienen que beber más o menos agua según la dosis de la medicación, no tienen por qué tomar ni más ni menos de la que tomaban antes.

Pero en ninguno de estos casos, ni siquiera en el de las personas con cálculos renales, está demostrado que la cantidad recomendable sea de ocho vasos al día. En realidad, la cantidad de agua que necesita reponer una persona a diario depende de múltiples variables como su peso (una persona de noventa kilos necesita más agua que una de sesenta), su nivel de actividad física (una persona activa, más que una sedentaria) o la época del año (más en verano que en invierno).

Como término medio, se estima que una persona de sesenta kilos puede necesitar reponer alrededor de dos litros y medio de agua al día. La mayor parte de estos dos litros y medio no se ingieren en forma de agua sino que forman parte de los alimentos, o bien se toman en forma de otras bebidas. Un plato de sopa, por ejemplo, puede contener un cuarto de litro de agua. Una ensalada grande, otro cuarto de litro. En un plato de pasta, un 60 por ciento de lo ingerido es agua. Y en una rebanada de pan, un 35 por ciento. De modo que la cantidad de agua que es necesario beber depende también de lo que se haya comido.

Al final, es imposible precisar cuánto debe beber una persona, porque la cantidad adecuada varía de una persona a otra y de un día a otro. La mejor guía para saber cuándo una persona sana necesita agua sigue siendo la más antigua: la sed.

Más agua, menos calorías

Hay algunos casos en que, incluso sin tener demasiada sed, es recomendable beber agua. Por ejemplo, a la hora de comer, especialmente si se quiere perder peso o no ganarlo. La razón obvia es que, cuando una persona toma agua, no toma otras bebidas ricas en calorías, ya sean bebidas azucaradas o alcohólicas. Hay otra razón menos evidente pero no menos importante: el agua, si se toma junto con las comidas —especialmente al principio de las comidas—, incrementa la sensación de saciedad y ayuda a no comer tanto.

La sensación de saciedad se consigue porque el volumen de muchos alimentos aumenta con el agua y de este modo se consigue llenar el estómago sin necesidad de comer tanto. Esta estrategia resulta especialmente eficaz con alimentos ricos en fibra, ya que suelen ser los que más aumentan de volumen con el agua. También tiene mayor eficacia si el agua se toma al principio de las comidas, ya que de este modo la sensación de saciedad aparecerá antes, y además los primeros platos suelen ser más ricos en fibra que los segundos.

Éstas son las razones por las que Cris y Pablo siempre ponen agua en la mesa y llenan los cinco vasos al principio de las comidas. Cuando eran más pequeños no solían hacerlo. Pero Rosa insistió en que pusieran siempre el agua y llenaran los vasos después de que Juan fuera al médico, le dijeran que tenía sobrepeso, le diagnosticaran prehipertensión —lo que significaba que acabaría teniendo hipertensión a menos que corrigiera hábitos poco saludables— y le aconsejaran que vigilara más qué comía y cuánto. «Por ejemplo —le dijo el médico—, puede hacer algo tan fácil como beber agua al principio de las comidas. Es algo que no le costará ningún esfuerzo y que le aportará un gran beneficio.»

Muchos días también ponen en el centro de la mesa una fuente con ensalada de la que todos se sirven para acompañar las comidas. Hoy, como hay judías verdes de primero, no la han puesto. La suelen preparar Rosa y doña María y tienen la costumbre de variar los ingredientes para evitar la monotonía. No hay dos días seguidos que preparen la misma ensalada. Unos días predomina la lechuga, otros el tomate, a veces ponen zanahoria, o bien aceitunas, cebolla, espárragos, col lombarda... También esto se lo recomendó el médico. «El agua y la fibra de la ensalada —les dijo— les ayudarán a conseguir sensación de saciedad con pocas calorías. Pero no se molesten en prepararla si no la van a tomar —añadió—. Mejor ponerla tres días a la semana y comerla que siete días y dejarla. Procuren variar de ensaladas o se aburrirán. Y mejor alíñenla con aceite que con salsas.»

¿Agua del grifo o embotellada?

El agua que Cris y Pablo ponen en la mesa es embotellada. Lo hacen porque a todos les gusta más, no porque la del grifo sea

* Ideas para ensaladas originales

La única norma a la hora de preparar una ensalada es acertar en la combinación de alimentos. Experimentar con los ingredientes permite obtener ensaladas originales y sabrosas. Por ejemplo:

- Aliñar los espárragos, alcachofas, palmitos... dentro de su propio bote con aceite y vinagre. Cerrar el bote y agitar.
- Mezclar múltiples ingredientes que se tengan en casa para hacer una ensalada de contrastes: verduras, conservas, huevos, frutos secos, salsas...
- Probar una ensalada caliente: saltear la lechuga limpia con un poco de aceite en una sartén bien caliente unos diez segundos y comer al momento.
- Servir la ensalada sobre una rebanada de pan como si fuera un plato.
- Preparar una ensalada a base de conservas: lentejas, garbanzos, atún, codornices, mejillones...
- Ensaladas para comer de pie: servirlas en vasos a modo de aperitivo.

* Ideas para aliños

- Hacer una mayonesa con el aceite de la lata de atún.
- Utilizar un gazpacho como vinagreta.
- Aprovechar el agua en que se ha hervido arroz como base para una vinagreta sin grasa.

4 normas básicas para hacer ensaladas apetecibles

1. Volumen
Una ensalada con volumen da sensación de ligereza y frescor.

2. Color
La variedad de colores hace más atractiva una ensalada y es un reflejo de la diversidad de vitaminas y otros micronutrientes.

3. Textura
A la hora de pensar los ingredientes para una ensalada, conviene tener en cuenta las distintas texturas de los alimentos que se combinan.

4. Sabor
Los contrastes de sabor son el elemento más importante de la mayoría de las ensaladas.

mala para la salud. En su barrio el agua tiene a veces un sabor clorado que les desagrada: ésa es la razón principal. Pero además las aguas embotelladas tienen la ventaja de que informan en la etiqueta de las cantidades de minerales que llevan disueltos. Y tres de estos minerales son relevantes para la salud.

En el caso de Juan, el más relevante es el sodio —uno de los componentes de la sal común—, ya que un consumo excesivo de sodio eleva el riesgo de tener hipertensión. El contenido en sodio de las aguas puede ser muy variable, sobre todo entre las embotelladas, por lo que en hogares donde alguna persona tiene la tensión alta es preferible optar por las que contienen poco sodio. Dado que se considera aceptable un consumo de hasta 1.200 miligramos de sodio al día, y se ingiere sodio no sólo con el agua sino con la mayoría de alimentos, es preferible optar por aguas que no tengan más de unos 100 miligramos de sodio por litro —que son la mayoría—. Las aguas con gas merecen atención especial, ya que algunas de ellas llegan a superar los 1.000 miligramos por litro, aunque no es difícil encontrar otras bajas en sodio.

El segundo mineral relevante de las aguas embotelladas es el calcio, que es básico para tener una buena salud ósea y del que gran parte de la población toma una cantidad insuficiente. Es importante sobre todo en edades de crecimiento, como para Cris y Pablo, y para personas mayores como doña María. Aunque la mayor parte del calcio de la dieta proviene de productos lácteos, las aguas pueden aportar una propina para ayudar a alcanzar los más de mil miligramos diarios recomendados.

Finalmente, el déficit de magnesio agrava el riesgo de algunas enfermedades del músculo cardíaco como las arritmias. El magnesio se encuentra principalmente en verduras, cereales, nueces y pescado, pero también se halla en cantidades apreciables en el agua. La mayoría de la población, en España, no llega a ingerir los 400 miligramos diarios recomendados de magnesio, por lo que consumir aguas con un contenido elevado en magnesio puede ayudar a paliar este déficit.

En resumen, cuanto más calcio, más magnesio y menos sodio tenga una agua, mejor.

La sal se queda en la cocina para prevenir la hipertensión

Precisamente para evitar un exceso de sodio, Cris y Pablo dejan siempre el salero en la cocina. Ésta es otra de las medidas que recomendó el médico y en la que insistió Rosa. Es curioso cómo Rosa vela más por la salud de Juan que él mismo. Pero es un fenómeno que se repite en millones de familias. Puede que haya una parte genética en estos comportamientos. Y probablemente haya también una parte cultural. Pero el hecho es que con frecuencia las mujeres velan por la salud de toda la familia.

En cualquier caso, está bien demostrado que cuanto mayor es el consumo de sodio en una población, más alta es la tensión arterial media de los ciudadanos. Y que cuanto más alta es la tensión arterial, mayor es el riesgo de infartos de miocardio, insuficiencias cardíacas, ictus cerebrales y enfermedades renales.

Prueba de lo importante que es la tensión arterial para la salud es que las asociaciones médicas aconsejan a toda la población que se la tome por lo menos una vez cada dos años a partir de los veinte años de edad. Si uno no se la mide, no tiene manera de saber si está en la zona peligrosa, porque tener la tensión alta no hace que uno se sienta mal. Por eso a la hipertensión se la llama «la asesina silenciosa», porque mata sin avisar.

La tensión es la presión a la que circula la sangre por el interior de las arterias y se mide con dos números. La máxima (o sistólica) corresponde al momento en que el corazón se contrae y bombea sangre. La mínima (o diastólica) corresponde al momento en que el corazón se relaja. Ambos números se expresan en milímetros de mercurio.

La última vez que Rosa se tomó la tensión, la tenía normal. Es decir, la máxima era inferior a 130, y la mínima, inferior a 80. Aunque se la llame tensión normal, en realidad estas cifras cada día son menos normales y las personas que se sitúan en estos niveles ya son minoría en la población adulta, tanto en España como en Estados Unidos.

Juan se tomó la tensión el mismo día. Fueron juntos a la farmacia a tomársela. Resultó que tenía prehipertensión. Esto significa que la máxima estaba situada entre 130 y 139, y la mínima, entre 80 y 90, o que por lo menos una de las dos cifras estaba situada en estos rangos aunque la otra fuera normal. Volvió a tomársela en otras cuatro ocasiones, porque el resultado puede variar de un día para otro y según la hora del día, y se confirmó el diagnóstico. «Cariño, eres prehipertenso —le dijo Rosa—, vas a tener que cuidarte.»

No le costó mucho convencerle para ir al médico. Le dijo que hay tratamientos eficaces contra la tensión arterial alta —él no podía rebatirlo: ella es doctora— y le pidió que, si no quería ir por él, porque nunca se había preocupado por su propia salud, fuera al médico por ella.

En casos de prehipertensión como el de Juan, el tratamiento eficaz consiste en mejorar la dieta, controlar el peso y practicar más actividad física. En estos casos aún no se recomienda introducir fármacos, aunque las personas prehipertensas ya tienen un riesgo algo más alto de sufrir enfermedades cardiovasculares que las personas con una tensión normal. El tratamiento con fármacos empieza a partir del momento en que se diagnostica la hipertensión, cuando la máxima supera los 140 o la mínima los 90.

Dentro de la dieta, la medida más sencilla y popular es reducir el consumo de sal. La razón de ello es que, cada vez que se ingiere una molécula de sal, se ingieren un átomo de sodio y uno de cloro. De ahí el nombre químico de la sal de cocina: cloruro de sodio. En la sal, el cloro representa el 60 por ciento del peso, y el sodio, el 40 por ciento. Por eso en la actualidad se recomienda no tomar más de tres gramos de sal al día, que aportan los 1,2 gramos de sodio considerados el límite máximo aceptable.

Pero ésta es una recomendación que gran parte de la población incumple. A menudo sin saberlo. El problema es que resulta difícil calcular cuánta sal contienen los alimentos que se compran en el supermercado, ya que ésta abunda incluso en productos que no son salados, como las galletas o el jamón york. Y además resulta imposible saber cuánta sal hay en los platos de los restaurantes.

Lo que sí es posible, y sencillo, es cocinar con poca sal en casa, no añadir un exceso de sal en los platos una vez están preparados y recurrir a otros condimentos para dar sabor. Por eso los médicos recomiendan dejar el salero en la cocina, en lugar de llevarlo a la mesa, para romper con la costumbre de echar sal en los platos.

En realidad, a todo el mundo le gusta la sal y todas las culturas la utilizan en su cocina. El sodio es vital para el cuerpo humano, porque nuestras células no pueden funcionar sin él, y la evolución ha dotado a la lengua de receptores especializados para apreciar sabores salados. Pero este gusto innato por la sal se modula a lo largo de la vida. Personas acostumbradas a comer platos salados pueden encontrar que la comida es sosa el día que tiene un poco menos de sal. Y personas acostumbradas a comer con poca sal aprenden a no echarla de menos.

Por eso moderar el consumo de sal en una casa no sólo es beneficioso para las personas que tienen la tensión alta, sino para toda la familia, y en especial para los niños que se acostumbran a comer con poca sal desde pequeños.

Para controlar la tensión arterial, sin embargo, no basta con reducir el consumo de sal. Hay una minoría de personas que son

* Ideas para cocinar con sabor pero sin sal

- **Adobar o marinar los ingredientes antes de cocinarlos.** Por ejemplo, preparar filetes de pescado o trozos de carne con especias, condimentos frescos...
- **Combinar carnes o pescados con frutas** para contrastar sus sabores. Por ejemplo, magret de pato con albaricoques asados.
- **Cocer al vapor** ayuda a concentrar los sabores de los ingredientes.
- **Cocer a la papillote** también ayuda a mantener el sabor ya que los alimentos se cuecen con el propio vapor que desprenden los ingredientes al calentarse. Por ejemplo, filetes de merluza con juliana de verduras.
- **Experimentar con aliños** y salsas sin sal ayuda a obtener nuevos matices gustativos. Por ejemplo, zumos de cítricos, aceites aromatizados, picantes, hierbas aromáticas, salsas de yogur...
- **Crear una mezcla propia** de hierbas y especies para espolvorearla sobre algunos platos. Por ejemplo, tomillo + romero, canela + piel de limón...

muy sensibles al sodio y que consiguen descensos importantes de la tensión cuando empiezan a comer con poca sal. Pero hay otras muchas que, aun beneficiándose de tomar poca sal, sólo consiguen descensos moderados.

Una dieta contra la hipertensión, además de contener poca sal, debe ser generosa en frutas, verduras, hortalizas y lácteos desnatados; debe incluir pollo, pescado, cereales integrales y frutos secos; y debe ser restrictiva en grasas, carnes rojas, azúcares y alcohol. Éstos son los principios de la llamada dieta DASH —iniciales en inglés de Aproximación Dietética para Frenar la Hipertensión—. No es una dieta radical. En cuanto al alcohol, por ejemplo, permite tomar hasta dos vasos de vino (o dos cervezas) al día a hombres y uno a mujeres. Y no prohíbe tomar algún pastel o algún helado de vez en cuando. El objetivo es conseguir que en la dieta predominen los vegetales y no se abuse de azúcares y grasas, y el resultado es que la tensión máxima se reduce una media de 11 milímetros de mercurio, y la mínima, una media de 5,5 en personas hipertensas.

Además, tan importante como controlar qué se come es controlar cuánto se come. En personas con sobrepeso u obesidad, perder peso suele ser la medida más eficaz para reducir la tensión arterial ya que, cuanto mayor es el índice de masa corporal, más alta es la tensión. La máxima puede reducirse 20 milímetros de mercurio, y el riesgo de sufrir un infarto baja a la mitad por cada diez kilos que pierde una persona obesa.

Juan por ahora sólo tiene un sobrepeso moderado y la tensión moderadamente alta. Nada que justifique medidas drásticas. Pero sí pequeños ajustes para evitar que el sobrepeso aumente a obesidad, que la tensión se desorbite y que tenga que adoptar medidas más radicales más adelante. Pequeños ajustes como no poner el salero en la mesa. O como cortar el pan en la cocina y llevar a la mesa dos rebanadas para cada persona, como hace Cris, en lugar de llevar la barra entera.

¿Engorda el pan?

El problema del pan es que se toma en piloto automático. Se deja en el centro de la mesa y cada uno coge tanto como le apetece a medida que va comiendo o mientras espera entre plato y plato. Si al final de la comida se pregunta a cada comensal cuánto pan ha cogido, pocos serán capaces de dar una respuesta rápida y precisa: «He cogido exactamente dos rebanadas y media.» La mayoría dudará, tendrá que hacer un esfuerzo para recordar y acabará dando una respuesta vaga con un margen de error amplio: «He comido dos o tres rebanadas», o bien «unas cuantas rebanadas», o simplemente «no lo sé».

Es un gesto tan fácil, el de alargar la mano y coger un trozo de pan, que se hace sin reflexionar y sin que quede después bien registrado en la memoria de las decisiones conscientes. Al igual que ocurre con la cantidad de comida que uno se sirve según el tamaño del plato, es una acción que queda por debajo del radar de la racionalidad. Esto no supone ningún problema en hogares donde todo el mundo tiene un peso adecuado. Pero en hogares donde hay personas con sobrepeso u obesidad, el pan es uno de los factores que puede contribuir al exceso de peso y que puede ser aconsejable limitar.

Y no es que el pan engorde especialmente. En todo caso, no engorda más que otros alimentos elaborados a partir de cereales y que forman la base de una dieta equilibrada. Lo que ocurre es que el pan no se ve como un alimento que se toma «en lugar de» otros sino «además de» otros. En el menú del día, hay judías salteadas, dorada al horno y además pan. Pueden ser dos rebanadas, cuatro, seis, y al final de la comida aportan un plus de calorías tomadas casi sin darse cuenta. Si las doradas al horno se tomaran así —«he tomado dos o tres, unas cuantas, no lo sé»—, también aportarían un plus de calorías. Pero no sería culpa de las doradas, sino de la manera de tomarlas.

En realidad, cuando se analiza la composición nutricional del pan, se descubre que es un alimento completo y sin defectos. Está formado mayoritariamente por carbohidratos complejos, que son los que deben aportar la mayoría de calorías en una dieta equilibrada. Contiene una cantidad apreciable de proteínas: unos ocho gramos por cada cien gramos de pan, lo que representa más de un 10 por ciento de las proteínas que necesita al día una persona sana. También contiene cantidades apreciables de algún mineral como el fósforo y el potasio. Y, a menos que lleguen con pasajeros a bordo como frutos secos o semillas, cero grasas.

Prueba de las virtudes nutricionales del pan es que durante milenios ha sido el alimento básico de la dieta en las culturas mediterráneas, y durante siglos, también en las culturas de otras regiones. Sus orígenes se remontan al antiguo Egipto, donde se han encontrado restos arqueológicos de elaboración de pan de hace 6.000 años. Los antiguos griegos, que inventaron la palabra *«gastronomía»*, ya apreciaban el pan blanco elaborado a partir de harinas de trigo refinadas. Los romanos introdujeron la palabra *companio* —aquel que comparte el pan—, de la que derivan palabras como compañero y compañía. Y en un gran número de países, España entre ellos, el pan se convirtió en sinónimo de comida, con expresiones como «nacer con un pan bajo el brazo» o «más largo que un día sin pan». Todo esto para recordar que el pan es un alimento completo que puede formar parte sin complejos de una dieta equilibrada. Y que si el pan tiene algún inconveniente de cara a la salud, a menos que se tenga intolerancia a alguno de sus componentes como el gluten, no es por una cuestión de calidad sino de cantidad.

Esto no significa que todos los panes sean de igual calidad. Si uno se fija únicamente en el sabor y la textura del pan, los mejores panes suelen obtenerse cuando un panadero se ha levantado de madrugada, ha preparado la masa mezclando harina, agua, sal y levadura, la ha dejado fermentar durante varias horas y después la ha cocido en un horno. Pero esta elaboración artesanal es laboriosa y, hoy día, minoritaria en muchos países donde la producción del pan se ha industrializado. Esto significa que el pan ya no se elabora en cada pueblo y en cada barrio, sino en naves industriales desde donde se distribuye a panaderías, supermercados, gasolineras y cualquier otro posible punto de venta.

Si el panadero del barrio mimaba el pan para que fuera lo más sabroso posible y se conservara unos pocos días, a la panadería industrial lo que le interesa es acelerar la producción y conseguir que el pan se mantenga comestible durante semanas para tener tiempo de distribuirlo y venderlo antes de que caduque. Esto explica que se haya sacrificado sabor y textura para ganar rentabilidad. Pero no todos los consumidores lo han aceptado, especialmente en países como España, Francia o Italia, donde se mantiene la costumbre de comprar pan a diario. De modo que las empresas panificadoras han aprendido a elaborar panes que son parecidos a los artesanales en sabor y textura pero que se elaboran y distribuyen a escala industrial. La manera de conseguirlo es elaborar un pan de calidad en la industria pero manteniéndolo en el horno sólo un 75 por ciento del tiempo de cocción. En ese momento la masa ya ha aumentado de volumen y el pan se puede congelar para distribuirlo a los puntos de venta, donde se acabará de cocer en hornos metálicos de convección. De este modo, cuando el consumidor lo va a comprar, puede llevarse a casa una barra de pan caliente recién hecha. Casi como en una panadería artesanal.

Si, además de fijarse en el sabor y la textura, uno se fija en cuestiones de salud, tampoco todos los panes son iguales. En este caso, las diferencias importantes no suelen estar entre panes artesanales e industriales, sino en los ingredientes utilizados. Especialmente en el tipo de harina.

Los panes integrales, elaborados con harinas sin refinar, contienen más del doble de fibra que los panes blancos elaborados con harinas refinadas. Esto se debe a que los integrales incorporan el salvado del trigo (la cáscara del grano, que es rica en fibra y en algunas vitaminas y minerales, y que en los panes blancos se elimina). Con 7,5 gramos de fibra por cada cien gramos de pan, los integrales pueden ayudar a conseguir los 25 gramos diarios de fibra que se recomiendan a toda la población y que ayudan a protegerse del sobrepeso, la diabetes, el exceso de colesterol, las enfermedades cardiovasculares y el cáncer de colon. Los panes blancos, con 3,5 gramos por cada cien gramos, también aportan una cantidad apreciable de fibra, aunque muy inferior a la de los integrales.

En cuanto a los panes elaborados con otros cereales como centeno, cebada o avena, que gozan de una larga tradición en el norte de Europa y una popularidad creciente en el sur, éstos siguen la misma regla. Cuanto menos refinada es la harina, más rico en fibra y micronutrientes es el pan. Para el consumidor suele ser difícil saber hasta qué punto es refinada la harina con que se han elaborado estos panes, ya que a menudo no lo saben ni los propios dependientes, pero, como norma orientativa general, cuanto más oscuro es un pan, más probable es que contenga abundante fibra.

Servir los platos en la cocina

Así que Cris y Pablo han dejado el salero en la cocina. La barra de pan también. Y ahora que se acerca la hora de comer tampoco llevarán a la mesa ni la cazuela de judías salteadas ni la bandeja de doradas al horno. Se han acostumbrado a que doña María sirva los platos en la cocina. En parte es porque la mesa no es muy grande y así caben mejor. Pero también porque servir la comida en la cocina ayuda a no comer tanto a personas con sobrepeso como Juan, según les aseguró el médico. Si antes había muchos días que servían la comida directamente en la mesa, y sólo algunos la servían en la cocina para estar más anchos, desde que fueron al médico lo hacen al revés. Casi cada día en la cocina y sólo en ocasiones especiales en la mesa. Una paella de domingo, una tarta de cumpleaños, el besugo de Nochebuena...

Juan al principio no creía que dejar la cazuela en la cocina fuera a tener ninguna influencia en cuánto iba a comer. «Si tengo más hambre, me levantaré y me iré a llenar otra vez el plato», pensó. Pero ha cambiado de opinión. Se ha dado cuenta de que pocas veces va a la cocina a llenarse otra vez el plato. Si la cazuela estuviera en la mesa, repetiría, pero está en la cocina y no lo hace.

Varios estudios han analizado este fenómeno y todos apuntan a la misma conclusión. El ser humano es una criatura perezosa a la hora de buscar alimento. Come sin pensárselo aquello que tiene al alcance de la mano pero, cuando tiene que hacer un esfuerzo para conseguir la comida, come menos. Incluso teniendo exactamente la misma hambre. E incluso si el esfuerzo es tan pequeño como levantarse de la mesa del comedor y recorrer tres metros para llegar a la cocina.

En un estudio realizado en una cafetería de Estados Unidos, por ejemplo, se observó que, cuando los clientes tienen que ir a buscar las patatas fritas o los dulces a un lugar distinto que el resto de la comida, acaban comiendo menos patatas y menos dulces. En otro estudio se observó que, si se pide a una persona con sobrepeso que espere 15 minutos en una habitación y se le ofrecen frutos secos, come más si ya están pelados que si los tiene que pelar. Y en otro, que se toma la mitad de helado en un self-service si los clientes tienen que abrir la tapa del recipiente para servirse que si la tapa ya está abierta.

Una razón adicional para servir los platos en la cocina es que, cuando se sirven raciones correctas en un plato, no se suele repetir. Los comensales interpretan, siempre por debajo del radar de la racionalidad, que aquélla es la cantidad de comida que les corresponde comer y pasan al plato siguiente sin preguntarse si tienen más hambre y desean repetir. Si tienen la cazuela en la mesa invitándoles a repetir, es más probable que se pregunten si tienen más hambre.

Comer con los ojos

Para inhibir la tentación de repetir, es necesario que las raciones sean correctas. O por lo menos que lo parezcan. Cuando se estudia cómo la manera de presentar los platos influye en la sensación de haber comido más o menos, como han hecho investigadores del Centro de Nutrición Conductual de la Universidad del Estado de Pennsylvania (EE. UU), se descubre que realmente se come con los ojos. En un experimento, por ejemplo, los investigadores ofrecieron batidos gratis a dos grupos de estudiantes. Todos los batidos tenían los mismos ingredientes y las mismas calorías. Pero los de un grupo habían estado más rato en la batidora, se habían hinchado más y parecían el doble de grandes. La única diferencia estaba en el aire que contenían. Cuando una hora más tarde los estudiantes fueron a comer, los que habían tomado los batidos más voluminosos comieron un 12 por ciento menos y aseguraron que se sentían más llenos. El volumen del batido, pero no sus calorías, había influido en su sensación de apetito, actuando, una vez más, por debajo del radar de la racionalidad.

El mismo principio parece aplicarse a cualquier otro plato.

En otro experimento, los investigadores consiguieron que personas que habían comido una hamburguesa de media libra (225 gramos) se sintieran igual de saciadas que las que habían comido una el doble de grande. El truco: llenaron el plato con tomate, lechuga y cebolla, que contienen menos calorías que la hamburguesa pero tienen más fibra y hacen que el plato parezca más completo. Esto indica que aderezar el plato con hortalizas puede ayudar a que personas con sobrepeso ingieran menos calorías sin pasar por ello más hambre.

Medidas como éstas están justificadas en casos de sobrepeso y obesidad, o bien para ayudar a controlar la tensión arterial o el colesterol. Si en un hogar todo el mundo tiene un peso normal, una tensión correcta y unos niveles de colesterol adecuados, no hay motivo para cambiar la manera de comer, ni para cortar el pan y servir los platos en la cocina, ni para engañar al sistema de percepción visual con platos medianos, vasos largos y acompañamientos voluminosos. Pero ¿qué hacer en hogares donde una persona tiene problemas de salud y el resto no?

—¿Tendremos que cambiar todos nuestra manera de comer sólo porque papá tiene que cambiar la suya? —preguntó Cris. Intentó ser educada, pero no pudo evitar que sonara a queja.

—Pues sí —le dijo Rosa, que hubiera preferido contestar mejor y no pudo evitar que la respuesta sonara a reproche. Pero después le explicó que era más fácil que Juan mejorara su dieta si toda la familia la mejoraba con él que si tenía que hacerlo solo—. Y además —añadió—, a todos nos irá bien.

Éste es un problema que los pediatras especialistas en obesidad infantil ven a diario en sus consultas. No hay manera de conseguir que un niño obeso recupere un peso normal si en su casa sigue habiendo una dieta con exceso de calorías y déficit de frutas y hortalizas. Y con los adultos, aunque tienen más autonomía para elegir lo que comen, suele ocurrir lo mismo. Porque pueden tomar la decisión racional de ceñirse a la escarola mientras el resto de la mesa se da un banquete, pero en la práctica estas buenas intenciones racionales se ven a menudo desbaratadas por todas las pequeñas tentaciones que alguien ha traído a la mesa y que actúan por debajo del radar diciendo «cómeme».

7 COMIDA EN FAMILIA
14.30 horas

La comida familiar ha sido una de las víctimas colaterales de la vida urbana moderna. Si en las antiguas sociedades rurales los horarios de trabajo se adaptaban a las horas de las comidas, ahora son las comidas las que se adaptan a los horarios de trabajo. Y si antes las familias solían reunirse alrededor de la mesa cada día a la hora de comer, ahora es habitual que cada uno coma por su lado, Rosa en el hospital —los días que puede, porque a veces no tiene ni tiempo—, Juan con sus colegas arquitectos, Cris y Pablo en la escuela, doña María en casa... Cada uno por separado y cada uno a horas distintas.

Por eso Rosa y Juan insisten en comer juntos por lo menos los fines de semana. Con la tele apagada y los móviles en silencio para poder hablar. Intentan también cenar juntos de lunes a viernes, pero hay días que a Juan se le acumula el trabajo y no llega a tiempo, y otros en los que Cris vuelve a las nueve de sus actividades extraescolares —inglés y piano— y se hace demasiado tarde para Pablo. Los sábados, en cambio, no suelen fallar.

A qué hora comer

Suelen sentarse a la mesa entre dos y dos y media. Un horario normal en países mediterráneos y anormal en otras regiones del mundo, donde es más habitual comer entre doce y una. Algunos nutricionistas defienden que el horario de comidas anglosajón es más saludable que el mediterráneo, porque una comida temprana y ligera evita el brusco aumento del nivel de glucosa en la sangre que se produce con comidas más tardías y copiosas. Y el aumento de la glucosa comporta un aumento de la secreción de insulina que facilita la síntesis de grasa en el organismo y favorece el aumento de peso. Pero el problema no se produce tanto por el horario de la comida como por la abundancia. Si la comida es ligera, sea a la hora que sea, no se producirá el pico de glucosa.

El motivo por el que a orillas del Mediterráneo se come más tarde que en Escandinavia no es por una cuestión de salud sino de latitud. En el norte de Europa, los días son más cortos en invierno y las noches, más frías. Esto explica la tradición de cenar más pronto que en el sur. Lo cual a su vez explica que se coma más pronto a mediodía.

El problema del horario de comidas mediterráneo, más que para la salud, es para la organización familiar, porque después la jornada laboral se alarga por la tarde, como le ocurre a Juan, y se sale del trabajo con poco tiempo para dedicar a la familia. Desde el punto de vista de la salud, se puede tener una dieta perfectamente equilibrada con horario mediterráneo, con horario anglosajón o con el horario de la estación espacial. Se puede comer poco a mediodía y más a la hora de la cena o al revés, y tampoco importa. Lo que sí importa, aunque en muchos hogares se incumple, es tener un horario estructurado. El caos horario en la organización de las comidas, el no saber a qué hora se comerá y acabar comiendo a cualquier hora, es un billete de ida hacia el sobrepeso, a menudo sin perspectivas de regreso.

La gran mayoría de los más de cincuenta billones de células que forman el cuerpo humano tienen razones para reclamar un horario de comidas estructurado. Casi todas ellas están reguladas por relojes biológicos internos que dependen de los nutrientes que les llegan. Éste es probablemente un mecanismo biológico muy antiguo, que se remonta a la época en que la Tierra estaba poblada sólo por seres unicelulares y que ha sido heredado no sólo por la especie humana sino por todo el reino animal.

Los relojes biológicos se han sofisticado a lo largo de la evolución y ahora disponemos de un reloj en el cerebro que responde a la luz exterior y que regula las adaptaciones al ciclo del día y la noche, como el sueño o las fluctuaciones de la temperatura corporal. También tenemos relojes más sutiles como el que regula el ciclo menstrual. Pero la gran mayoría de las células humanas siguen rigiéndose por aquel reloj antiguo que responde a los nutrientes y que, de algún modo que aún no comprendemos bien, se sincroniza con el reloj central del cerebro que responde a la luz. Por esta razón, una de las estrategias que parece ser más eficaz para combatir el *jet lag* cuando se hace un viaje intercontinental es adaptar el horario de las comidas. Si el cuerpo sabe a qué hora tiene que comer, sabrá a qué hora tiene que dormir.

También hay razones psicológicas, no sólo fisiológicas, a favor de tener un horario de comidas estructurado. Si las comidas se desorganizan, es fácil perder la sensación de control sobre qué y cuánto se come y acabar picoteando de aquí y de allí. Un horario estructurado ayuda a recuperar el control de la propia dieta.

Estructurado, para Rosa y Juan, no significa rígido. Si algún día van a la playa por la mañana y vuelven tarde, no tienen inconveniente en tomar un tentempié y servir después la comida a las cinco. Si Pablo va a una fiesta de cumpleaños por la tarde y se atiborra de comida, no tienen inconveniente en que no cene. Pero son excepciones. La regla, en su casa, es que se desayuna bien por la mañana, se come a mediodía, se toma algo ligero para merendar y se cena por la noche. Y no se picotea entre horas.

La comida, un acto social

No es la única regla. Rosa y Juan insisten en que, cuando están todos en casa, tienen que comer juntos en la mesa. A Cris le parece una costumbre anticuada. Un día les dijo que era algo propio del siglo XX. «De vuestra época», les llegó a decir. Tiene amigas que, a la hora de comer, pueden estar enviándose mensajes por el móvil o conectadas al ordenador. Y dice que sus padres hacen lo mismo. Si les llaman por teléfono a la hora de comer, se levantan y contestan. Que es lo normal, dice ella. «Es lo que se hace en el siglo XXI.»

En parte tiene razón. Esta costumbre de comer todos juntos, hablando de cualquier cosa, aislados durante un rato del resto del mundo, realmente es antigua. Pero no viene del siglo XX. Se remonta a la edad de piedra, a la época en que se cazaban rinocerontes y mamuts y las tribus se reunían después alrededor de la hoguera a celebrar el festín. Fue entonces, en la prehistoria, cuando las comidas en grupo se convirtieron en grandes actos de cohesión social.

Y aún lo son. Ésta es la parte en la que Cris no tiene razón. Hoy día los acontecimientos y celebraciones importantes se siguen acompañando de comida. La Navidad cristiana, el Yom Kipur judío, las cumbres de jefes de Estado, los cumpleaños... Incluso ella, el día que tenga novio, se dejará invitar a cenar a la luz de unas velas. Y si se casan, invitarán a sus amigos y a sus familias a un banquete de bodas. Pero no lo harán para alimentarlos, porque no estarán desnutridos. Lo harán para celebrarlo. En pleno siglo XXI.

Precisamente porque las personas no sólo comen juntas para alimentarse, sino también para relacionarse, Juan y Rosa tienen también la norma de comer con la tele apagada. Tampoco en este caso es una norma rígida. Pueden hacer excepciones. Pero tiene que ocurrir algún acontecimiento extraordinario para que se salten la norma.

Comer sin tele

Está comprobado que, cuando hay una tele encendida, las personas hablan menos que cuando está apagada. Incluso aunque nadie esté mirando el programa, las imágenes de la tele son una distracción constante que lleva a dejar de hablar. Investigadores de la Universidad de Washington en Seattle (EE. UU.) han observado que, en las casas donde la tele suele estar encendida, los adultos hablan un 7 por ciento menos con los niños que en las casas donde suele estar apagada. Y que después, cuando salen de casa, los niños resultan ser menos habladores.

Tener la tele encendida a la hora de comer tiene el efecto adicional de que induce a comer más y a disfrutar menos de la comida. Se ha observado que las personas que ven mucha tele tienen más tendencia al sobrepeso y la obesidad que las que ven poca. Y no sólo porque suelen pasar más horas en el sofá y practicar menos actividad física. Probablemente también se deba a que la tele induce a comer sin fijarse en lo que uno come ni en qué cantidad.

Por ejemplo, algunas personas asocian el acto de ver la tele —o algún programa concreto— al acto de comer. Esto les puede inducir a comer no porque tengan hambre sino porque están viendo aquel programa. Incluso en los casos en que se tiene hambre, una vez se empieza a comer mirando la tele, se suele prestar más atención al programa que a la comida. Cómo reacciona el cuerpo ante los alimentos pasa a un segundo plano. Se hace poco caso a las reacciones de las papilas gustativas. Se mastica pero no se saborea. Y se ignoran las señales de saciedad que vienen del cerebro: una parte de éste intenta avisar de que ya se ha comido bastante, pero otra parte está demasiado distraída para darse cuenta de ello. Y sigue comiendo hasta que se acaba el programa.

Cómo se regulan el apetito y la saciedad

Así pues, la tele induce a seguir comiendo cuando ya no se tiene hambre. Lo que falla en estos casos es el mecanismo que regula el apetito y la saciedad y que nos indica —o más bien, nos debería indicar— cuándo tenemos que empezar a comer o dejar de hacerlo.

Se trata de un mecanismo sofisticado y sutil que conecta el aparato digestivo y la grasa corporal con el cerebro. Varias hormonas intervienen a la hora de indicar al cerebro «es hora de empezar a comer» o «es hora de dejar de comer». La que se ha investigado más a fondo es la leptina, que está segregada por la propia grasa corporal y que inhibe el apetito. Así, cuando la cantidad de grasa corporal aumenta, se segrega más leptina y el apetito se reduce. Cuando la cantidad de grasa se reduce, llega menos leptina al cerebro y el apetito aumenta. Viene a ser como un termostato de la grasa corporal. Su misión es mantener estable la cantidad de grasa en el cuerpo.

Este termostato está programado de maneras distintas en personas distintas. Por eso algunas personas tienen tendencia a ganar peso mientras a otras les resulta más fácil mantener un peso estable: la tendencia a ganar peso no es una cuestión de voluntad individual sino de regulación hormonal.

En cualquier caso, la leptina ayuda a comprender por qué es

tan difícil perder peso y no volverlo a recuperar. A partir del momento en que se adelgaza, la reducción de leptina empieza a apremiar al cerebro para comer más. Jeffrey Friedman, el investigador de la Universidad Rockefeller de Nueva York que la descubrió, lo compara a aguantar la respiración. Uno puede dejar de respirar voluntariamente. Pero al cabo de unos segundos la necesidad de respirar se impone a la decisión consciente de no hacerlo. Con la leptina, cuanto más rápido se adelgaza, más fuerte es la necesidad de comer más. Para que esta necesidad no sea tan fuerte y se pueda dominar con la voluntad, la clave está en adelgazar poco a poco para que en ningún momento se produzca un descenso brusco de la cantidad de leptina que llega al cerebro.

Pero la leptina no es la única hormona que interviene. Hay otras que, en lugar de regular el hambre a largo plazo para mantener las reservas de grasa corporal, actúan sobre el apetito y la saciedad a corto plazo. Hora a hora y minuto a minuto. La grelina, por ejemplo, que el estómago segrega cuando está vacío y que envía al cerebro el mensaje —la orden, más bien— «¡tengo hambre!», es una hormona que indica cuándo hay que empezar a comer. O la CCK (nombre completo: colecistoquinina, por si alguien quiere aprender a decirlo), segregada por el intestino delgado cuando los alimentos salen del estómago y que envía el mensaje «deja de comer». O la PYY, segregada también en el intestino, que también inhibe el apetito y ayuda a evitar el picoteo entre comidas. En total, se han identificado ya una decena de hormonas que regulan el hambre y la saciedad y que conspiran para imponerse a la voluntad consciente de comer más o menos.

No es que la voluntad no influya. Pero no es lo único que influye, ni lo más importante. La conducta alimentaria está condicionada por las hormonas del hambre y la saciedad, por estímulos sensoriales como ver alimentos apetitosos o percibir su aroma, por situaciones emocionales como el estrés o el deseo de estar con otras personas y por factores genéticos. Y aunque existe la creencia extendida de que comer es una conducta completamente voluntaria, los datos científicos acumulados desde que Friedman descubrió la leptina en 1994 prueban que todos tenemos un poderoso sistema biológico inconsciente que regula nuestra manera de comer. Creer que la voluntad consciente puede imponerse a este sistema inconsciente es sobreestimar lo que la voluntad puede conseguir. No se pueden dominar voluntariamente los niveles de leptina o de grelina igual que no se puede controlar lo que se sueña.

Pero lo que sí se puede lograr con voluntad es identificar aquellos estímulos que llevan a perder el control de lo que se come. Y, una vez identificados, adaptar la manera de comer para blindarla frente a estos estímulos. El tamaño del plato, por ejemplo: si platos grandes inducen a comer más de lo que se desea, mejor utilizar platos medianos. O comer con la tele encendida: para disfrutar de la comida y comer en la justa medida, mejor apagarla.

Comer a conciencia

Esto es lo que propone el Center for Mindful Eating —algo así como el Centro para Comer a Conciencia— que se ha creado en la Universidad del Estado de Indiana (EE.UU.). Sus principios son tan fáciles de explicar como difíciles de poner en práctica. Consisten en poner atención a lo que se come y parar cuando ya no se tiene hambre, aunque quede comida en el plato.

En lugar de centrar los esfuerzos en qué se come o en cuánto se come, como hacen la mayoría de centros de investigación de nutrición, las psicólogas que impulsan el Center for Mindful Eating se centran en cómo se come. En las diferentes maneras que tienen las personas de relacionarse con los alimentos. Si se aprende a controlar el cómo, esperan, se controlará mejor el qué y el cuánto.

Uno de los ejercicios que ofrecen a quienes acuden allí para aprender a comer mejor consiste en comer una pasa. Una sola. Les sirven la pasa en un plato y les piden que se pregunten primero cuánta hambre tienen. En una escala de uno a siete, donde uno es estar hambriento y siete es estar lleno, ¿cuánta hambre dirían que tienen? Después, les dicen que aprecien el color y la textura de la pasa. Que la muerdan. Y que experimenten sin prisas sabor en la boca, como si fuera la primera vez que comen una pasa.

Este ejercicio tiene la ventaja de que se puede hacer con cualquier alimento, no sólo con pasas. Y que cualquiera puede ponerlo en práctica en cualquier comida. Rosa se lo propuso a Juan en la época en que adoptaron medidas para poner a raya el sobrepeso y la prehipertensión. Se lo propuso como un juego un sábado que salieron a cenar juntos. Fueron a un japonés a comer sushi y los dos comieron a conciencia. Juan no sabe de dónde sacó Rosa la idea; debió de leerla en alguna revista médica de las suyas. Pero fue toda una experiencia.

El primer efecto de comer a conciencia, descubrieron, es que se saborean más los alimentos. También se aprende a comer más despacio. Se aprende a escuchar las señales de saciedad que llegan al cerebro. Y se aprende a distinguir entre el apetito por un sabor y el apetito por una cantidad. Con el chocolate, por ejemplo. Cuando se tiene un antojo de chocolate, el máximo placer está en los dos o tres primeros bocados. Y tomar una pequeña cantidad y concentrarse en el sabor y la textura acaba resultando más gratificante que engullir un trozo de pastel entero sin prestarle atención. Todo ello contribuye a no comer más allá del hambre que se tiene. Resultado: se come menos y se disfruta más.

Pero no hay nadie que coma siempre a conciencia. Y no todo el mundo puede —o quiere— hacerlo de manera habitual. Se han registrado casos de personas que se habían propuesto seguir las recomendaciones del Center for Mindful Eating y unos días más tarde, pese a declararse satisfechas con la experiencia, volvían a comer ante la tele o el ordenador. Que es lo que le suele ocurrir a Juan cuando se queda a comer en el trabajo a mediodía. «Vamos a ser prácticos —le dijo Rosa—; si un objetivo te resulta imposible, fíjate uno que sea posible.» Lo mismo les dice a sus pacientes cuando son obesas: «no intentes conseguir un peso ideal, intenta conseguir un peso mejor». Desde entonces, Juan sólo intenta comer a conciencia una vez al día. Pero esta única vez es sagrada.

Cuánto tiempo dedicar a la comida

Uno de los efectos más beneficiosos de comer a conciencia es que se come despacio, lo cual facilita que se mastiquen bien los alimentos y se preparen para una correcta digestión. Pero sobre todo ofrece un margen de tiempo suficiente para que se liberen señales de saciedad en el aparato digestivo y lleguen al cerebro.

Cuando se come demasiado rápido, y más si se comen rápido alimentos hipercalóricos, se llena el depósito de calorías antes de que el aparato digestivo haya tenido tiempo de liberar su CCK, su PYY y otras hormonas de saciedad. Y mientras las señales de saciedad no llegan al cerebro, el depósito se sigue llenando. Viene a ser como llenar un recipiente con un chorro demasiado potente. El recipiente desborda. En este caso, desborda de calorías.

Cuando se come poco a poco, por el contrario, la señal de saciedad llega al cerebro antes de que las calorías se desborden. Lo mismo se consigue cuando se incluyen verduras y hortalizas en las comidas. Al ser alimentos poco calóricos, llenan el depósito lentamente, incluso si se mastican rápido.

En un estudio ilustrativo de la Universidad de Rhode Island

(EE. UU.), se ofrecieron platos de pasta gratis a dos grupos de chicas. Podían comer tanta pasta como quisieran. Pero a las de un grupo se les pidió que se dieran prisa, mientras que a las del otro se les dijo que procuraran masticar veinte veces antes de tragar. Resultado: las que comieron rápido ingirieron una media de 646 calorías en nueve minutos; las que comieron poco a poco, 579 calorías en 29 minutos. El triple de tiempo pero un 10 por ciento menos de calorías. Y una hora más tarde las que habían comido despacio se sentían más saciadas.

Un informe de 2009 de la Organización para la Cooperación y el Desarrollo Económico (OCDE) analizó incluso el tiempo medio que los ciudadanos dedican a comer en un país y las tasas de obesidad. Y confirma que, como norma general, los países donde se come más rápido son los que tienen las tasas de obesidad más altas. México, por ejemplo, es el país analizado donde más rápido se come (66 minutos al día dedicados a comer) y el segundo en obesidad (30 por ciento de la población). O Estados Unidos: primero en obesidad (34 por ciento) y tercero en velocidad de ingestión (74 minutos). En el otro extremo, países mediterráneos como Italia y Francia destacan entre los que dedican más tiempo a comer (114 y 135 minutos, respectivamente) y tienen tasas de obesidad más bajas (10 por ciento en ambos países). España, donde la dieta mediterránea está en retroceso, se sitúa en un punto medio, con 106 minutos diarios dedicados a comer y un 15 por ciento de obesidad: ni tan mal como Estados Unidos, ni tan bien como Francia e Italia. Así que, con todos estos datos, ¿cuánto tiempo conviene dedicar a la comida?

Ésta es una pregunta recurrente, y un tema de conversación inagotable, entre Juan y doña María cuando están en la mesa. Juan, que siempre ha comido rápido, prefiere estar poco rato en la mesa. Doña María prefiere comidas más pausadas. Cada uno tiene sus argumentos. El de Juan: si estoy mucho rato en la mesa, comeré más. El de doña María: si estás poco rato, comerás peor.

Y siempre llegan a un punto en que se vuelven hacia Rosa en busca de respuestas.

Pero Rosa no tiene la respuesta. Nadie la tiene. Ninguna investigación ha establecido de manera concluyente si es mejor comer en veinte minutos, en cuarenta o en sesenta. Entran demasiadas variables en juego. Depende, por ejemplo, de cuántos platos se tomen. Del tipo de comida. De si se habla mucho o poco. De cómo se defina comer bien...

Todo lo que Rosa puede decir es que pasan unos veinte minutos entre el momento en que se empieza a comer y el momento en que las primeras señales de saciedad llegan al cerebro. Así que el cuerpo humano parece estar adaptado a hacer comidas de más de veinte minutos. Y no le parece razonable hacerlas en menos de ese tiempo. Pero dice «parece», no dice «estoy segura». De lo que sí está segura, porque esto sí que está bien investigado, es que es mejor comer despacio que con prisas. Y si no se tienen ni esos veinte minutos para comer, como le ocurre a ella misma algunos días en el hospital, es mejor comer poco y bien que mucho y mal. A ella por lo menos le sienta mejor tomar una ensalada completa, por ejemplo, con pollo o huevo, y, si le da tiempo, una fruta o un yogur de postre, que intentar engullir dos platos a toda prisa.

Cuánta cantidad comer

Dedicar más tiempo a comer no es sinónimo de comer más. Sobre todo, no es sinónimo de comer mucho. Si se compara la manera de comer en un restaurante ambientado con luces tenues y música suave y en otro con colores estridentes y la música alta, como han hecho investigadores de la Universidad Cornell, se observa que en el primero se dedica más tiempo a comer que en el segundo, pero que no se come más. Simplemente se come distinto. Más despacio, de una forma más relajada, menos impulsiva y disfrutando más de la comida.

Dedicar las comidas largas a atiborrarse, por el contrario, es un error. Un error muy español, por cierto. La costumbre de hacer comidas copiosas a mediodía, sobre todo si son ricas en grasas animales y terminan con postres ricos en azúcares, causa daños a veces irreparables en la pared de las arterias y aumenta el riesgo de sufrir enfermedades cardiovasculares.

En personas que tienen factores de riesgo cardiovascular como tabaquismo, diabetes, hipertensión o exceso de colesterol, los daños que se producen en las arterias coronarias tras una gran comilona pueden ser suficientes para desencadenar un infarto. Hay una abundante literatura científica de casos de muertes después de comidas opíparas en personas con una salud cardiovascular precaria.

Incluso sin factores de riesgo, las comidas excesivas acaban dañando el revestimiento interior de las arterias —el endotelio— y producen coágulos y trombos que originan los infartos. El problema no es tanto algún banquete ocasional, del que una persona sana puede disfrutar sin problema, sino la repetición de comidas que, sin llegar a ser tan abundantes, tienen un exceso de grasas animales y azúcares.

Estos excesos provocan aumentos súbitos del nivel de triglicéridos en la sangre, que pueden subir a 500 miligramos por decilitro tras una comida copiosa, cuando lo aconsejable es no superar los 150. Y dado que los triglicéridos son tremendamente agresivos para el endotelio, estos aumentos súbitos provocan lesiones en el interior de las arterias y producen coágulos o trombos que pueden desembocar en un infarto de miocardio o un ictus en el cerebro.

Un problema adicional de las comidas copiosas, sobre todo si son ricas en azúcares, es que provocan también un aumento súbito del nivel de insulina en la sangre. Lo cual tampoco es aconsejable, ya que la insulina participa en la conversión de energía en grasa y probablemente se acaba ganando más peso con pocas comidas copiosas que con muchas comidas ligeras, aunque el número de calorías sea el mismo.

La solución, obviamente, pasa por evitar excesos de azúcares y grasas animales en las comidas. Cuando no se tiene posibilidad de evitar una comida copiosa, como ocurre a veces en comidas de trabajo, siempre cabe el recurso de dejar parte de la comida en el plato. O de pedir al camarero que sirva raciones pequeñas. O por lo menos de evitar los dulces en los postres si ha habido un exceso de grasas animales en el resto de la comida.

Mejor aún es evitar hacer comidas copiosas por sistema al mediodía. Es preferible comer cinco veces de manera ligera a lo largo del día que tomar tres comidas abundantes que provocan picos de triglicéridos y de insulina.

Qué debe haber en una comida equilibrada

Pero si la comida del mediodía no debe ser tan copiosa, ¿cómo debe ser? Éste es otro de los temas que intriga a doña María y sobre el que a menudo le pregunta a Rosa. Y cuando empieza a hacer preguntas de un tema que le interesa no hay quien la pare: «¿Es correcto comer dos platos y postre como hacemos nosotros? ¿O ya es demasiado? ¿Es correcto saltarse el postre como hace Juan? ¿No sería mejor saltarse otro plato y comer más fruta? ¿Y qué plato es mejor saltarse, Rosa? ¿Qué les dices a tus pacientes?»

Lo que les dice, sobre todo a sus pacientes más jóvenes, chicas de la edad de Cris o poco más para quienes la ginecóloga se convierte en una especie de médico de cabecera, es que la comida principal del día debe aportarles alrededor de un tercio de los nutrientes que necesitan. Que en ningún sitio está escrito que tenga que haber tres platos en una comida. Hay otros países donde no los toman y la gente no está peor alimentada que aquí. Pero también les dice que estos tres platos que se toman en España tienen una razón.

El primer plato suele aportar sobre todo carbohidratos complejos, que son el componente principal de cualquier dieta equilibrada. Los carbohidratos, les recuerda, proporcionan la energía que el cuerpo necesita para funcionar. Y los complejos, que están en alimentos como legumbres, cereales y patatas, suministran energía poco a poco para funcionar bien durante varias horas, mientras que los carbohidratos simples, que son los azúcares, sólo dan un subidón de calorías a corto plazo.

El segundo plato suele aportar proteínas, que suministran los elementos necesarios para que el cuerpo crezca en la infancia y la adolescencia y se renueve a lo largo de toda la vida. Si se compara el cuerpo humano con un coche —les dice—, los carbohidratos son la gasolina y las proteínas son las piezas de recambio. Y necesitamos un sinfín de piezas de recambio cada día. Para que crezca el pelo, para regenerar la sangre, para renovar las células de la piel o del corazón, para ovular...

Tanto el primero como el segundo plato además aportan grasas, que son a la vez gasolina y piezas de recambio. «Olvídate de dejar de comer grasas, porque cada célula de tu cuerpo las necesita», les dice si le piden consejo sobre dietas. El problema del exceso de grasas no está en la palabra *grasas* sino en la palabra *exceso*.

Y, para acabar, el postre suele aportar vitaminas y minerales que el cuerpo necesita pero que no es capaz de fabricar por sí mismo. Micronutrientes que abundan en la fruta y que a veces escasean en el resto de la comida.

La comida de tres platos, tal como la explica Rosa, es una versión a pequeña escala de una dieta equilibrada. Así que, si hay que evitar las comidas copiosas, mejor servir raciones más pequeñas que eliminar platos. Pero también explica que la dieta debe ser equilibrada a lo largo del día o a lo largo de la semana, y que no merece la pena obsesionarse por que cada comida sea perfecta. No te va a pasar nada si un día te saltas un plato, les dice.

—¿Y tú cuál te saltarías?

—Yo, cuando me tengo que saltar uno, me salto el segundo.

Lo que hay que saber sobre las proteínas

A las chicas esta respuesta les suele sorprender. Ellas se hubieran saltado antes el primero o el postre. Pero ¿saltarse el segundo? ¿No era el plato más importante de la comida? ¿El que aporta las proteínas necesarias para crecer y para regenerar el cuerpo?

Lo era. En casi todas las culturas humanas, carnes y pescados han sido considerados los alimentos más valiosos y se han erigido en los platos centrales de las comidas, lo cual es una prueba de su gran valor nutritivo. Pero esta actitud ante los alimentos de origen animal es una herencia del pasado. De la época en que carnes y pescados eran difíciles de conseguir y el déficit de proteínas causaba enfermedades en amplios sectores de la población.

Hoy día el péndulo ha oscilado. Gran parte del mundo vive una era de opulencia alimentaria y en países como España gran parte de la población consume más proteínas de las que necesita. Una persona adulta precisa un gramo de proteína diario por kilo de peso: 70 gramos de proteínas al día para una persona de setenta kilos. Pero en Europa occidental se consumen aproximadamente el doble.

Este exceso de proteínas no suele ser perjudicial para la salud. En algunas personas puede llegar a causar problemas renales, a causa de la sobrecarga de trabajo que tienen los riñones para eliminar el exceso de urea que circula por la sangre a causa de la dieta proteica. Otras personas sufren ataques de gota por el exceso de ácido úrico en la sangre. Demasiadas proteínas también favorecen una pérdida de calcio en los huesos, lo que aumenta el riesgo de osteoporosis y fracturas. Pero sólo una minoría de quienes toman más proteínas de las necesarias sufre alguno de estos problemas.

Lo que sí suele ser perjudicial para la salud son las grasas que acompañan a las proteínas. Grasas de origen animal que, a menos que vengan del pescado, elevan los niveles de colesterol y el riesgo de enfermedades cardiovasculares cuando se toman en exceso.

Es por estos motivos por los que Rosa prefiere renunciar al segundo plato, que aporta nutrientes que no le faltan, que renunciar al primero o al postre, que le aportan nutrientes que no le sobran. El primero le aporta carbohidratos, entre ellos abundante fibra, que gran parte de la población toma en cantidad insuficiente. Y el postre le aporta las vitaminas de la fruta, que también se suelen tomar en cantidad insuficiente.

Pero aunque hay días que no come carne ni pescado, se preocupa de que haya suficientes proteínas, y proteínas variadas, en el conjunto de su dieta. Las proteínas de los alimentos le aportan los aminoácidos con los que su cuerpo construye después sus propias proteínas. Estos aminoácidos vienen a ser como piezas de un mecano. Con sólo 22 aminoácidos se montan las miles de proteínas distintas del cuerpo, cada una de ellas con su forma tridimensional particular. Así, cuando se come un trozo de carne o se bebe un vaso de leche, las proteínas del alimento se desmontan. Y con los aminoácidos obtenidos, se construyen más tarde las proteínas propias del cuerpo humano.

¿Es más saludable ser vegetariano?

De los 22 aminoácidos necesarios para construir un cuerpo humano, hay ocho que sólo pueden obtenerse de los alimentos,

* Cómo preparar platos combinados nutricionalmente equilibrados

Dividir el plato en tres partes iguales:

- Una para verduras, hortalizas o incluso frutas.
- Una para carbohidratos complejos (patata, arroz, pasta, legumbres, pan...)
- Una para un alimento rico en proteínas (carne, pescado, huevos...).

Variar las formas de cocción, los aliños, las salsas...

1. Carbohidratos complejos

Patatas
Horno, microondas, hervidas...

Pasta
Sólo hervida, o hervida y salteada

Arroz y sus variedades
(integral, salvaje...)

Legumbres
Garbanzos, alubias, lentejas...

Otros granos
Avena, cebada, quinoa, mijo...

Panes
De hogaza, de molde, tostadas, integral, de distintos cereales...

2. Vegetales

Ensaladas variadas

Verdura
Hervida, salteada, al vapor, al microondas, al horno, a la parrilla...

3. Alimentos ricos en proteínas

Pescado (blanco o azul)
A la plancha, al vapor, al microondas, al horno.

Carne
Al horno, asada, a la plancha.

Huevos
Duros, fritos, tortillas, revueltos...

mientras que los otros catorce pueden ser sintetizados por el propio organismo. Estos ocho son los llamados aminoácidos esenciales y abundan en los alimentos de origen animal como carne, pescado, huevos y leche. Los alimentos de origen vegetal aportan menos proteínas y ninguno de ellos, con excepción de la soja, contiene los ocho aminoácidos esenciales.

De ahí que una dieta vegetariana estricta como la que propugna el veganismo, es decir, una dieta sin ningún alimento de origen animal, pueda dar lugar a carencias graves de algún aminoácido esencial a menos que se sepan combinar los vegetales de manera adecuada. El veganismo también puede conllevar carencias de otros nutrientes que suelen proceder de animales, como calcio, grasas omega 3, vitamina D y sobre todo vitamina B12, por lo que se recomienda tomar alimentos enriquecidos en estos nutrientes (como cereales de desayuno enriquecidos en vitamina B12) o bien suplementos nutricionales, para prevenir enfermedades. Por el contrario, una dieta vegetariana que incluya leche y huevos, alimentos que no exigen sacrificar ningún animal, incluye todos los aminoácidos esenciales, así como calcio y vitaminas D y B12.

Entre dietas vegetarianas y dietas omnívoras, no hay unas que sean a priori mejores que las otras. Si se hacen bien, ambas pueden aportar todos los nutrientes necesarios en las cantidades adecuadas y ser perfectamente saludables para una persona adulta sana, incluidas las dietas veganas. Si se hacen mal, ambas pueden ser perjudiciales. En general, perjudiciales por exceso en el caso de las dietas omnívoras, que pueden desembocar en obesidad, diabetes, hipertensión o niveles altos de colesterol, entre otros trastornos. Y perjudiciales por defecto en el caso de las vegetarianas, en las que no son raros los casos de anemia por falta de hierro —que abunda en las carnes rojas y algunos mariscos como los mejillones— o las deficiencias de vitamina B12, vitamina D y calcio.

En casos de mujeres embarazadas, niños, adolescentes y ancianos, no hay unanimidad entre los médicos a la hora de recomendar o desaconsejar las dietas vegetarianas, y sobre todo las veganas. Así, la Asociación Dietética Americana o la Fundación de Nutrición Británica defienden que dietas vegetarianas bien planificadas son apropiadas durante todas las etapas de la vida. Pero la Sociedad de Nutrición de Alemania y la Comisión de Nutrición Federal Suiza desaconsejan las dietas veganas en mujeres embarazadas, en edades de crecimiento y en personas mayores.

Rosa, cuando tiene pacientes embarazadas que son vegetarianas, lo habla con ellas. Si la dieta vegetariana es óptima, les dice, no perjudicará en nada el desarrollo del feto. Pero les recuerda que hay muchas personas vegetarianas que creen tener una dieta correcta y en realidad tienen carencias alimentarias. Y que una carencia alimentaria puede pasar inadvertida para una persona adulta sin otros problemas de salud. Pero para un feto que se está formando puede dejar secuelas para toda la vida.

Cómo conseguir que los niños coman de todo

Ahora que Pablo ha cumplido ocho años, ya come las judías salteadas sin quejarse. Incluso las disfruta. Cris también. Pero Carla pronto llegará a la edad de su primera gran rebelión. La edad en que todo es no. Dirá que no hasta a cosas que le gustan, todo con tal de defender su autonomía, y doble no a todo aquello que no le guste como —previsiblemente— su primera hoja de lechuga o su primera coliflor. Y la mesa del comedor se convertirá de nuevo en zona de conflicto.

Pero esta vez Rosa y Juan están preparados. Con Cris, como suele ocurrir con los hermanos mayores, lo hicieron lo mejor posible y después se dieron cuenta de que no lo habían hecho tan bien como creían. Demasiadas ganas de verla feliz. Y los conflictos que se ahorraron al principio concediéndole unos macarrones en lugar de verdura un día, un helado en lugar de manzana otro, les volvieron como un bumerán en los años siguientes en forma de caprichos con la comida. Ahora está superado.

Con Pablo decidieron ser más estrictos desde el principio. Y todo fue mejor, excepto el principio. No tuvieron efecto bumerán años más tarde por decirle sí, pero tuvieron efectos bomba instantáneos por decirle no. Rabietas en la mesa, enfados de los padres, gritos, castigos... ¡O lentejas o nada, te quedas sin comer! Pablo tenía su carácter —aún lo tiene— y ya casi no lo recuerdan, porque la memoria es selectiva, pero de enfados y gritos hubo una colección.

Ahora, entre la experiencia que han acumulado, las consultas a pediatras, las conversaciones con otros padres y los libros que han leído, ya es como si tuvieran un máster en reacciones de niños ante la comida. Máster en baberología, lo llaman. Con Carla van a hacerlo todo casi igual que con Pablo, porque la estrategia era buena aunque a veces saliera mal, pero esta vez se han propuesto hacerlo sin enfados ni gritos. O con los mínimos posibles.

Una de las lecciones que han aprendido en su máster particular es que, cuando un niño pequeño se niega a comer lo que sus padres le han preparado con tanto cariño, lo importante para el niño no siempre es la comida. Lo importante, muchas veces, es el rechazo. El niño es un pequeño investigador que se dedica a averiguar por ensayo y error cuáles son sus límites. Y la comida le ofrece un laboratorio ideal, porque es una situación en que los padres quieren que haga algo y él puede probar a ver qué ocurre si dice no.

Así que, cuando Carla empiece a decir no a la comida, como pronto hará, se lo tomarán como una etapa inevitable de su desarrollo que demostrará que se está volviendo más autónoma.

Rosa y Juan han decidido que no es algo por lo que enfadarse, pese a lo molesto que puede llegar a ser, sino algo que celebrar, porque peor sería que no se rebelara. Y si exige macarrones en lugar de lentejas, harán igual que con Pablo, pero esta vez con una sonrisa: «Mañana podemos hacer macarrones, hoy tenemos lentejas.» Y si se niega a comer lentejas, se quedará sin comer. A esta edad, mejor saltarse una comida que ceder a sus exigencias. Porque si se cede un día y se le ofrece algo que le guste más, al día siguiente volverá a rechazar la comida esperando a ver qué le dan para complacerla.

Puede ocurrir, naturalmente, que no le gusten las lentejas. Todo el mundo tiene unos alimentos que le gustan más y otros que le gustan menos, y los niños no son una excepción. Cuando un niño pequeño muestra disgusto hacia un alimento, conviene no perder de vista cuál es el objetivo de ofrecerle una dieta variada. El objetivo —y éste fue uno de los errores que Juan y Rosa cometieron con las lentejas de Pablo— no es que el niño coma todos los alimentos que se le ofrecen. O en todo caso éste es un objetivo muy a corto plazo que tiene una importancia mucho menor. El objetivo a largo plazo, el objetivo realmente importante, es que el niño adquiera una dieta variada y equilibrada.

Lo que hay que conseguir, por lo tanto, no es que el niño se acabe hasta la última cucharada de las lentejas o de cualquier otro alimento nuevo que le pongan en el plato. Lo que hay que intentar conseguir es la primera cucharada. Que esté dispuesto a probarlas. Y no es una misión imposible. Basta con ponerse por un momento en la situación del niño para entender cómo hacerlo. ¿Le apetecerá probar un alimento nuevo si sabe que, le guste o no, va a tener que acabarse el plato entero? Probablemente no. ¿Accederá a probarlo si sabe que, si no le gusta, no estará obligado a tomar una segunda cucharada? Puede que sí. De modo que, si se quiere que un niño esté dispuesto a probar alimentos nuevos, es mejor respetar sus gustos.

Respetar sus gustos no significa rendirse cuando algo no le gusta. Pueden hacer falta alrededor de diez intentos a lo largo de varios meses para que un niño pequeño acepte un alimento nuevo. Diez intentos son una proeza que muy pocas familias consiguen. Se ha observado que incluso familias concienciadas en ofrecer a sus hijos una alimentación variada suelen abandonar al cabo de cinco o seis rechazos. Pero ante cada nuevo rechazo, conviene recordar que volver a llevar el mismo alimento a la mesa unos días más tarde a pesar de las repetidas negativas del niño es una manera de conseguir que se acostumbre a él y acabe aceptándolo —o no.

Puede ocurrir también que un alimento que se rechaza a una edad se acepte un tiempo después. El gusto evoluciona a lo largo de la infancia y es algo habitual que esto ocurra, por ejemplo, con las verduras. Antes que obsesionarse por que un niño tenga una dieta completa y variada a los dos años —edad en que a muchos les cuesta aceptar alimentos nuevos—, puede ser aconsejable esperar unos meses a que el paladar del niño sea más receptivo. Y mientras tanto compensar con fruta la escasez de verdura.

Para evitar rechazos ante nuevos alimentos conviene empezar con raciones pequeñas. Esta recomendación es innecesaria para helados de chocolate o patatas fritas. Pero cuando se intentan introducir hortalizas, verduras o legumbres, empezar con un plato entero desde el primer día es garantía de fracaso. Mejor empezar con raciones de una o dos cucharadas como acompañamiento de otros platos y, si no son rechazadas de manera manifiesta, ampliarlas en días sucesivos.

Otra lección que han aprendido Rosa y Juan, y una de las más importantes, es que además de respetar los gustos del niño, conviene respetar su apetito. Gran parte de los conflictos con los niños en la mesa no son por que empiece a comer sino por que acabe. Es decir, se da más importancia a la cantidad de comida

—que se acabe todo lo que hay en el plato— que a la calidad —que pruebe de todo—. Esto puede tener su justificación en sociedades en las que se pasa hambre, pero en las sociedades occidentales actuales, que tienen unas tasas crecientes de obesidad infantil, esta actitud es un peligro. Un peligro para el niño, se entiende. Un peligro que aumenta cuando los padres tienen una percepción distorsionada del peso de sus hijos, lo cual es un problema frecuente: es habitual que padres de niños con sobrepeso u obesidad crean que tienen un peso normal. Y aumenta cuando los padres tienen una percepción distorsionada de lo que es una ración adecuada para un niño: es habitual que se sirvan raciones más grandes de las que el niño necesita. De modo que, como norma general, los padres tienen la responsabilidad de decidir qué se come en casa (hoy lentejas, mañana macarrones) y cuándo se come. Pero los niños deben tener la autonomía de decidir cuánto desean comer.

Y finalmente, la lección más importante. Los niños aprenden a comer fijándose en sus padres. Si los padres comen mirando la tele, los niños mirarán la tele. Si los padres se levantan de la mesa, los niños también se levantarán. Si los padres se echan sal en todos los platos, los niños se acabarán echando sal. Y si los padres comen fruta cada día, será fácil que los niños coman fruta. Lo que es difícil es que los niños acepten comer fruta si a su lado el resto de la familia está tomando una tarta o un helado de postre. Por lo tanto, si se quiere que los niños adquieran desde pequeños una dieta saludable, con suficientes vegetales y pescado y sin exceso de azúcares y grasas saturadas, lo mejor es que los padres se preocupen de seguir también una dieta saludable. Por lo menos cuando están en la mesa con ellos.

* Consejos para introducir verduras y hortalizas en la dieta de los niños

- Preparar una lasaña diferente usando la verdura como pasta, con láminas gruesas de verdura intercaladas con carne y cocidas al horno con queso gratinado.
- Añadir hortalizas en los bocadillos: pimiento asado, aguacate aplastado con un tenedor, ensalada...
- Cortar verduras y hortalizas como si fueran espaguetis con una mandolina (calabacín, nabo, zanahoria...), hervirlas un minuto y servirlas bien escurridas con una salsa de tomate.
- Hamburguesas de verduras: picar verduras, hervirlas un minuto, mezclarlas con un poco de puré de patata para que ligue el conjunto, moldearlas con forma de hamburguesa y dorarlas en una sartén.
- Minipizzas verdes: asar al horno rodajas o escalopas de verdura (calabacín, berenjena...), disponer encima los ingredientes que más gusten de una pizza (tomate, setas, pimiento, maíz, alcachofas, espárragos...) y gratinarlos con queso.
- Fruta como guarnición: la fruta troceada y cocida a la plancha puede servir para acompañar platos de carne o pescado.
- Brochetas de hortalizas. Por ejemplo, con pimiento verde, pimiento rojo, tomate, cebolla y pepino.
- Dips vegetales: hacer bastones de hortalizas o verduras para mojar en yogur, queso fresco con especias, vinagretas, purés de legumbres (hummus), salsa de soja...
- Moldes vegetales: Aprovechar las mismas verduras o cáscaras como recipientes para cocinar o servir. Por ejemplo, hoja de endivia, cáscara de piña, piel de aguacate...
- Salsas con verdura: añadir verduras, picadas si se quiere, a una salsa de tomate o una salsa bechamel.
- Cuscús de coliflor en lugar de trigo: triturar brotes de coliflor o brócoli para simular un granulado parecido al cuscús y hervirlos menos de un minuto para acompañar carne o pescado o para utilizarlos como base de ensaladas.
- Salsas de hortalizas: una sopa de tomate o un gazpacho pueden utilizarse como salsas o aliños para ensaladas.
- Ensaladilla rusa de frutas: trocear frutas, mezclarlas con crema como si fuera mayonesa y servir como postre.

8 SIESTA: CÓMO EL CUERPO HUMANO PROCESA LOS ALIMENTOS
15.30 horas

Hora de la siesta, momento de hacer una pequeña pausa.

Han tenido una mañana ajetreada aprendiendo a conocer, comprar, conservar y cocinar alimentos. En algunos momentos casi han tenido la impresión de estar haciendo un cursillo intensivo sobre cocina y salud concentrado en una mañana de sábado. Y para la tarde tienen más planes. Aprender cuáles son las estrategias más eficaces para controlar el peso, qué alimentos pueden ayudar a prevenir el cáncer, qué hay de mito y qué hay de realidad en los afrodisíacos... Así que bienvenido sea un pequeño descanso.

Las siestas breves, por cierto, de entre quince y treinta minutos, ayudan al cerebro a consolidar mejor lo que se ha aprendido por la mañana, a rendir más por la tarde y a llegar más descansado al final del día. Un hábito útil para quien se lo pueda permitir.

Cierran los ojos y su imaginación empieza a navegar a la deriva. Como si empezaran a soñar antes de estar dormidos del todo. Imaginen por un momento que son una palomita de maíz. O un grano de arroz. O una tarta de manzana, si lo prefieren. Cualquier alimento comestible para la especie humana.

Imaginen que son convenientemente masticados y deglutidos. Ninguna sorpresa hasta aquí: la trituradora de las muelas, el tratamiento químico y lubricante de la saliva, el paso por la faringe, los movimientos del esófago que les empujan suavemente hacia abajo y les hacen entrar en la gran sala del estómago por una pequeña puerta circular.

Aquí en el estómago es donde empieza el espectáculo. Imaginen el cuerpo humano como un gran parque temático y prepárense para disfrutar de una experiencia en 3D que les mostrará cómo funciona por dentro.

Observarán que esta sala del estómago tiene la forma de una gran alubia. A primera vista, parece diseñada por Dalí. La parte superior, por donde han llegado ustedes junto a otros alimentos, es como un vestíbulo donde los visitantes van entrando a la espera de pasar a las siguientes atracciones. La parte inferior les prepara para entrar en el túnel del terror. Está llena de ácido clorhídrico, que ayuda a digerir los alimentos y además es una barrera eficaz contra las infecciones que puedan llegar con la comida: es el vigilante que está en la puerta de las atracciones y no deja que los visitantes entren con objetos peligrosos.

El túnel del terror, lo habrán adivinado, es el intestino delgado. Una atracción larga y sofisticada, con una trayectoria llena de curvas. Recuerda a una montaña rusa.

Aquí ustedes serán literalmente estrujados y descompuestos. Estrujados por los músculos que rodean el intestino y que les harán avanzar en busca de una salida. Les harán pasar por el tubo, vamos. Y descompuestos por tres enzimas que vienen del páncreas y por la bilis que viene del hígado y de la vesícula biliar.

Advertirán que hay una pequeña puerta lateral al principio de la atracción, una puerta poco conocida que aparece en los manuales de anatomía con el nombre de esfínter de Oddi, por la que entrarán las tres enzimas y la bilis para que la fiesta sea completa.

* El aparato digestivo

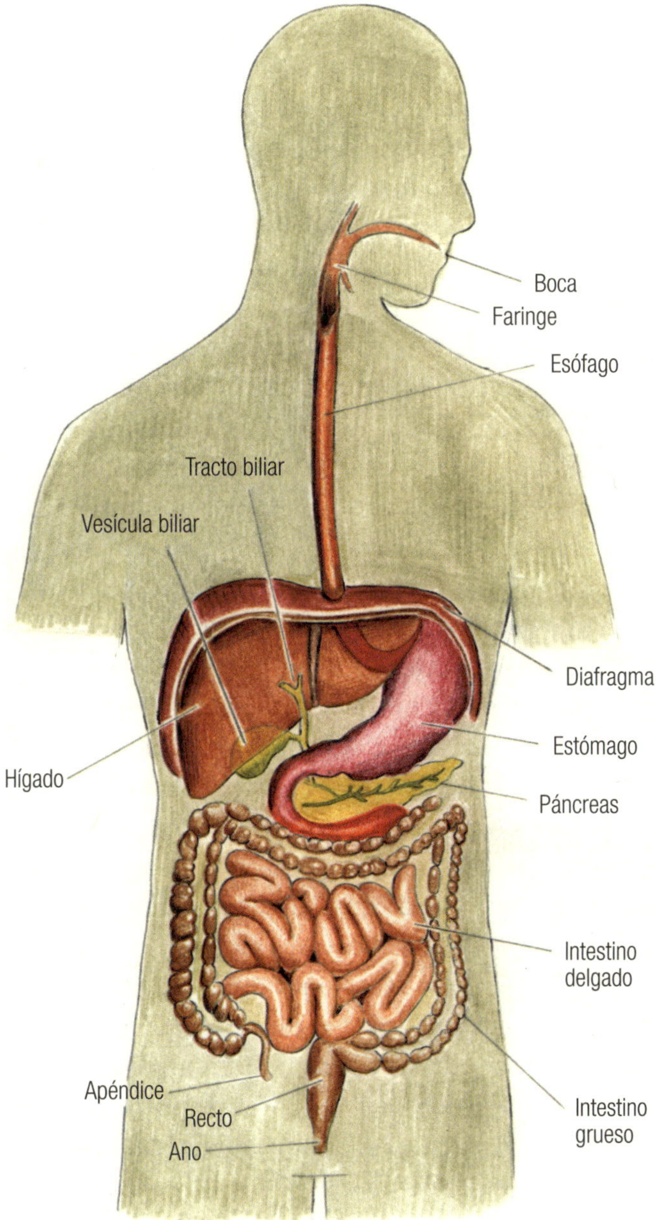

Las enzimas, ya saben, son sustancias que favorecen reacciones químicas. Una de ellas (la amilasa) ayudará a descomponer los carbohidratos de los alimentos. Otra (la lipasa) ayudará a descomponer las grasas. La tercera (la tripsina) ayudará a descomponer las proteínas. De este modo, los componentes de gran tamaño de los alimentos serán despedazados en moléculas lo bastante pequeñas para que puedan pasar a la sangre y ser aprovechadas por el cuerpo humano.

Así que ya les tenemos aquí, lo que queda de una palomita maíz, de un grano de arroz o de cualquier otro alimento, casi a punto de pasar a la sangre a través de la densa red de vasos sanguíneos que tapizan las paredes del intestino delgado. Una vez en la sangre, cogerán la autopista de la vena porta para visitar, antes que nada, el hígado. Allí les limpiarán las bacterias y las sustancias tóxicas y les aplicarán un último tratamiento químico para acabar de descomponerlos en moléculas pequeñas. Y cuando salgan del túnel de lavado del hígado, los enviarán finalmente por la sangre hacia todos los órganos y tejidos del cuerpo para que puedan ir a cumplir su misión.

La misión depende de cada nutriente. A grandes rasgos, se distinguen tres tipos de nutrientes de gran tamaño que deben ser descompuestos durante la digestión (carbohidratos, grasas y proteínas) y otros de pequeño tamaño que no suelen requerir un gran tratamiento químico (como vitaminas y minerales). Los de gran tamaño aportan sobre todo las materias primas necesarias para construir y regenerar el cuerpo humano y la energía para que funcione. Los de pequeño tamaño aportan sobre todo moléculas para realizar reacciones químicas necesarias para la vida y evitar así que el cuerpo se estropee.

Ejemplos: las proteínas aportan piezas necesarias para construir células, los carbohidratos aportan energía, y el hierro o la vitamina C intervienen en reacciones químicas vitales. Si comparan el cuerpo humano con un vehículo, en estos ejemplos las proteínas serían las piezas del vehículo, los carbohidratos constituirían la gasolina y las vitaminas serían el aceite del motor o el líquido de frenos. Se puede arrancar sin aceite o sin líquido de frenos, pero no se llegará muy lejos.

El cuerpo humano, naturalmente, es más complejo que un vehículo. Más sutil, si nos fijamos en los detalles. Los carbohidratos, como hemos dicho, son fuente de energía. Se dividen en carbohidratos simples (también llamados azúcares) cuando son moléculas pequeñas y carbohidratos complejos cuando son moléculas más grandes. Los azúcares, que abundan en las frutas, se digieren con rapidez y son los nutrientes que proporcionan energía de manera más inmediata. Los carbohidratos complejos, que abundan en cereales y tubérculos, deben descomponerse en azúcares antes de que el cuerpo pueda utilizarlos, por lo que pueden proporcionar energía durante varias horas tras una comida.

El gran problema de los azúcares es que no son fáciles de manejar. Tanto niveles altos como niveles bajos de azúcar en la sangre son una causa frecuente de averías en el vehículo. Para evitar estos altibajos, el páncreas segrega dos importantes hormonas que regulan el nivel de azúcar. La insulina, que se segrega sobre todo durante y después de las comidas, ayuda a que los azúcares procedentes de los alimentos entren en las células y no se queden en la sangre. El glucagón tiene el efecto opuesto: en lugar de reducir el azúcar en la sangre, lo aumenta ordenando al hígado que libere sus reservas de azúcar cuando es necesario. Aún hay una tercera hormona, la somatostatina, también segregada por el páncreas, que evita que la insulina y el glucagón se liberen cuando no son necesarios. Es un mecanismo ingenioso, hay que reconocerlo. Hay un interruptor para hacer subir el azúcar, otro para bajarlo y un tercer interruptor que controla los dos primeros. Y, sin embargo, falla a menudo. Alrededor de un 5 por ciento de la población de los países occidentales, más de dos millones de personas en España, no consiguen regular bien el nivel de azúcar en la sangre: tienen diabetes.

Las proteínas, lo hemos dicho también, aportan piezas necesarias para construir las células del cuerpo humano. Estas piezas son los llamados aminoácidos. Cada proteína es una compleja estructura tridimensional formada por un enorme número de aminoácidos. Imaginen un mecano formado por cientos o miles de piezas y se harán una idea aproximada de cómo es una proteína. Nuestro cuerpo no puede aprovechar las proteínas de los alimentos enteras, por lo que debe cortarlas en pequeñas piezas. Cortarlas minuciosamente: por eso la digestión de las proteínas es más lenta que la de los carbohidratos. Una vez cortadas, las piezas de las proteínas se utilizan para construir o regenerar órganos, tejidos y fluidos. Si se ingieren más proteínas de las que se necesitan, el cuerpo no las utiliza para hacer más reformas. Hace justo las necesarias. Ni regenera más células ni construye más músculo. En lugar de eso, guarda el excedente en forma de grasas para utilizar su energía más adelante si es necesario.

Las reservas se acumulan en forma de grasas por una cuestión de eficiencia. Hay nueve calorías en un gramo de grasa y sólo cuatro en un gramo de proteínas o de carbohidratos. Las grasas, por lo tanto, permiten acumular más energía en menos espacio. Es la misma razón por la que los bancos guardan oro en lugar de paja. Máxima riqueza en mínimo espacio. Las grasas son, por si alguien tiene una imagen negativa de ellas, el oro de los seres vivos. Y su valor va más allá de preservar la energía ahorrada. Igual que el oro se utiliza para construir valiosos objetos, las grasas también se utilizan para construir tejidos y membranas vitales. En realidad, no hay ni una sola célula en el cuerpo humano que pueda subsistir sin grasas. La célula *light* no existe. Pero del mismo modo que el exceso de riqueza puede llevar a la desgracia, el exceso de grasa puede llevar a la enfermedad. Reservas moderadas de grasa resultan saludables y permiten superar momentos difíciles. Una neumonía, por ejemplo. Pero reservas excesivas se acumulan en el interior de los órganos y en las paredes de las arterias, donde pueden tener efectos devastadores.

Para extraer toda esta energía de los alimentos, el cuerpo humano recurre a reacciones químicas de oxidación. Es precisamente para realizar estas reacciones químicas para lo que respiramos oxígeno: el carbono y el hidrógeno de los alimentos se combinan con el oxígeno en reacciones en las que, además de liberarse energía, se forman dióxido de carbono y agua. Pero estas reacciones son ligeramente ineficientes. Generan unos residuos llamados radicales libres, que, en exceso, resultan tóxicos para las células. De ahí que los alimentos deban proporcionar no sólo las piezas para construir y regenerar el cuerpo y la energía para que éste funcione, sino también los ingredientes necesarios para eliminar residuos. Entre estos ingredientes, destacan los antioxidantes, que abundan en la fruta y otros alimentos de origen vegetal.

Cuando todo esto funciona bien, cuando la digestión aporta los nutrientes adecuados en la proporción adecuada, cuando la respiración aporta suficiente oxígeno, cuando el azúcar está bien regulado, cuando no se acumula exceso de calorías en forma de grasa, cuando el corazón bombea sangre con eficiencia para que el oxígeno y los nutrientes lleguen allí donde son necesarios, cuando se eliminan los residuos perniciosos, en fin, cuando todo el sistema está en equilibrio, es cuando, disfrutando con la cocina, sin privaciones pero sin excesos, se pueden sentar las bases de la salud. Porque la salud, no está de más recordarlo, no es un estado de privación como no es un estado de exceso. Es un estado de equilibrio.

9 PAPILLA DE FRUTAS
16.00 horas

Media manzana, medio plátano y el zumo de una naranja: la papilla de frutas que Carla tomará para merendar ahora que se ha despertado de su larga siesta del mediodía. Juan le ha dado la comida a las doce mientras Rosa y Pablo guardaban la compra. Verdura con patatas hervidas, pollo a la plancha y medio yogur. Casi todo triturado, aunque le ha dejado algunos pequeños trozos de patata y de pollo enteros para que los pudiera coger con los dedos, llevárselos a la boca y entrenar los dientes.

Está en una edad en que le gusta coger la comida por sí misma y experimentar con ella. Lo cual es un avance para ella y puede parecer un retroceso para los padres, porque las comidas se eternizan, parte de los alimentos acaban en el suelo y parece que haya comido poco. Poco y poco a poco: parece que haya comido peor.

Así que, para evitar que se quede en la mesa manoseando macarrones o garbanzos hasta aburrirse de ellos, Juan y Rosa siguen dándole gran parte de la comida triturada. Están introduciendo alimentos nuevos en sus papillas, aunque por ahora les preocupa poco que Carla tenga una dieta variada. Al fin y al cabo, no hay dieta menos variada que la lactancia y sin embargo es la mejor dieta posible en los primeros meses de vida. A la edad de Carla, un año recién cumplido, la variedad de la dieta aún no es una prioridad. Lo será a partir de los dos años, no antes.

Un seguro de salud para toda la vida

Pero que la variedad no sea prioritaria no significa que la dieta no sea importante en estos primeros años. Al contrario, la alimentación en esta etapa, e incluso antes de nacer, puede condicionar la salud para toda la vida. De varias maneras distintas.

De entrada, la dieta en la primera infancia condiciona el desarrollo del sistema inmunitario. La capacidad del organismo para defenderse de agresiones externas y no atacar por error tejidos propios depende de una correcta alimentación en las etapas iniciales de la vida. Y el riesgo de sufrir algunas enfermedades autoinmunes como el asma varía según la alimentación en estas etapas.

Condiciona también el desarrollo del sistema nervioso, que se inicia en las primeras semanas de gestación y se prolonga durante los primeros años de vida. Se han observado diferencias de capacidad intelectual según la alimentación de la madre durante el embarazo y según la alimentación del bebé tras el nacimiento.

Condiciona el metabolismo del organismo. La eficiencia con que cada persona quema calorías —o lo que es lo mismo, la tendencia a acumular grasa— viene determinada en parte por la alimentación en la etapa prenatal y en los primeros años.

Y condiciona —y éste sea tal vez el efecto más importante, aunque es el que se ha descubierto más recientemente y todavía es el menos conocido— la regulación epigenética de nuestros genes. La regulación epigenética viene a ser como el mando del volumen de los genes. Es lo que regula que un gen se haga oír más o menos fuerte: que esté más o menos activo. Y no depende de cómo son los genes que cada uno ha heredado de sus padres sino de factores ambientales que entran en juego después de la concepción, precisamente como la dieta.

Por lo tanto, hay un corto periodo de tiempo que abarca la etapa prenatal y la etapa inmediatamente posterior al nacimiento en el que se sientan las bases de la salud. Gran parte de lo que ocurre en este periodo decisivo forma parte de la Gran Lotería de la Vida y queda fuera del control de los padres. Pero la dieta no tiene por qué jugarse a la lotería. Procurar una nutrición correcta al embrión y al feto durante el embarazo, y al recién nacido durante los meses de la lactancia, y mantenerla después durante los primeros años de vida, es la mejor garantía para reducir riesgos inmunitarios, neurológicos, metabólicos y epigenéticos. Es un seguro de salud para toda la vida.

Alimentos que conviene tomar durante el embarazo

Rosa empezó a cuidar más su dieta pensando en la salud de sus hijos desde antes de quedarse embarazada. Lo hizo antes de los tres embarazos. Siendo ginecóloga, ya estaba concienciada sobre la importancia del ácido fólico, una vitamina que abunda en hortalizas como la remolacha y el tomate, en vegetales verdes como los guisantes y las espinacas y en cereales del desayuno enriquecidos.

El ácido fólico es imprescindible para una correcta formación del tubo neural, a partir del que se desarrollan después el cerebro y la médula espinal —los cables de neuronas que pasan por el interior de la columna vertebral—. Sin suficiente ácido fólico, aumenta el riesgo de malformaciones del cerebro o de la médula, así como el riesgo de que el bebé nazca prematuro.

Dado que el tubo neural se forma en el primer mes de embarazo, antes incluso de que muchas mujeres sepan que están embarazadas, Rosa recomienda a todas sus pacientes que desean tener un hijo que se aseguren de tomar suficientes verduras y hortalizas, especialmente vegetales de hoja verde, y además que tomen suplementos de ácido fólico. Y eso fue lo que hizo ella. «Nosotros, en casa del herrero, cuchillo de hierro —le dijo a Juan—, hay que ser coherentes.» Desde el momento en que decidieron tener a Cris, y después a Pablo y a Carla, se aseguró de tomar suficientes verduras y hortalizas y suplementos de ácido fólico.

En realidad, una dieta correcta durante el embarazo no es distinta de la dieta correcta típica para cualquier persona adulta: rica en carbohidratos complejos, y que contenga preferentemente cereales integrales; abundantes frutas, verduras y hortalizas; no demasiadas grasas animales; suficiente pescado, y que sea generosa en fibra y agua. Pero hay algunos nutrientes concretos, además del ácido fólico, que merecen especial atención y que pueden hacer aconsejable tomar suplementos.

El calcio, por ejemplo. Es necesario para construir los huesos y los dientes del feto y para regenerar los de la madre, así como para asegurar un correcto funcionamiento del sistema nervioso y del aparato circulatorio. Una mujer embarazada necesita unos mil miligramos diarios de calcio —1.300 en el caso de embarazos adolescentes—, lo que equivale a tres grandes vasos de leche o unos cuatro yogures. Si la dieta no aporta suficiente calcio, el feto lo obtendrá de los huesos de su madre, que se volverán más frágiles. Una cantidad suficiente de calcio, además, ayuda a prevenir la hipertensión de la madre durante el embarazo y de los hijos tras el nacimiento.

O el hierro, otro ejemplo. Es un mineral que el cuerpo necesita para crear hemoglobina, la proteína de la sangre encargada de transportar oxígeno a los distintos órganos y tejidos. La sangre tiene trabajo extra durante un embarazo ya que no sólo debe suministrar oxígeno y nutrientes a la madre sino también cubrir las necesidades del feto. Para realizar el trabajo extra, el volumen de sangre aumenta y las necesidades de hierro se duplican. De unos quince miligramos diarios de hierro, se pasan a necesitar casi treinta. Pero no es fácil conseguir tanto hierro, por lo que a menudo se recetan suplementos en el segundo y tercer trimestre de embarazo, cuando el feto crece más rápido.

Sin suficiente hierro, la madre tendría anemia, se sentiría cansada —más cansada aún que en un embarazo normal— y sería más vulnerable a sufrir infecciones que podrían perjudicar tanto a ella como a su hijo. Distintos estudios han sugerido —aunque no lo han demostrado de manera concluyente— que la anemia durante el embarazo comporta además un mayor riesgo de parto prematuro y de tener bebés que, aun sin ser prematuros, nazcan con bajo peso.

A Juan, que los estudios no fueran concluyentes, al principio le desconcertaba.

—Si no han demostrado que la falta de hierro cause partos prematuros, será que no los causa, ¿no? —le preguntó un día a Rosa durante el embarazo de Cris.

—O puede que sí.

—Pero lo han investigado. Quiero decir que ya lo han investigado y no lo han podido demostrar.

—No han demostrado que sea cierto pero tampoco han demostrado que sea falso.

—¿Lo han investigado mal?

—No, pero son investigaciones complicadas de hacer. Entran muchas variables en juego en un embarazo. Y muchas variables en juego en la alimentación, además del hierro. Aunque encuentres que hay una relación entre la falta de hierro y los partos prematuros, es decir, que con menos hierro hay más partos prematuros, esto no significa que la relación sea de causa-efecto.

—Entonces ¿qué hacemos?

—Pues lo de siempre, decidir a partir de lo que sabemos.

Lo de siempre es lo que hacen también las asociaciones médicas cuando realizan recomendaciones de salud. O lo que hacen un cardiólogo, un cocinero y un periodista cuando escriben un libro juntos. O lo que hicieron Rosa y Juan cuando decidieron vacunar a Cris contra el virus del papiloma o hacer la amniocentesis en el embarazo de Carla. Es asumir que no se sabe todo sobre el cuerpo humano, que precisamente por eso se sigue investigando, y tomar decisiones que afectan a la salud a partir de los mejores datos disponibles. Que no siempre son tan buenos y tan concluyentes como uno desearía.

Lo que hizo Rosa con el hierro, concretamente, fue aumentar el consumo de los alimentos que más hierro aportan: carnes rojas y, en menor medida, pollo y pescado. No es que ella fuera una gran carnívora, nunca lo ha sido, y hubiera preferido conformarse con el hierro de las espinacas como Popeye. Pero el cuerpo humano aprovecha mejor el hierro de las carnes que el de los vegetales: sólo el 2 por ciento del hierro de las espinacas cocidas o el 7 por ciento del de la soja llegan a la sangre, mientras que con las carnes se absorbe cerca del 25 por ciento. Si los vegetales ricos en hierro se acompañan de vitamina C o de alimentos ricos en proteínas, la absorción de hierro puede potenciarse y, en el caso de las espinacas, aumentar del 2 a más del 6 por ciento. Por el contrario, alimentos como el huevo, los lácteos, el té o el café contienen sustancias que inhiben la absorción de hierro. Así que Rosa se encontró mezclando cereales enriquecidos en hierro con kiwi a la hora del desayuno, algo que nunca había hecho, o tomando espinacas con zumo de naranja a la hora de comer, algo que tampoco había hecho hasta entonces. Y tomó sus suplementos de hierro a partir del segundo trimestre de embarazo.

Al aumentar el consumo de carnes, además, mató dos nutrientes de un bocado. Porque, aparte del hierro, las carnes aportan abundantes proteínas, otro de los nutrientes que el feto necesita para construir sus órganos y tejidos y que merecen especial atención durante la gestación, especialmente durante el segundo y el tercer trimestre. Varios estudios han demostrado, esta vez sí de manera concluyente, que el déficit de proteínas en mujeres embarazadas aumenta el riesgo de que los bebés nazcan con bajo peso aunque no sean prematuros, lo que a su vez aumenta el riesgo de trastornos de desarrollo neurológico.

Es por esta gran necesidad que el feto tiene de proteínas y hierro que Rosa no es partidaria de dietas vegetarianas durante los embarazos. Cuando alguna vez se encuentra con una paciente embarazada que quiere mantener una dieta vegetariana, respeta su decisión y trata de ayudarla a tener una alimentación lo más completa posible para ella y para el feto. Pero en su caso prefirió cambiar su dieta y comer más carne, no por gusto, sino porque no le parecía bien anteponer sus preferencias personales a la salud de sus hijos.

—¡Desde luego, tú sí que te aplicas cuchillo de hierro! —le dijo un día Juan impresionado al ver cómo diseccionaba un osobuco.

—¿Y qué harías tú? Para mí es sólo un año de comer distinto. Pero ella —dijo con la mano sobre el vientre— está construyendo su cuerpo para toda la vida. Si algo sale mal ahora, no lo podremos arreglar después.

Rosa también aumentó el consumo de pescado durante los embarazos. De nuevo fueron dos nutrientes de un tiro. Las proteínas para construir el cuerpo de Cris, Pablo y Carla y, en este caso, las grasas omega 3 para ayudarles a constituir su cerebro. Ésta es una cuestión en que, como con el hierro y los prematuros, los datos científicos son poco concluyentes. Se sabe que algunas grasas omega 3 son componentes esenciales del sistema nervioso. Se ha observado que una dieta rica en pescado favorece que el bebé nazca con un peso adecuado. Y un estudio realizado en

Gran Bretaña ha concluido que una dieta pobre en pescado y grasas omega 3 puede contribuir a que el bebé tenga más adelante, en la edad de la escuela primaria, trastornos de conducta o de lenguaje. Pero nadie ha establecido qué cantidad de grasas omega 3 habría que tomar durante el embarazo. Y nadie ha demostrado que el desarrollo del cerebro sea peor en culturas que no consumen pescado que en aquellas que sí lo consumen. Así que es posible que se haya sobrevalorado la importancia de las grasas omega 3 para el desarrollo fetal. Pero por si acaso Rosa se cuidó de comer pescado dos veces por semana en sus tres embarazos. Aunque no le fue fácil decidir qué pescados comer.

Alimentos que conviene evitar durante el embarazo

El problema del pescado es que contiene sustancias tóxicas, como mercurio y compuestos organoclorados, que pueden interferir en el desarrollo del sistema nervioso del feto. Estas sustancias se acumulan en la grasa, por lo que aquellos pescados más ricos en grasas saludables también son a menudo los más ricos en contaminantes perjudiciales. La cantidad de contaminantes tóxicos que hay en un pescado depende de la zona donde se haya capturado pero, como norma general, los pescados grandes están más contaminados que los pequeños. Esto se debe a que, cuando un pescado captura a otro, el mercurio y demás contaminantes de la presa se incorporan a la grasa del depredador. Así, cuanto más grande es un pez, cuantas más presas ha capturado en su vida, más mercurio lleva a bordo.

En Estados Unidos, donde se ha analizado la presencia de contaminantes en decenas de especies marinas, las asociaciones médicas y las autoridades sanitarias desaconsejan el consumo de grandes pescados como el emperador y el tiburón durante el embarazo y la lactancia. Por el contrario, no desaconsejan el salmón, el bacalao o las gambas siempre que estén bien cocidos y no procedan de aguas demasiado contaminadas.

En España se han hecho pocos análisis similares, por lo que no hay suficientes datos para saber qué especies son más apropiadas durante un embarazo y cuáles se deben evitar. A falta de datos, Rosa optó por especies de tamaño pequeño o mediano como sardinas, salmonetes, doradas y besugos, y evitó pescados más grandes, para estar segura de no ingerir un exceso de contaminantes.

También evitó el sushi y los pescados ahumados, pero por razones distintas. Ya no por los contaminantes que pudieran tener, sino por las infecciones que podían transmitir al ser pescados crudos. Antes de quedarse embarazada, le había preocupado poco la posibilidad de tragarse algún día listerias, salmonelas u otros microorganismos infecciosos. Procuraba comer siempre alimentos en buen estado, pero no se obsesionaba. Era un riesgo que asumía.

Pero durante los embarazos le pareció un riesgo inaceptable. Sobre todo por las listerias. Las diabólicas listerias, como las llamaba ella cuando explicaba a sus pacientes los alimentos que debían evitar estando embarazadas. Son unas bacterias que se transmiten con los alimentos y que se ceban especialmente en mujeres embarazadas. Posiblemente por los cambios inmunitarios que se producen con la gestación, las mujeres embarazadas tienen un riesgo veinte veces más alto que el resto de la población de infectarse. Una vez se ha producido la infección, las listerias pueden pasar al feto a través de la placenta. En la madre suelen causar síntomas similares a los de una gripe, aunque también se han descrito casos de sepsis, de meningitis y algunas muertes. En el feto pueden provocar un aborto o graves secuelas neurológicas. Demasiado riesgo por el placer de comer pescado crudo.

Durante los embarazos, Rosa eliminó de su dieta no sólo el

pescado crudo sino cualquier alimento que pudiera contener listerias: carnes poco cocidas (a las que le costó poco renunciar), quesos elaborados con leche no pasteurizada como el brie o el camembert (que le costaron más), y hortalizas que no estuvieran bien lavadas (lo que no le costó ningún esfuerzo porque ya tenía la costumbre de lavarlas bien).

También insistió en limpiar bien la nevera con frecuencia, con mayor frecuencia de lo que era habitual en casa, porque las listerias mueren con el calor de la cocción pero proliferan sin dificultad en el frío de la nevera y pueden saltar de un alimento a otro. Eliminó de su dieta mayonesas caseras y cualquier plato con huevos semicrudos para no dar una oportunidad a las salmonelas. Y renunció a las drogas. Es decir, a las dos drogas que aún tomaba, y que ha vuelto a tomar después. El café, que consume a diario. Y el alcohol, que consume de manera ocasional.

De todo lo que eliminó, el café fue lo que más echó de menos. Era adicta a la cafeína, según su propia confesión. Por las mañanas, no empezaba a funcionar hasta que se tomaba su café con leche. Su primer café con leche, sería más exacto decir. Podía tomar cuatro o cinco a lo largo del día. Y al levantarse se sentía irritable, aunque procuraba que nadie sufriera las consecuencias, hasta la primera dosis. Juan le sugirió que siguiera tomando el café con leche de la mañana y empezara el día mejor. «Pero la cafeína —le contestó Rosa— no le hace ningún bien al pequeño.»

—¿Y le hace algún mal?

—No lo sé, pero bien seguro que no.

En realidad, no hay ninguna sociedad médica que desaconseje tomar un café por la mañana a las mujeres embarazadas. Ésta es una cuestión que no está bien investigada y sobre la que ginecólogos distintos tienen opiniones distintas. Dos estudios realizados en Estados Unidos y Dinamarca han observado que dosis altas de cafeína, como las que tomaba Rosa antes de los embarazos, multiplican aproximadamente por dos el riesgo de sufrir un aborto en los primeros meses de gestación. Se han observado efectos indeseables con dosis superiores a 200 miligramos de cafeína diarios, que equivalen aproximadamente a la cafeína de dos cafés cargados o tres cafés ligeros. Pero con dosis bajas los efectos no están claros y nadie ha demostrado que sean perjudiciales para el desarrollo del feto a largo plazo.

Podría ser que fueran perjudiciales porque la cafeína interfiere con la absorción del hierro de los alimentos y, por lo tanto, es más probable que una mujer tenga anemia si sigue tomando café durante el embarazo. También podrían ser perjudiciales, y ésta fue la razón principal por la que Rosa renunció al café, porque la cafeína cruza la placenta y accede a los órganos y tejidos del feto que se están formando. Y muchos de estos órganos y tejidos, no sólo el cerebro, tienen receptores de adenosina sensibles a la cafeína en las membranas de sus células. Además, el cuerpo del feto elimina la cafeína más lentamente que el de una persona adulta, por lo que es posible que acumule concentraciones más altas de cafeína que su madre. Pero también podría ser que uno o dos cafés al día no tengan ningún efecto perjudicial significativo sobre el desarrollo del feto, y que por eso no se hayan descubierto estos efectos negativos.

Bebedores pasivos

Con el alcohol todo está más claro. Existe unanimidad entre sociedades médicas en que no hay ninguna cantidad de alcohol que sea seguro tomar durante el embarazo. Que no hay ninguna fase del embarazo en que sea seguro tomar alcohol. Y que, cuando una mujer embarazada toma alcohol, su hijo también lo consume. Es un bebedor pasivo.

Al igual que ocurre con la cafeína, el feto elimina el alcohol más lentamente que una persona adulta y acumula en su cuerpo cantidades más altas de alcohol y durante más tiempo que su madre. Con resultados a veces devastadores.

Durante la primera mitad del embarazo, el exceso de alcohol impide el correcto desarrollo del organismo. En algunos casos, los daños son tan graves que el feto muere. En otros, nace con malformaciones craneofaciales, con alteraciones en órganos vitales como el corazón, el hígado o los riñones, o con trastornos neurológicos. Si el abuso de alcohol se restringe a la segunda mitad del embarazo, cuando los principales órganos ya están formados, las malformaciones no son tan aparatosas, pero sigue habiendo un elevado riesgo de trastornos del desarrollo que puedan llevar después a que el niño tenga déficit de atención, hiperactividad, problemas de memoria o trastornos de lenguaje.

Todos estos daños se enmarcan en el llamado síndrome alcohólico fetal, que se da en casos en que la madre bebe grandes cantidades de alcohol durante el embarazo. Pero incluso en casos en que las cantidades ingeridas son pequeñas se ha observado un mayor riesgo de efectos perjudiciales en los hijos, como talla baja, problemas emocionales y trastornos de aprendizaje.

A Rosa no le fue difícil renunciar al alcohol durante los embarazos. No era adicta como a la cafeína. Solía tomar alguna cerveza ocasional, y a veces un par de copas de vino cuando cenaba a solas con Juan o con amigas, no más. Dado que el alcohol puede afectar al desarrollo del embrión desde las primeras semanas de la gestación, antes de que una mujer sepa que está embarazada, y que además puede reducir las posibilidades de conseguir un embarazo, dejó de tomarlo desde el momento en que decidieron tener a Cris.

Para otras mujeres, en cambio, eliminar, o por lo menos reducir, el consumo de alcohol es una de las adaptaciones más difíciles a las que se enfrentan durante el embarazo. Cuando Rosa se encuentra con casos así en la consulta, les recuerda que su hijo es material sensible, les pregunta qué es lo que las induce a beber y les aconseja que intenten evitarlo. Por ejemplo, si beben alcohol cuando quedan con amigos en un bar, les aconseja que queden a otra hora, o en otro tipo de local o que les inviten a casa. Si beben porque las ayuda a relajarse, les sugiere que prueben otras maneras de hacerlo como hacer ejercicio, escuchar música o darse un baño. Si beben porque su pareja también lo hace y tienen la costumbre de acompañarle, les sugiere que lo hablen y le pidan que durante nueve meses deje de hacerlo... En casos extremos, las deriva a la unidad de alcohología del hospital, donde un equipo de especialistas las puede ayudar. No siempre quieren ir. «Pero si no vas —les dice—, y tu hijo nace con alguna malformación o algún problema de salud grave, ¿cómo le explicarás después que tenías un problema con el alcohol y no buscaste ayuda?»

Cuánto comer durante el embarazo

Una de las cuestiones que Rosa siempre aborda con sus pacientes cuando están embarazadas es la de cuánto comer y cuánto peso ganar. Pero en este caso no hay una respuesta única para todas. Con el alcohol está claro: cuanto menos, mejor. Con el peso depende. Como norma general, cuanto más delgada esté una mujer antes de quedarse embarazada, más peso tendrá que ganar después.

Así, una mujer con un peso normal —es decir, con un índice de masa corporal entre 18,5 y 24,9— tendría que ganar entre once y dieciséis kilos durante el embarazo. Pero una mujer que presentara un peso bajo tendría que ganar más, entre trece y dieciocho. Y una mujer con sobrepeso moderado, sólo entre siete y once. Ninguna tendría que perder peso estando embarazada. Incluso las mujeres obesas tendrían que ganar por lo menos cinco kilos.

Estas cifras a menudo sorprenden a las pacientes, especialmente a las más delgadas:

—¿Cómo es posible que gane trece kilos si un bebé sólo pesa tres?

—Es que, si no ganas esos trece kilos, el bebé no llegará ni a tres.

Aparte de los tres kilos del bebé, hay otros tres aproximadamente que van al útero, a la placenta y al líquido amniótico. Tres más que sirven para aumentar el volumen de la sangre y de otros fluidos. Tres que se acumulan en forma de grasa como reserva de energía. Y un último kilo que se destina a preparar los senos para la lactancia.

Si no se consigue un aumento de peso suficiente, hay un mayor riesgo de que el bebé nazca demasiado pequeño o prematuro. Si el aumento de peso es excesivo, existirá mayor riesgo de que el niño sea obeso cuando sea mayor.

No hay normas sobre cómo debe distribuirse el aumento de peso a lo largo del embarazo. El mayor crecimiento del bebé tiene lugar en el último trimestre de gestación, cuando también se registra por lo general el mayor aumento de peso de la madre. Pero también se dan casos de mujeres que ganan mucho peso en el primer trimestre y después se estabilizan, y de mujeres que ganan peso a rachas, ahora gano, ahora me paro, ahora gano, ahora me paro, y no se ha observado que eso plantee ningún problema mientras el aumento total de peso a lo largo del embarazo sea el adecuado.

Mitos y realidades de la lactancia

Después del parto, es habitual que las pacientes le pregunten a Rosa cuánto comer y cuánto peso perder. Respuesta: «Aún no es momento de pensar en perder peso; ahora es momento de seguir alimentándote bien para dar el pecho.»

La leche materna, las pacientes ya lo saben, es el mejor alimento posible para un recién nacido. Tiene la composición de nutrientes idónea y está suplementada con defensas inmunitarias que protegen al bebé mientras su propio sistema inmunitario se está formando. Los bebés alimentados con leche materna en sus primeros meses tienen menos otitis en los primeros años de vida. También tienen menos infecciones respiratorias y urinarias, menor riesgo de desarrollar asma a lo largo de la infancia, menor riesgo de diabetes, menor riesgo de obesidad, y un mejor desarrollo cognitivo con mejores resultados en tests de inteligencia.

Para la madre, además, la lactancia estimula la secreción de oxitocina, la hormona del amor, que refuerza su vínculo con el bebé. Y a más largo plazo reduce el riesgo de sufrir cáncer de mama, de ovario y de endometrio.

Lo que las pacientes no saben —ni las pacientes ni nadie—, es cuántos meses conviene que dure la lactancia materna. Los mayores beneficios se concentran en los primeros meses de vida del bebé, cuando su sistema inmunitario es más inmaduro, y después se van reduciendo. Pero no se puede trazar una línea entre el momento en que la lactancia es beneficiosa y el momento en que deja de serlo. En el primer año de vida del niño no hay ningún momento en que deje de ser beneficiosa. Pero los beneficios son cada vez menores: los anticuerpos de la leche son cada vez menos necesarios a medida que el sistema inmunitario del bebé madura, los nutrientes de la leche se pueden obtener de otros alimentos y la oxitocina de la lactancia deja paso al vínculo afectivo de la interacción diaria.

La Organización Mundial de la Salud y la Academia Americana de Pediatría recomiendan actualmente que los bebés se alimenten exclusivamente con leche materna hasta los seis meses. Esta recomendación se basa en estudios que han comparado lo que ocurre cuando la lactancia exclusiva se prolonga hasta los seis meses y cuando se abandona a partir del cuarto mes. Conclusión: si la lactancia se puede mantener seis meses sin introducir otros alimentos, el bebé tiene un menor riesgo de sufrir infecciones gastrointestinales, su crecimiento no es más lento y la madre pierde peso más rápido.

Pese a los beneficios demostrados de la lactancia materna en estos primeros meses, hay casos en que a una madre le resulta imposible mantener la lactancia exclusiva y debe recurrir a leches maternizadas. Lo cual, según ha comprobado Rosa en la consulta, puede provocar sentimientos de culpa y ansiedad.

—Puedes estar tranquila —les dice—. Hoy día las leches maternizadas son nutricionalmente muy parecidas a la leche materna. No tienen los anticuerpos que potencian el sistema inmunitario pero tienen todos los nutrientes que tu hijo necesita para crecer sano.

Y si esto no basta para tranquilizarlas, les da otro argumento:

—Si te empeñas en darle el pecho y no tiene suficiente, no estará recibiendo todos los nutrientes y toda el agua que necesita. Intenta mantener una o dos tomas al día si puedes. Pero haces bien dándole biberón para evitar el riesgo de desnutrición y deshidratación. Es lo mejor para él.

La dieta adecuada para una madre que da el pecho es muy similar a la del embarazo. Es una dieta rica en carbohidratos complejos, con abundantes frutas, verduras y hortalizas, con suficientes proteínas y en la que no falte el pescado, que sigue aportando ácidos grasos esenciales para el cerebro del bebé.

No hay alimentos prohibidos. Ni espárragos ni cebollas ni col ni pimienta ni otros productos que, según la sabiduría popular, estropean el sabor de la leche materna y hacen que los bebés la rechacen. Sí es cierto que el sabor de la leche cambia según lo que come la madre y es posible que algún niño reaccione mal ante algún sabor concreto. Pero también es posible que esta variedad de sabores predisponga al niño a tener un paladar más aventurero cuando crezca y a aceptar todo el abanico de sabores de una dieta variada, aunque ésta es una hipótesis que por ahora nadie ha investigado. En cualquier caso, no hay ningún alimento que haya que evitar a priori. El sabor que puede disgustar a un bebé puede gustar a otro. En caso de que un bebé se muestre incómodo algún día al tomar el pecho, y si no hay ninguna otra causa aparente, es aconsejable tratar de recordar qué se ha comido en las últimas 24 horas para averiguar si hay algún alimento sospechoso que pueda explicar su reacción. Si lo hay, mejor no volver a tomarlo durante unos días.

También mejor no tomar ni alcohol ni cafeína. Sus efectos ya no son tan perjudiciales como durante el embarazo, pero son sustancias que pasan a la leche y llegan al cerebro del bebé, donde no tienen nada que hacer. Un niño con cafeína en el cerebro puede mostrarse agitado e irritable y tener dificultades para dormir. Un niño con alcohol puede despertarse con facilidad y puede sufrir un retraso de desarrollo psicomotor. La idea popular de que la cerveza estimula la secreción de leche, por cierto, no tiene ninguna base científica. Y la del hinojo, tampoco. No tienen más base que la idea de que los espárragos o las cebollas estropean el sabor de la leche materna.

Primeras papillas

A partir de los seis meses conviene iniciar la transición de una dieta exclusivamente láctea a una dieta variada. Es una transición lenta, que se prolonga desde los seis meses hasta los dos o tres años, y que no afecta sólo a la cantidad y a la variedad de lo que come el bebé, sino a la distribución de nutrientes en la dieta.

El recién nacido se alimenta sobre todo de grasa. Por eso en la leche materna predominan las grasas, principalmente saturadas y con un generoso aliño de colesterol, que representan el 55 por ciento de las calorías. Un niño de dos años, igual que un adulto, debe alimentarse sobre todo de carbohidratos complejos y las grasas tienen que haberse reducido hasta situarse entre el 30 y el 35 por ciento de las calorías totales.

Otra diferencia radica en la fibra, que está ausente en la leche y que empieza a aparecer en cuanto se introducen vegetales en la dieta.

En la leche materna, además, escasean algunos micronutrientes que el niño necesitará en cantidades cada vez mayores a medida que crezca, especialmente micronutrientes que proceden de vegetales, y que son el motivo principal por el que se recomienda introducir alimentos nuevos a partir de los seis meses.

Es probable que esta transición de la dieta del lactante a la dieta variada de un niño de dos o tres años influya en la salud para toda la vida. Algunas investigaciones indican que la predisposición a la obesidad, a la hipertensión y a otros factores de riesgo cardiovascular se decide en parte en las primeras etapas de la vida. Es como si las células del cuerpo quedaran programadas para regular el peso o la tensión arterial al alza o a la baja. Pero nadie ha logrado averiguar si hay un periodo decisivo en el que tenga lugar esta programación celular. Y, si lo hay, cuándo empieza y cuándo acaba. Y cuáles son las células que se programan. Y cómo se programan exactamente...

Llama la atención que, pese a la importancia que tiene la alimentación de la primera infancia para la salud posterior, apenas se haya investigado cómo debe hacerse la transición de la dieta del lactante a una dieta variada. A falta de estudios científicos concluyentes, las recomendaciones que se puede hacer a los padres para salir airosos de esta etapa decisiva derivan del sentido común.

La recomendación más importante, en la que todos los pediatras coinciden, es no introducir ningún alimento con el que un niño que está aprendiendo a comer pueda atragantarse y asfixiarse. Piensen en cómo mastican ustedes, en todos los músculos que tienen que coordinar, en cómo sincronizan los movimientos de la mandíbula con los de la lengua y los de la faringe, todo ello sin dejar de percibir el sabor de los alimentos y de explorar su textura, y verán que no es un ejercicio sencillo que se pueda dominar en un día. Por eso el dado de sandía, la pirámide de manzana y la rodaja de plátano que Carla ha tomado con la papilla del desayuno eran tan pequeños y los trozos de pollo y patata de la comida también. Como norma general, a esta edad hay que evitar cualquier alimento duro y cualquier trozo de comida que no se pueda tragar entero si, por algún fallo de coordinación en la boca, cae hacia adentro antes de haber sido masticado. Los alimentos deben estar lo bastante cocidos o ser lo bastante blandos para poder aplastarlos con un tenedor, como la patata hervida o el plátano. Y deben evitarse frutos secos (que son una de las principales causas de atragantamiento en niños), aceitunas con hueso, verduras crudas o trozos de carne a menos que sean muy tiernos.

También hay coincidencia en la segunda recomendación: los nuevos alimentos deben introducirse de uno en uno y hay que dejar pasar por lo menos cinco días entre dos alimentos nuevos. Esto permite asegurarse de que el bebé tolera bien los distintos alimentos o, si es alérgico a alguno de ellos, ayuda a identificarlo pronto. Conviene esperar a que el niño haya cumplido un año y su sistema inmunitario haya madurado para introducir los alimentos más propensos a causar alergias como la leche de vaca (a la que son alérgicos un 2 por ciento de los menores de un año), los cacahuetes (que de todos modos no se deberían tomar antes para evitar el riesgo de atragantamiento) o los huevos (que tienen proteínas alergénicas en la clara).

Otras recomendaciones han evolucionado en los últimos años. Si antes lo que más preocupaba en estas edades eran las carencias nutritivas (como falta de proteínas, de hierro o de vitaminas), ahora lo que más preocupa son los excesos (exceso de calorías, de grasas, de azúcar). La nueva epidemia de obesidad infantil, que ya afecta a uno de cada seis niños tanto en Estados Unidos como en España, ha llevado a la Academia Americana de Pediatría a actualizar sus recomendaciones dietéticas para niños y adolescentes. Ahora los principales consejos en la franja de edad de seis meses a dos años están orientados a no sobrealimentar a los niños: no obligarles a acabarse lo que hay en el plato; aprender a reconocer sus señales de saciedad; dejar que regulen por sí mismos las calorías que necesitan; no introducir alimentos que aportan calorías pero no nutrientes de valor como las chucherías; ofrecerles frutas, verduras y cereales integrales; y, si los rechazan, no rendirse y volver a ofrecérselos unos días más tarde.

Pero la academia no hace ninguna recomendación explícita sobre la conveniencia de introducir una dieta variada a partir de los seis meses. Algunos especialistas en nutrición pediátrica piensan que esto puede ayudarles a disfrutar de un abanico amplio de sabores y a tener una dieta saludable más adelante. O que puede ayudarles el hecho de comer en la misma mesa que sus padres y tener ocasión de probar bocados del plato de los mayores. Pero esto son hipótesis, no conclusiones. Nadie ha demostrado por ahora que la diversidad en la dieta antes de los dos años tenga ningún efecto apreciable a largo plazo.

Así que, a falta de datos, Rosa y Juan recurren al sentido común. ¿Sabores nuevos para Carla? Desde luego. Puede que entrenar tan pronto su paladar acabe siendo intrascendente. Pero si acepta contenta el tomate, el calabacín, los macarrones al pesto, las judías salteadas con jamón que esta noche podrá probar, porque han guardado una pequeña ración para ella, seguro que no le hace ningún daño. Siguen introduciendo los alimentos nuevos de uno en uno para ver cómo reacciona. Hasta ahora, bien; parece que le gusta llevarse a la boca vegetales y animales desconocidos. Pero no pierden de vista que, a su edad, lo importante no es convertirla en una exploradora gastronómica, sino dejar que juegue con la cuchara, que aplaste la comida, que se sienta más autónoma y que cada papilla sea una fiesta. Que las comidas sean momentos de satisfacción, no de enfrentamientos. Y que coma, decidiendo ella misma según su apetito, una cantidad suficiente de todos los nutrientes sin tomar una cantidad excesiva de ninguno.

10

EL ESPEJO Y LA BÁSCULA

17.00 horas

Después de que Carla haya acabado con su papilla, llega esa hora tan propia del sábado por la tarde en que la familia se disgrega. Pablo tiene deberes que terminar y Rosa le ayudará. Doña María jugará con Carla. Juan saldrá a correr, algo que empezó a hacer a regañadientes porque el médico se lo recomendó y porque Rosa le insistió y que ahora ha descubierto que le gusta. Y Cris se encierra en su cuarto para prepararse para salir. Ha quedado para ir al cine y quiere ir bien arreglada.

Paradojas de la edad, lo que más le preocupa de su cuerpo es lo que menos preocupa a sus padres y a los médicos. ¿Drogas? Ni las ha probado ni las ve como un problema, ya sabrá cómo actuar si algún día le hace falta. O por lo menos eso cree. ¿Sexo adolescente? Lo mismo, ¿dónde está el problema, mamá, no confías en mí? Pero ¿granos en la cara? Eso sí que es un gran problema, algo que mina su autoestima y afecta a su relación con los chicos. ¿Mal aliento? Otro problema, porque nunca sabe si en ese momento tiene buen aliento o no; a lo mejor le pasa como a otras chicas, que no se dan cuenta; tendrían que inventar un aparato en el que soplaras y te pusiera una nota de cero a diez. Y el mayor problema de todos: su imagen corporal. No se acaba de sentir bien en su cuerpo aunque sus padres le digan que está bien. Y aunque la última vez que el pediatra la midió, la pesó y calculó su índice de masa corporal le dijo «tienes un peso perfecto», a ella no le parece tan perfecto.

Buen aliento

Pero tiene la suerte de poder hablarlo con Rosa. Con Rosa más que con Juan. Y la suerte de que Rosa sabe mejor que ella misma cómo funciona su cuerpo. Con el aliento, por ejemplo. Le explicó que cualquiera puede tener mal aliento de vez en cuando, que no tiene por qué sentirse rara si alguna vez le ocurre a ella, y que además hay maneras de prevenirlo.

—¿Y cómo se puede prevenir, mamá?

—Lo primero es comprender por qué una persona tiene mal aliento. Lo más común es que sea porque tiene la boca seca. Por eso hay mucha gente que se despierta con mal aliento por las mañanas, porque durante la noche la boca segrega poca saliva y porque no ha bebido agua desde hace ocho o diez horas. Y por eso también las personas que fuman suelen tener peor aliento, porque el tabaco reseca la boca. Y el alcohol igual, reseca la boca y empeora el aliento.

Así que, para que no te ocurra, lo primero es estar bien hidratada. Debes beber suficiente agua durante el día. Y si quieres, también puedes mascar chicle de vez en cuando. No lo hagas cada día ni hace falta que lo hagas durante mucho rato pero, si mascas chicle durante cuatro o cinco minutos, segregarás más saliva y se te humedecerá la boca. Éste es un remedio muy antiguo. Se ha venido utilizando desde hace siglos mascando perejil, semillas de hinojo o ramas de canela, por ejemplo. Aunque hoy día es más fácil conseguir chicle que semillas de hinojo.

Pero a veces no te bastará con estar bien hidratada. Hay alimentos que pueden provocar mal aliento incluso aunque no tengas la boca seca. Algunas personas son más sensibles a unos y otras personas, a otros. Algunas personas a muchos y otras a ninguno. Por eso el ajo, que a papá le da mal aliento, a ti no te hace nada. Hay otras personas que son sensibles a la cebolla, o a algunos quesos, a carnes, a pescados... Pero no tienes por qué evitar ningún alimento por este motivo. Hay personas propensas a tener mal aliento porque tienen algún problema nasal como sinusitis o alguna enfermedad más grave como diabetes o insuficiencia renal, pero no es tu caso.

Lo que ocurre cuando se comen algunos de estos alimentos o cuando se tiene la boca seca es que algunas de las bacterias que tenemos en la boca proliferan y producen olores desagradables. Proliferan en restos de comida y en células muertas, especialmente en la parte posterior de la lengua. Así que, para ponérselo difícil, lo mejor es cepillarte bien los dientes y utilizar hilo dental para eliminar los restos de comida y la placa bacteriana. Límpiate también la lengua con uno de esos cepillos especiales que venden en farmacias para eliminar la comida y las bacterias que pueda haber. Puedes enjuagarte con un colutorio como hacemos papá y yo, por ejemplo antes de ir a dormir. Y sigue desayunando bien por las mañanas, porque el paso de los alimentos, cuando son un poco rugosos, ayuda a limpiar la parte posterior de la lengua. Si haces todo esto, beber agua, limpiarte bien la boca y desayunar bien, y además sigues sin fumar y sin beber alcohol, no te preocupes porque tendrás buen aliento.

El chocolate no causa acné

Con el acné, a diferencia de lo que ocurre con el aliento, no hay ningún alimento que haya demostrado mejorarlo o empeorarlo.

Ni el chocolate ni los embutidos ni los dulces ni las patatas fritas, que han pasado uno tras otro por el banco de los acusados, parecen tener ninguna relación con él. Hoy día están todos absueltos.

Es cierto que las pieles grasas son más propensas a tener granos y espinillas y que los alimentos que tradicionalmente se han considerado sospechosos de agravar el acné suelen ser ricos en grasas, pero no está probado que el consumo de estos alimentos tenga ningún efecto sobre el acné.

También es cierto que, para algunas personas, la aparición de granos parece estar relacionada con alimentos concretos. Pero nadie ha conseguido aclarar qué relación hay entre los alimentos y los granos. ¿Podría ser que una persona, en situación de estrés, consuma chocolate, después tenga más acné y lo atribuya al chocolate cuando debería atribuirlo al estrés? ¿O que sólo dé importancia al hecho de haber tomado chocolate cuando le salen granos, aunque lo consuma igual durante todo el año? ¿O, en el caso de Cris, que le apetezcan alimentos distintos según la fase del ciclo menstrual y después asocie el acné a los alimentos cuando está asociado a los altibajos hormonales? ¿O tal vez hay un efecto placebo y, si una persona toma un alimento creyendo que le van a salir granos, es más probable que le salgan? Múltiples hipótesis, ninguna certeza.

En realidad, el acné se produce cuando los folículos pilosos, a partir de los que crecen los pelos, se llenan de grasa segregada por las glándulas sebáceas de la piel. Es un trastorno tan común y tan poco grave que su nombre científico es *acne vulgaris*. Pero afecta, en mayor o menor grado, a la mayoría de los adolescentes y a algunos de ellos les acompleja y les limita a la hora de relacionarse con otras personas. Se suele iniciar entre los diez y los trece años por los cambios hormonales de la pubertad y suele estar resuelto entre los veinte y los veinticinco, aunque en algunos casos se prolonga hasta más allá de los treinta.

—No podemos evitar que te salgan granos, pero podemos conseguir que se curen lo antes posible —le dijo Rosa a Cris un día que la vio preocupada, también un sábado que se estaba preparando para salir.

—¿Cómo, mamá?

—Lo primero, procura no tocarlos. Cada grano es una pequeña infección y sólo empeorarán si te los restriegas. Cuando te laves la cara, hazlo con suavidad. Y si alguno se pone más feo, iremos a la farmacia, porque hay productos eficaces contra el acné.

—¿Y si dejo de comer chocolate por unos días? —insistió Cris.

—Como quieras, no te hará ningún daño, pero no sé si te servirá de algo.

Trastornos alimentarios

A Rosa le resulta más difícil hablar con Cris de su imagen corporal. Es territorio íntimo. Cris puede atrincherarse en el silencio o escabullirse con evasivas o negar cualquier problema. Pero un pequeño problema sí que tiene. Y Rosa no está preocupada pero sí alerta para evitar que se convierta en un problema mayor.

Es un problema muy común, por lo demás. Cris no se acaba de gustar a sí misma y no es capaz de tener una imagen objetiva de su cuerpo. Se mira al espejo y la imagen que ve es distinta de la que ven sus padres o sus amigas. Esto mismo les ocurre a otras muchas chicas. Según ha observado una investigación del hospital Clínic de Barcelona en la que se ha comparado la imagen subjetiva y la imagen real de 802 chicas de entre once y veinticuatro años, la distorsión de la imagen corporal es un fenómeno común, especialmente al principio de la adolescencia. Curiosamente, la distorsión varía según la zona del cuerpo. Cuando se pide a las chicas que valoren las dimensiones de sus hombros, sus muslos o sus pantorrillas, tienen una percepción correcta de su tamaño. Cuando se les pide que valoren el pecho, la cintura o la cadera, tienen la percepción subjetiva de que son, de media, entre un 17 y un 25 por ciento mayores de lo que son en realidad. Las diferencias más grandes entre dimensiones reales y dimensiones subjetivas se registran en la franja de edad de once a trece años, el momento en que más varían las proporciones del cuerpo.

Lo llamativo de esta investigación es que se ha realizado en chicas sanas, que no tenían un trastorno alimentario ni ningún otro problema psicológico. La mayoría de ellas aprenderán con el tiempo a aceptarse sin complejos tal como son. Pero una minoría puede evolucionar hacia un trastorno alimentario grave como la anorexia (una preocupación obsesiva por la imagen corporal que lleva a no comer lo suficiente) o la bulimia (que lleva a comer de manera compulsiva).

Rosa no cree que esto le vaya a ocurrir a Cris. Pero sabe, por su propia experiencia en la consulta con pacientes que tienen trastornos alimentarios, que los padres nunca creen que vaya a ocurrir en sus familias hasta el día que ocurre. Así que por si acaso, para prevenir, habla con Cris sobre salud, sobre el cuerpo humano, hablan de que personas distintas tienen anatomías distintas y que unas no son mejores que las otras, simplemente son distintas, hablan de estereotipos, de cómo los medios de comunicación promocionan un modelo de hombre y un modelo de mujer hipersexuales, como si todo el mundo tuviera que ser igual, pero qué aburrido sería el mundo si todos fuéramos iguales, ¿no te parece, Cris?, porque además, cuando aprecias a una persona, la aprecias por su personalidad, por su carácter, por cosas que no se ven a simple vista, que son las importantes, y no por si es alta, baja, rubia, morena o tiene la nariz grande o pequeña o un lunar en la mejilla como Marilyn. Se lo dice así, como si le hablara de otras personas, no de ella. Cuando hablan de imagen corporal, las conversaciones son así de sinuosas, saltando de un tema a otro y evitando hacer comentarios directos sobre Cris. Nunca ningún comentario crítico sobre cómo es y ninguna instrucción sobre qué debería hacer. Si lo plantea como un enfrentamiento, si le dice soy tu madre y me tendrías que hacer caso, Cris se cerrará y le hará caso cero. Así que prefiere mantener los canales de comunicación abiertos, ayudarla a mejorar su autoestima y a que se acepte tal como es y mostrarle que la apoya en lo que decida hacer aunque a veces no le guste todo lo que hace, porque en el fondo las dos quieren lo mismo, que es lo mejor para Cris.

Desde que Cris era pequeña, Rosa y Juan han cumplido las recomendaciones de los pediatras sobre prevención de trastornos alimentarios. Saben que múltiples estudios han comprobado que las actitudes de los padres hacia la apariencia física y hacia su propio cuerpo modulan las actitudes de sus hijos. Que cuando un padre, o más a menudo una madre, se obsesiona con su peso, es más probable que sus hijas, al llegar a la adolescencia o a veces incluso antes, también se obsesionen con ello. Y si la madre sigue dietas para adelgazar delante de sus hijas, es probable que sus hijas, de mayores, también las sigan. Así que Rosa y Juan nunca le han hecho ningún comentario a Cris sobre su silueta. Nunca han hecho comentarios sobre otras personas criticándolas por su apariencia física. Nunca han comido alimentos distintos del resto de la familia en casa para adelgazar. Y desde que era pequeña han procurado ver con ella películas, programas de tele y anuncios para enseñarle a ver cómo muchos de ellos estereotipan a hombres y mujeres.

Con Pablo también lo hacen. En parte para ayudarle a ver cómo le bombardean con mensajes que presentan a las chicas como objetos sexuales a quienes se valora únicamente por su belleza. Para que aprenda a ver también cómo estos mismos mensajes presentan la fuerza como el valor supremo de los chicos. Y para enseñarle que, si piensa en sus amigas y amigos, verá que ni la belleza es lo más importante en una chica ni la fuerza lo más importante en un chico. Que son sus amigos por otras razones.

En realidad, la insatisfacción con la imagen corporal y los trastornos alimentarios también pueden afectar a los chicos, no sólo a las chicas. Si en las mujeres predomina el deseo de adelgazar, en los hombres suele predominar el deseo de ser más fuertes. El entrenamiento en el gimnasio puede convertirse en una obsesión, las calorías de la dieta en otra, y no es raro que se acabe recurriendo a tratamientos hormonales para ganar musculatura.

Son enfermedades graves y difíciles de tratar tanto en hombres como en mujeres. En la anorexia, la obsesión por la delgadez lleva a no querer comer y a veces a practicar un exceso de actividad física. La desnutrición lleva a un estado de debilidad general con anemia y descenso de la tensión arterial, a la pérdida de la menstruación, a caída de cabello y rotura de uñas, a osteoporosis y riesgo de fracturas, a una creciente dificultad para concentrarse y, en casos extremos, a la muerte.

En la bulimia, se toman grandes cantidades de alimentos y después se intentan purgar provocando el vómito o abusando de laxantes. Tras un atracón, algunas afectadas ayunan o recurren a la actividad física en un intento de perder peso. Los síntomas incluyen dolor de estómago frecuente, lesiones gástricas y renales, caries por la acción de los ácidos del estómago, pérdida de la menstruación y, una de las consecuencias más peligrosas, hipopotasemia, una pérdida de potasio que puede causar daños en el corazón.

Cuanto antes se identifica un trastorno alimentario y se inicia el tratamiento, menores son los daños y mayores las perspectivas de curación. Pero no son trastornos fáciles de identificar, porque la gran mayoría de adolescentes preocupados por su imagen corporal están perfectamente sanos y no tendrán ningún problema por este motivo. Por ello, no es fácil detectar en qué momento esta preocupación normal se convierte en enfermiza y suelen pasar meses antes de que alguien se percate de que hay un trastorno alimentario en curso.

Las personas que sufren trastornos alimentarios, además, suelen disimularlos y, si se les pregunta, suelen negar que tengan ningún problema, lo que dificulta aún más su detección. El principio de un trastorno alimentario es tan sigiloso y tan gradual que muchas veces no son los padres quienes lo advierten. Pero algunas conductas y actitudes son frecuentes en personas con anorexia o bulimia y, aunque ninguna de ellas delata por sí sola un trastorno alimentario, la suma de varias de ellas puede hacer aconsejable buscar ayuda médica.

Son señales de alarma la obsesión por la comida o por el peso; la necesidad de pesarse con frecuencia; la falta de menstruación; el hábito de mover y ordenar la comida en el plato en lugar de comérsela; aceptar sólo algunos alimentos y evitar otros como lácteos, carne, pasta o pan; mentir sobre cuánto se ha comido; hacer mucha actividad física; evitar actividades sociales, sobre todo si hay comida de por medio; adelgazar excesivamente; estar deprimida o con falta de energía; o tener frío con frecuencia. Además, puede ocurrir que se busquen excusas para ir al cuarto de baño después de las comidas; que aparezcan rasguños o heridas en la mano por haberse provocado el vómito; o que se recurra a laxantes, diuréticos o fármacos para adelgazar.

Si detectar un trastorno alimentario es difícil, conseguir que las afectadas accedan a ir al médico lo suele ser aún más. Cuando se les plantea por primera vez la posibilidad de buscar ayuda, la reacción habitual suele ser defensiva, de enfado y negación. En estos casos, mejor evitar la confrontación. Con órdenes o amenazas se puede conseguir arrastrar a una adolescente al médico, pero no se conseguirá que colabore para curarse. Es preferible hablar con ella, mostrarle que se la apoya y evitar criticarla. Igual que hace Rosa con Cris, mejor no hablar directamente de ella sino, por ejemplo, de lo preocupadas que otras personas están por ella. En lugar de decirle «tienes un problema», cosa que negará, decirle «me inquieta que hayas perdido tanto peso en tan poco tiempo, me gustaría que fuéramos al médico para quedarme más tranquila». Y si aun así se niega, no rendirse. Buscar otras maneras de abordarla, consultar a un especialista en salud mental, hablar con sus maestros, con sus amigas si hace falta, hasta encontrar la manera de que acceda a dejarse ayudar.

Cómo saber si un niño tiene un peso adecuado

La recomendación de no llamar la atención de los niños sobre su peso para prevenir trastornos alimentarios parece entrar en contradicción con la recomendación de concienciarles sobre los riesgos del sobrepeso y la obesidad. En realidad, los riesgos son muchos. A corto plazo, la obesidad infantil aumenta el riesgo de asma, de trastornos del sueño o de malformaciones articulares. A largo plazo, el riesgo de diabetes, de enfermedades cardiovasculares, de cánceres de colon, mama y próstata, de artrosis... Todos éstos son problemas que van a afectar a sectores amplios de la población y que las academias de medicina consideran prioritario prevenir desde la infancia.

Pero entonces, ¿cómo hablar a los niños del peso para reducir el riesgo de obesidad sin aumentar el de trastornos alimentarios? ¿Conviene hablarles de calorías? ¿Puede ser contraproducente hablarles de sobrepeso y de kilos de más? ¿Hay alguna manera de reducir al mismo tiempo el riesgo de obesidad y el de trastornos alimentarios? ¿O son dos platos de una misma balanza en la que, cuando uno baja, el otro sube y hay que buscar un punto de equilibrio? La respuesta es que nadie tiene la respuesta. Es una cuestión que no está bien investigada. A falta de datos, Rosa y Juan han decidido no dar importancia a lo que pesan Cris o Pablo y dar importancia únicamente a su salud. Lo que intentan inculcarles es que el objetivo de comer bien no es tener un peso adecuado sino una salud óptima. Y dan por descontado que, si la salud es óptima, el peso también será adecuado.

Además, averiguar si un niño tiene un peso adecuado es complicado, lo cual supone un problema porque a los padres les resulta difícil saber cuándo sus hijos tienen sobrepeso u obesidad y cuándo llega el momento de consultar a un médico.

Con los adultos es fácil. Basta con calcular el índice de masa corporal (IMC) a partir del peso y la altura. Cualquiera puede hacerlo con una calculadora. Para saber el IMC, hay que dividir el peso por el cuadrado de la altura (es decir, la altura se divide dos veces). Para Rosa, por ejemplo, que pesa 64 kilos y mide 1,72, hay que dividir 64 por 1,72 (lo que da 37,2) y volverlo a dividir por 1,72 (resultado final: 21,6). Tiene lo que se llama un peso ideal.

Para un adulto, cualquier IMC situado entre 18,5 y 25 se considera ideal. Entre 25 y 30, la franja donde está Juan, hay sobrepeso. Por encima de 30, obesidad. Y por debajo de 18,5, bajo peso, que es tan poco saludable como el sobrepeso.

Pero con los niños el IMC es una diana móvil. Cambia según la edad, ya que se reduce en los primeros años de vida y, a partir de los seis años aproximadamente, vuelve a aumentar. Cambia según el sexo ya que, a diferencia de lo que ocurre en adultos, los valores a partir de los que empiezan el sobrepeso y la obesidad no son los mismos en niños que en niñas. Y hay que tener en cuenta también el ritmo de maduración de cada niño: un IMC alto para su edad puede significar que un niño tiene sobrepeso, que tiene un crecimiento precoz o ambas cosas a la vez.

En el caso de Cris —1,56 metros de altura y 46 kilos—, Rosa y Juan han calculado que tiene un IMC de 18,9. Adecuado para su edad. Pero no se lo han dicho. Pablo —1,33 de altura y 29 kilos— está en 16,4. También adecuado para ocho años, tampoco se lo han dicho. No se lo dicen para no llamar su atención hacia su peso, pero prefieren cerciorarse de que no tienden hacia el sobrepeso ni hacia el peso bajo.

De hecho, la Academia Americana de Pediatría recomienda que se controle el IMC de todos los niños y adolescentes entre los seis y los dieciocho años del mismo modo que en adultos se controlan la tensión arterial o los niveles de colesterol. Las tablas de la página 217 ofrecen una guía para que las familias puedan comprobar si el IMC de sus hijos es adecuado para su edad. En caso de detectar algún valor anómalo o de tener alguna duda, es conveniente consultar a un pediatra para valorar si hay que aplicar algún tratamiento.

Cómo tratar el exceso de peso en niños

Es un error común pensar que, si un niño está rollizo a los cinco o seis años, es señal de que está bien alimentado y ya se estilizará a medida que crezca. En menores de dos años no vale la pena preocuparse, salvo casos extremos, ya que la silueta cambia en estos primeros años de desarrollo y es frecuente que bebés tipo bola tengan después un peso normal si su alimentación es correcta. Pero hay dos franjas de edad críticas en que empiezan la mayoría de casos de obesidad: entre los cuatro y los siete años y en el momento de la pubertad. De modo que, si un niño de cinco o seis años ya tiene sobrepeso, no es demasiado pronto para consultar al pediatra.

* Índice de masa corporal en niños y niñas de 2 a 18 años

Niños

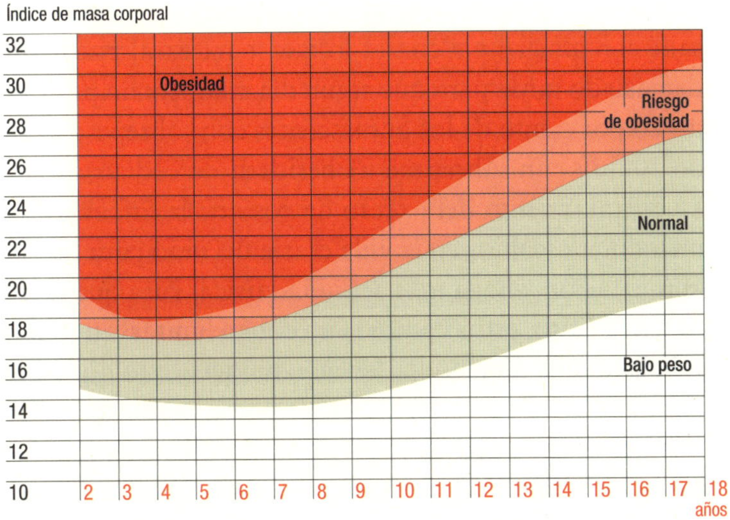

Niñas

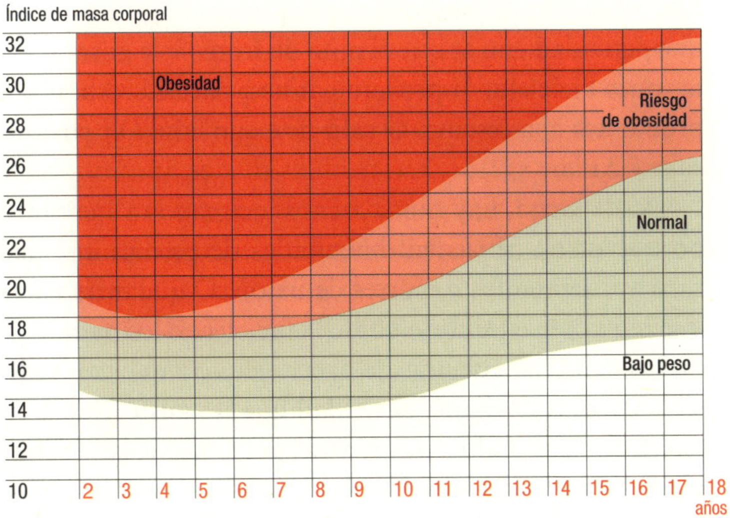

No es una urgencia, pero mejor no esperar a pedir hora. No está de más recordar que el exceso de peso no es un problema estético sino de salud, que la obesidad es una enfermedad que tiende a cronificarse y que, cuanto antes se aborde el problema, más fácil será resolverlo. Si se espera a que el niño crezca y éste mantiene el sobrepeso hasta la adolescencia, cuando empezará a salir con amigos y a comer lo que le parezca, puede que ya sea demasiado tarde para que algún día recupere un peso adecuado: un 70 por ciento de los adolescentes con sobrepeso acaban siendo adultos con sobrepeso u obesidad.

El tratamiento del exceso de peso en la infancia consiste en introducir cambios en la vida diaria del niño para que mejore su alimentación y haga más actividad física. Para que el tratamiento tenga éxito, estos cambios no deben limitarse a lo que hace el niño sino que a menudo deben extenderse a lo que hace toda la familia.

Aumentar la actividad física pasa, en la gran mayoría de los casos, por limitar el tiempo que el niño pasa ante una pantalla —el riesgo de obesidad infantil aumenta un 12 por ciento por cada hora diaria de tele— y por practicar ejercicios que le gusten. No se trata de imponer un deporte a disgusto sino de buscar una actividad con la que el niño disfrute. Si le gusta ir en bicicleta, pues bicicleta. Si prefiere patines, patines. O si no, se puede probar a ir a la piscina. O salir de excursión. O poner música en casa y bailar.

Desde luego, hay niños menos inclinados a ejercitar su cuerpo que otros. Si tienen dificultades de psicomotricidad, no es raro que eviten los deportes de balón. O que eviten actividades que requieren equilibrio como la bicicleta o los patines. Pero hay tantas maneras distintas de hacer ejercicio que con todos es posible encontrar alguna actividad que les guste. Sobre todo si la hacen con sus padres o con otras personas de la familia. El problema, a veces, es que al niño le gustaría salir a correr o ir en bicicleta pero no tiene a nadie que le acompañe. Y acaba siendo un pez que se muerde la cola: como nadie le acompaña, no hace ejercicio; como no hace ejercicio, no desarrolla su psicomotricidad, se siente torpe e inseguro y no le gusta; y como no le gusta, nadie se siente obligado a acompañarle. De ahí que el tratamiento de la obesidad en niños pase por involucrar a toda la familia: para que un niño empiece a hacer ejercicio, a veces es necesario que unos padres sedentarios también lo hagan.

Lo mismo sucede con la dieta. Si un niño tiene una alimentación inadecuada, es que en su casa se come mal. Y mejorar la alimentación del niño pasa por mejorar la de la familia. Lo primero que se mejora en estos casos suelen ser los horarios de las comidas. Rosa tiene una amiga en el hospital, especialista en endocrinología pediátrica, que utiliza su libreta de recetas para recetar horarios. Entrega a los padres recetas que ponen, por ejemplo: «14h. Comida. Dos platos y postre. Una sola dosis (no repetir).» Y en la línea siguiente: «17h. Merienda. Tomar una sola vez al día.» Cuando los padres la miran sorprendidos, les dice: «Ustedes a lo mejor creen que, si les receto un fármaco, su hijo se curará y que los horarios no tienen importancia, pero si cumplen bien estos horarios, ayudarán más a su hijo de lo que le pueda ayudar ningún fármaco.» Escribirlo en una receta, dice, es la manera de que las familias se tomen en serio los horarios de las comidas.

Una vez regulados los horarios, les regula el menú. Hablan de lo que comen en casa, de los alimentos que toman en exceso, de los que toman demasiado poco, y les propone una dieta equilibrada, con abundantes frutas, verduras, hortalizas, cereales y legumbres, y baja en azúcares y grasas saturadas. Les recomienda que coman juntos en familia siempre que puedan, porque los niños que comen solos tienden a tomar alimentos altos en calorías que engullen en pocos minutos. Y les pide que cuiden el desayuno, porque un desayuno completo es la primera línea de defensa contra la obesidad.

No prohíbe ningún alimento porque, según advierte a los padres, sólo conseguiría que los alimentos prohibidos le resultaran más apetecibles al niño. No prohíbe que los niños vayan a fiestas y se hinchen de tarta, chucherías, helado o bebidas de vez en cuando si quieren. Si a los padres les inquieta, les dice que no pierdan de vista la visión de conjunto de la dieta, que una sola merienda, por muy abundante que sea, tiene un impacto insignificante en el peso corporal, y que lo importante son los objetivos a largo plazo y que coman bien en casa en el día a día. Nunca llama la atención a los niños sobre cuánto pesan. Nunca les dice que coman menos, les dice que coman mejor. Tampoco receta fármacos contra la obesidad, ya que los que existen actualmente pueden tener efectos secundarios importantes y no están aprobados para niños. Y, salvo casos extremos, evita las dietas de adelgazamiento en edades de crecimiento.

Cómo saber si un adulto tiene un peso adecuado

En personas adultas es distinto. Es importante comer mejor, sí, igual que en los niños. La actividad física también. Pero, cuando ha terminado la edad de crecimiento, si sigue habiendo sobrepeso, sí que están justificadas dietas restrictivas para perder peso y, en casos de obesidad, está justificado además el tratamiento con fármacos.

Que se lo pregunten si no a Juan, que decidió empezar a cuidarse cuando estaba en 94 kilos y con un índice de masa corporal de 29: sobrepeso elevado, a un solo punto de la obesidad. Los médicos lo llaman sobrepeso de grado II o preobesidad. Y Rosa le dijo: «Cariño, eres preobeso, ahora sí que vas a tener que cuidarte de verdad.» Porque la obesidad ya se ha convertido en España en la segunda causa de muerte prematura, sólo por detrás del tabaco. En su caso, además, tenía gran parte del exceso de grasa acumulado en el abdomen, lo cual era un signo de alarma adicional.

La grasa abdominal, también llamada grasa visceral, no es un simple depósito de calorías sino un tejido activo que segrega múltiples sustancias. Entre ellas, segrega proteínas que favorecen una tensión arterial alta, una inflamación crónica de la sangre, una tendencia a que se formen coágulos en el interior de las arterias, una pérdida de eficiencia de la insulina y, en definitiva, un mayor riesgo de sufrir un infarto o alguna otra enfermedad cardiovascular grave.

Se trata de un tipo de grasa profunda que se acumula entre las vísceras y que es mucho más perjudicial que la grasa subcutánea, que se acumula justo bajo la piel, por ejemplo en las nalgas y en los muslos. Por eso si una persona tiene silueta de manzana, con la grasa acumulada en el abdomen, su salud corre más peligro que si tiene silueta de pera, con la grasa alrededor de la cadera. Aunque las dos tengan exactamente el mismo índice de masa corporal.

Esto demuestra que el IMC no es una medida perfecta. Es muy útil, porque es sencillo de calcular y da una idea aproximada de si una persona tiene un peso adecuado. Pero no distingue qué parte del peso corresponde a grasa y qué parte corresponde a músculo. Y dentro de la grasa, no distingue qué parte es visceral y peligrosa y qué parte es subcutánea y menos grave.

Así, se dan paradojas como que Mister Universo tenga un IMC de 33, con lo que técnicamente se le podría definir como obeso, cuando en realidad no tiene un exceso de grasa visceral sino una gran masa muscular, como le ocurrió a Arnold Schwarzenegger cuando ganó el título.

Para complementar el IMC, y precisar mejor los riesgos para la salud en personas con sobrepeso, los médicos también miden la circunferencia de la cintura. Es una medida que cualquiera puede tomarse en su casa. Basta con ceñirse una cinta métrica alre-

* Índice de masa corporal en adultos

A partir de 18 años

altura	bajo peso	peso ideal	sobre-peso	obesidad	obesidad mórbida
1,50	menos de 42	42-56	56-67	67-90	más de 90
1,51	menos de 42	42-57	57-68	68-91	más de 91
1,52	menos de 43	43-58	58-69	69-92	más de 92
1,53	menos de 43	43-59	59-70	70-94	más de 94
1,54	menos de 44	44-59	59-71	71-95	más de 95
1,55	menos de 44	44-60	60-72	72-96	más de 96
1,56	menos de 45	45-61	61-73	73-97	más de 97
1,57	menos de 46	46-62	62-74	74-99	más de 99
1,58	menos de 46	46-62	62-75	75-100	más de 100
1,59	menos de 47	47-63	63-76	76-101	más de 101
1,60	menos de 47	47-64	64-77	77-102	más de 102
1,61	menos de 48	48-65	65-78	78-104	más de 104
1,62	menos de 49	49-66	66-79	79-105	más de 105
1,63	menos de 49	49-66	66-80	80-107	más de 107
1,64	menos de 50	50-67	67-81	81-108	más de 108
1,65	menos de 50	50-68	68-82	82-109	más de 109
1,66	menos de 51	51-69	69-83	83-110	más de 110
1,67	menos de 52	52-70	70-84	84-112	más de 112
1,68	menos de 52	52-71	71-85	85-113	más de 113
1,69	menos de 53	53-71	71-86	86-114	más de 114
1,70	menos de 53	53-72	72-87	87-116	más de 116
1,71	menos de 54	54-73	73-88	88-117	más de 117
1,72	menos de 55	55-74	74-89	89-118	más de 118
1,73	menos de 55	55-75	75-90	90-120	más de 120
1,74	menos de 56	56-76	76-91	91-121	más de 121
1,75	menos de 57	57-77	77-92	92-122	más de 122
1,76	menos de 57	57-77	77-93	93-124	más de 124
1,77	menos de 58	58-78	78-94	94-125	más de 125
1,78	menos de 59	59-79	79-95	95-127	más de 127
1,79	menos de 59	59-80	80-96	96-128	más de 128
1,80	menos de 60	60-81	81-97	97-130	más de 130
1,81	menos de 61	61-82	82-98	98-131	más de 131
1,82	menos de 61	61-83	83-99	99-132	más de 132
1,83	menos de 62	62-84	84-100	100-134	más de 134
1,84	menos de 63	63-85	85-102	102-135	más de 135
1,85	menos de 63	63-86	86-103	103-137	más de 137

altura	bajo peso	peso ideal	sobre-peso	obesidad	obesidad mórbida
1,86	menos de 64	64-86	86-104	104-138	más de 138
1,87	menos de 65	65-87	87-105	105-140	más de 140
1,88	menos de 65	65-88	88-106	106-141	más de 141
1,89	menos de 66	66-89	89-107	107-143	más de 143
1,90	menos de 67	67-90	90-108	108-144	más de 144
1,91	menos de 67	67-91	91-109	109-146	más de 146
1,92	menos de 68	69-92	92-111	111-147	más de 147
1,93	menos de 69	69-93	93-112	112-149	más de 149
1,94	menos de 70	70-94	94-113	113-151	más de 151
1,95	menos de 70	70-95	95-114	114-152	más de 152
1,96	menos de 71	71-96	96-115	115-154	más de 154
1,97	menos de 72	72-97	97-116	116-155	más de 155
1,98	menos de 73	73-98	98-118	118-157	más de 157
1,99	menos de 73	73-99	99-119	119-158	más de 158
2,00	menos de 74	74-100	100-120	120-160	más de 160

El índice de masa corporal (IMC) se calcula a partir de la siguiente fórmula:

$$\text{IMC} = \frac{\text{Peso (en kg)}}{\text{Altura}^2 \text{ (en m)}}$$

Por ejemplo: una persona que mide 1,75 y pesa 75 kg calculará su índice de masa corporal de la siguiente manera:

$$\text{IMC} = \frac{75}{1{,}75^2} = 24{,}5$$

- Un IMC inferior a 18,5 indica bajo peso.
- Un IMC de 18,5 a 25 es óptimo.
- Un IMC de 25 a 30 indica sobrepeso.
- Un IMC de 30 a 40 indica obesidad.
- Un IMC superior a 40 indica obesidad mórbida.

dedor de la cintura, justo encima del hueso de la cadera, y asegurarse de que está horizontal, de que no tiene arrugas y de que no comprime la piel. Si el resultado es superior a 102 centímetros en hombres o a 89 en mujeres, indica un riesgo alto. Si es inferior a 94 centímetros en hombres y a 81 centímetros en mujeres, indica un riesgo bajo.

Pero en el caso de Juan no había duda. Con un IMC en el límite de la obesidad, silueta de manzana más que de pera, y una cintura de 105 centímetros, «está en zona de peligro —le dijo el médico—. Tendría que intentar bajar peso».

Bajar peso, qué fácil de decir y qué difícil de hacer. Y sobre todo, qué difícil de mantener.

Por qué unas dietas funcionan y otras fallan

Prueba de lo difícil que resulta perder peso es la gran variedad de dietas para adelgazar que existen. Dietas bajas en carbohidratos, dietas bajas en grasas, dietas que prohíben unos alimentos, dietas que imponen otros... Si alguna de ellas funcionara para la mayoría de las personas, las otras no tendrían razón de existir. Pero cada fracaso con una dieta es una invitación a probar la siguiente.

Muchas de estas dietas se han popularizado por intereses comerciales y sin tener una base científica sólida. En muchos casos, dietas radicales que prometen pérdidas de peso rápidas y que no pueden evitar que los kilos perdidos se vuelvan a recuperar unos meses más tarde. Pero las investigaciones realizadas en estos últimos años sobre la fisiología del apetito y la saciedad, sobre qué nos induce a comer y sobre la eficacia de las distintas dietas han permitido mejorar los tratamientos para adelgazar a partir de datos científicos.

Las investigaciones confirman que perder peso no es fácil.

Pero demuestran que es posible. E indican cómo hacerlo para tener éxito a largo plazo.

Una de las investigaciones más instructivas se ha hecho en la Escuela de Salud Pública de Harvard, donde se ha comparado la eficacia de cuatro dietas distintas en 811 voluntarios con sobrepeso u obesidad. Los investigadores variaron la proporción de proteínas, grasas y carbohidratos en las distintas dietas. Resultados al cabo de seis meses: los participantes habían perdido una media de seis kilos, sin diferencias importantes según el tipo de dieta. Resultados al cabo de dos años: incluso los participantes que seguían haciendo dieta habían vuelto a ganar parte del peso perdido, pero conservaban una media de cuatro kilos menos respecto a su peso inicial y habían mejorado sus niveles de colesterol y de insulina en la sangre. De nuevo sin diferencias importantes según el tipo de dieta. Y sin diferencias en cuanto a la sensación de apetito, saciedad o de satisfacción con la comida.

En otra importante investigación, realizada en Israel, se comparó la eficacia de tres dietas comunes: una dieta baja en grasas como la que recetan la mayoría de médicos; una dieta baja en carbohidratos como la dieta Atkins, y una dieta mediterránea en la que no se restringe ningún alimento pero se pone el énfasis en el consumo de alimentos vegetales, cereales integrales y pescado. Los resultados fueron similares a los de Harvard: descenso de entre cinco y seis kilos de peso en los seis primeros meses y pequeño aumento después hasta situarse en una pérdida media de cuatro kilos al cabo de dos años.

Estos estudios ofrecen varias lecciones importantes. La primera es que, con dietas que funcionan, el peso baja poco a poco, a un ritmo de un kilo al mes. Se pueden perder rápidamente algunos kilos de agua, que desde el punto de vista de la salud son intrascendentes. Pero la grasa, que es lo que importa en la obesidad, sólo se puede perder poco a poco. Si recuerdan a Jeffrey Friedman, el investigador de la Universidad Rockefeller de Nueva York que descubrió la leptina y que aparece en el capítulo 7, esto tiene una explicación biológica. El sistema que regula el peso corporal intenta mantener estable la cantidad de grasa en el organismo. Perder peso poco a poco es una manera de no violentarlo para que no caiga bruscamente la producción de leptina y evitar así un síndrome de abstinencia de leptina que nos empujaría a comer para recuperar la grasa perdida. Las dietas lentas, además, tienen una ventaja psicológica adicional: cuando se pierde peso un mes tras otro, aunque sea poco, se suele estar más motivado para mantener la dieta que cuando se pierde peso rápido y después uno se estanca o vuelve a ganarlo.

Segunda lección importante: seis meses después de empezar la dieta llega un periodo crítico. Según se ha observado en los estudios realizados hasta ahora, seguir perdiendo peso al mismo ritmo durante más de medio año resulta difícil. Las razones por las que ocurre esto no se conocen bien. Lo que sí se conoce es lo que ocurre después: algunas personas se desaniman, abandonan la dieta y recuperan el peso perdido; otras mantienen la dieta y, aunque pueden recuperar algún kilo, consiguen estabilizarse en un peso inferior al que tenían inicialmente. Apoyar a la persona que está intentando perder peso en este periodo crítico es básico para que no se rinda y siga intentando controlar su peso.

Pero tal vez la lección más importante es que las distintas dietas consiguen resultados similares. Lo que indica que, cuando el objetivo únicamente es perder peso, lo importante no es la composición de la dieta sino la cantidad de calorías que se toman al final de la semana. Cuando el objetivo es controlar los niveles de colesterol o de azúcar en la sangre, sí que es importante la composición de la dieta. Pero con el peso cada cual puede elegir la dieta que más le guste y, si se siente cómodo con ella, será más fácil que la mantenga. Siempre que no espere milagros y no se desanime a los seis meses.

Son buenas noticias. Significa que las dietas no tienen por qué basarse en limitar alimentos sino que también pueden consistir en añadir alimentos. Que se puede intentar adelgazar y, sin embargo, pensar en los alimentos en positivo. Significa, en definitiva, que los alimentos no son el enemigo. Lo es, en todo caso, nuestra relación con ellos cuando se convierte en una relación malsana.

Sabiendo esto, Juan eligió una dieta mediterránea como la que proponía el estudio de Israel. Muchos vegetales, pocas grasas animales, abundante aceite de oliva, abundantes frutos secos, pocos alimentos procesados, más pollo que ternera, pescado a menudo y ningún alimento prohibido.

La eligió porque, si toda la familia tenía que comer como él, como quería Rosa, una dieta restrictiva en grasas o en carbohidratos hubiera sido difícil de aplicar. La dieta mediterránea le parecía más equilibrada, más sana para todos y más fácil de mantener a largo plazo. Pero también la eligió porque no quería privarse de un churrasco o de un plato de macarrones si un día le apetecía. La dieta mediterránea no le prohibía nada y le permitía reconstruir una relación saludable con los alimentos.

Lo curioso del caso es que, desde aquel día que fue al médico con Rosa, no ha tomado churrasco ni un solo día. Y platos de macarrones, pocos. No los ha echado de menos. Seguramente, si los hubiera tenido prohibidos, no hubiera dejado de pensar en ellos. Pero, para él, poder comer de todo ha sido la manera de no obsesionarse.

—Muy bien —dijo el médico—, para salir de la zona de peligro, intentaremos bajar peso con una dieta mediterránea. Pero sólo con la dieta —le advirtió— no le va a bastar, tendrá que hacer algo más.

—¿Qué más tendré que hacer?

—Actividad física, me temo. Si quiere perder peso y no volverlo a ganar, es imprescindible que la dieta se complemente con actividad física. De lo contrario, puede que al principio baje unos kilos gracias a la dieta, pero después los recuperará.

11 KILÓMETROS CONTRA CALORÍAS

17.30 horas

Desde luego, qué mal repartido está el mundo. A Rosa, que nunca ha practicado deporte en serio, no le cuesta ningún esfuerzo mantenerse delgada mientras que él, que había jugado a fútbol y a tenis y que en los veranos estaba siempre activo, ahora parece tener la misteriosa capacidad de multiplicar la materia, porque tiene la impresión de que su estómago de algún modo puede transmutar cien gramos de patatas fritas en doscientos gramos de grasa. Es una impresión subjetiva, ya sabe que es físicamente imposible. Pero el caso es que ahora tenía que vigilar la dieta, cosa que no le hacía ninguna ilusión pero que estaba dispuesto a hacer, y además tendría que empezar a hacer actividad física, cosa que le daba una pereza infinita.

La relación que Juan tiene con la actividad física es la misma que la de muchos otros hombres de su generación. Crecieron en una época en que era habitual ir caminando a la escuela, jugar a fútbol durante el recreo y correr por los campos, trepar a los árboles o ir en bicicleta cuando llegaban las vacaciones. Siguieron jugando al fútbol en los años de instituto y de la universidad, formando equipos con grupos de amigos. Probaron otros deportes, esquí, frontón, kárate, pero de cada diez que los probaron, sólo uno se aficionó lo suficiente para seguir. O ni uno, como en el caso del frontón. Después uno tras otro desertaron del fútbol. Unos por el trabajo, otros por las novias, otros por los hijos y los últimos, porque ya no tenían con quien jugar. Empezaron a practicar deporte de manera cada vez más esporádica. Algunos más, otros menos, empezaron a ganar peso. Y veinte años más tarde se encuentran con que el médico les dice que les conviene volver a practicar actividad física. Pero esta vez no sólo para divertirse, sino para conservar la salud.

Les irá bien no sólo para perder peso sino para encontrarse mejor en general, les dice el médico. Les ayudará a resistir mejor el estrés, a estar más contentos, a rendir más en el trabajo, a prevenir infartos, a prevenir cánceres, a fortalecer los músculos y los huesos y hasta a no envejecer tan rápido. Por eso quienes practican actividad física suelen parecer más jóvenes que quienes llevan una vida sedentaria. ¿Y qué actividad física me recomienda que haga, doctor?

Qué actividad física elegir

Para perder peso, la actividad física ideal es correr, le dijo el médico. Pero antes de que se decida a empezar a correr, permítame que le haga una pregunta. ¿A usted le gusta correr? ¿O le apetece? Porque, si no le gusta o no le apetece, lo hará unos días y después lo dejará, así que será mejor que busquemos otra actividad.

Correr es la actividad física que más calorías quema. No hay más que ver la silueta de los aficionados al atletismo, más delgada que la de los aficionados al ciclismo, a la natación o a cualquier otro deporte. Una persona de 80 kilos que corre a 12 kilómetros por hora (km/h), que es un ritmo intenso, quema unas mil kilocalorías por hora (kcal/h). Incluso si se baja el ritmo y se corre a 8 km/h, se siguen quemando 635 kcal/h. Esta última cifra es similar a la energía que quemaría la misma persona nadando crol o pedaleando a buen ritmo en bicicleta. Y es superior a las que quemaría haciendo esquí alpino (476 kcal/h), aeróbic (396 kcal/h), yoga (317 kcal/h) o levantando pesas (238 kcal/h).

Estos datos, en cierto modo, son sorprendentes. Cuando uno nada crol o levanta pesas, suele tener la sensación de que hace un esfuerzo mayor que cuando corre. Sin embargo, la sensación de esfuerzo no refleja de manera fiable las calorías que se queman.

El esfuerzo que se percibe al nadar o con las pesas se debe a que son en gran medida ejercicios de resistencia. Es decir, ejercicios en que los músculos deben vencer una resistencia. La resistencia del agua en un caso y de la fuerza de la gravedad en otro. También son ejercicios de resistencia las flexiones o las abdominales. Son ejercicios en que los músculos hacen fuerza a veces hasta el punto de temblar o de doler y que resultan adecuados para fortalecer la musculatura.

Correr, en cambio, es en gran medida un ejercicio aeróbico. Es decir, un ejercicio en el que aumenta la demanda de oxígeno de los músculos y en el que uno nota cómo se acelera el pulso y cómo debe respirar más rápido y más profundamente. Este tipo de ejercicios, como correr, patinar, hacer esquí de fondo o incluso caminar a paso rápido, suelen ser ideales para mejorar la salud cardiorrespiratoria, ganar resistencia física y quemar calorías.

Toda actividad física tiene, en realidad, una parte aeróbica y una parte de resistencia. Cuando se va en bicicleta, por ejemplo, predomina el componente aeróbico cuando se circula en llano, pero también hay un componente de resistencia importante cuando se sube una cuesta. Cuando se nada crol, hay que vencer la resistencia del agua y al mismo tiempo aumenta la demanda de oxígeno de los músculos. Tanto el componente aeróbico como el de resistencia son beneficiosos para la salud. Pero, para perder peso y para la salud cardiovascular en general, el aeróbico suele ser más importante.

La verdad, doctor, no sé si me gusta —contestó Juan—, nunca me he dedicado a correr. Siempre que había practicado algún deporte, lo había hecho por diversión y nunca solo. Deportes de pelota, sobre todo.» Pero correr tenía una ventaja. Precisamente ésa: que podía hacerlo solo. Podía hacerlo a la hora que le viniera bien. No dependía de nadie. No necesitaba matricularse en ningún gimnasio, pagar ninguna cuota. Le bastaba con calzarse unas zapatillas, abrir la puerta de casa y echar a correr. Así que decidió probarlo.

También tenía un inconveniente, le advirtió el médico. Las lesiones. Piense que alrededor de un 75 por ciento de las lesiones deportivas se producen corriendo. Aunque correr es una actividad natural, el impacto de cada paso cuando se corre sobre superficies duras como cemento o asfalto repercute en las articulaciones, que pueden acabar dañadas a largo plazo. Conviene tener un calzado adecuado que absorba la energía de los impactos y, cuando se pueda, correr sobre superficies blandas como playas o caminos sin asfaltar.

No empiece de golpe, le aconsejó el médico. Si lleva veinte años sin hacer ejercicio, no corra más de diez o quince minutos el primer día y no intente batir ningún récord de velocidad. Vaya poco a poco, no tenga miedo de ir demasiado lento. Más adelante ya correrá más rápido y durante más rato. Pero al principio intente encontrar un ritmo con el que no se asfixie.

Y le dio un último consejo: No se limite a hacer actividad física cuando sale a correr. Durante el resto del día, procure caminar, suba y baje escaleras en lugar de ir en ascensor, evite coger el coche para trayectos cortos, evite pasarse el día sentado... Todo esto también es actividad física, aunque no lo parezca.

Y son muchas calorías al final del día y unos cuantos kilos al final del año.

Ejercicio oculto

Esta forma de actividad física, en realidad, es la que hace Rosa. A Juan le puede sorprender que, sin haber hecho nunca deporte en serio, se mantenga delgada sin hacer ningún esfuerzo aparente. Puede comer lo que le apetezca y no parece ganar ni un gramo. Pero es una persona activa. El tipo de persona que prefiere estar de pie que sentada, y si puede ser caminando, aún mejor. Que siempre encuentra algo que hacer, antes que quedarse en el sofá. Que, cuando la llaman por teléfono, se levanta y pasea mientras habla. O que prefiere caminar diez minutos que conducir cinco y tener que aparcar. Un cuerpo inquieto, vamos.

Todos estos pequeños movimientos espontáneos también suman. Nadie diría que hace deporte mientras habla por el móvil o mientras va caminando a comprar el pan. Pero son movimientos que pueden llegar a quemar 350 kilocalorías al día, tantas como nadar 40 minutos, según una investigación de la clínica Mayo de Minnesota en la que veinte voluntarios llevaron sensores durante diez días para registrar todos sus movimientos y se pudo comparar cuántas calorías gastaban las personas delgadas y las personas con sobrepeso.

Esta y otras investigaciones muestran que hay una manera de evitar el sobrepeso, no más rápida, pero sí más práctica que correr. Caminar, simplemente caminar. Tiene la ventaja, respecto a otras actividades físicas, de que es algo que casi todo el mundo puede hacer, casi en cualquier lugar, en cualquier momento y durante ratos largos. Y consume entre 200 y 300 kilocalorías por hora, según el ritmo de la marcha. O lo que es lo mismo: caminar una hora equivale a nadar entre 20 y 30 minutos. De modo que, si a alguien no le gusta el agua, no tiene bicicleta y no se siente con ánimos de salir a correr, caminar es una alternativa ideal. Siempre que se camine con frecuencia, durante periodos largos cuando sea posible y se vaya a buen ritmo.

Pasear puede parecer más relajado, pero en realidad cansa más porque la musculatura de las piernas trabaja menos y no favorece una buena circulación sanguínea. Por eso ir de compras resulta tan cansado, porque a la sangre le cuesta salir de las piernas y los pies. Caminar es distinto. Es más descansado y mucho más saludable, porque se queman más calorías y porque se activa todo el sistema cardiorrespiratorio.

Cuántos días por semana

Doctor, ¿cuántos kilómetros tendría que correr para perder peso?, quiso saber Juan. No se preocupe por los kilómetros, no son importantes —le dijo el médico—. Lo más importante es con qué frecuencia practica actividad física, durante cuánto rato lo hace en cada sesión y con qué intensidad. Pero cuántos kilómetros recorre es algo secundario. Puede contarlos si tiene curiosidad pero, si usted practica actividad física para cuidarse y no para competir, contar los kilómetros no tiene ninguna utilidad particular.

Bien, pues ¿con qué frecuencia, durante cuánto rato y con qué intensidad me recomienda que lo practique? Cuando el objetivo es reducir peso, como en su caso, lo ideal es hacer una hora de ejercicio entre moderado e intenso por lo menos cuatro días por semana. Esto es lo que recomiendan los Institutos Nacionales de la Salud de Estados Unidos a partir de las investigaciones científicas que se han realizado sobre actividad física y son las recomendaciones que seguimos muchos médicos.

No es necesario, ni tan sólo conveniente, hacer el mismo ejercicio los cuatro días. Es mejor alternar ejercicios aeróbicos y de resistencia. Por ejemplo, salir a correr dos días por semana, nadar otro día y hacer un día de gimnasia. O jugar un partido de básquet con amigos una vez por semana. O salir de excursión con la familia los fines de semana. Todo ello sin olvidar ejercicios de estiramiento muscular, preferentemente al terminar las sesiones de actividad física, que ayudan a ganar flexibilidad y a reducir el riesgo de lesiones.

Alternar ejercicios equivale a tener una dieta de actividad física variada. Es más entretenido. Se gana capacidad cardiorrespiratoria pero también fuerza muscular. Se ejercitan grupos de músculos diversos. Se adquiere una mayor variedad de movimientos y una mejor coordinación que si se practica siempre la misma actividad. Y, en caso de lesión en una actividad, a menos que sea una lesión grave, se puede seguir practicando el resto.

Una vez que haya bajado al peso que desea, cuando su objetivo ya no sea seguir bajando sino mantenerse, recomendamos entre 60 y 90 minutos diarios de actividad física moderada, añadió el médico. Ahora que lleva veinte años sin hacer actividad física, esto le puede parecer inviable o sobrehumano, ¿verdad? ¿Cómo encontrar más de una hora al día para hacer actividad física con lo cargada que tiene la agenda? Pero recuerde que no tiene por qué hacer estos 60 a 90 minutos seguidos, sino que los puede repartir a lo largo del día. Y que, cuando hablamos de actividad física, no nos referimos sólo a lo que se hace cuando uno se ha calzado las zapatillas deportivas. Ir caminando de casa a la estación, si uno va a paso rápido, también es actividad física. Subir y bajar escaleras, también. Jugar con sus hijos también puede serlo. O barrer y fregar la casa. O, si tienen perro, sacarlo a pasear. Es la suma de toda la actividad física que usted hace a lo largo del día lo que cuenta.

Y la falta de tiempo es una cuestión de prioridades, ¿sabe? El día tiene 24 horas para todo el mundo. No conozco a nadie que consiga hacer todo lo que querría en estas 24 horas, siempre quedan cosas por hacer, así que todos tenemos que decidir qué es más importante para nosotros. Si es más importante conservar nuestra salud, y buscamos unos momentos en nuestra agenda para cuidarnos, o si nos importan más todas las otras actividades a las que dedicamos nuestro tiempo. Lo que le puedo asegurar es que, si no practica actividad física además de mejorar su alimentación, difícilmente conseguirá mantenerse en un peso saludable. Me gustaría poder decirle que le bastará con mejorar su dieta, pero no es verdad. Lo que vemos en un paciente tras otro es que, sólo con la dieta, el peso al principio baja y después suele volver a subir. Si suma dieta y actividad física, el peso baja y le será posible mantenerlo.

Beneficios cardiovasculares

Además, los beneficios que conseguirá si se acostumbra a practicar actividad física van mucho más allá de perder peso —continuó el médico—. Conseguirá una mejora general para todo su sistema cardiovascular. La actividad física, practicada con frecuencia, aunque no sea con una gran intensidad, reduce el colesterol LDL, lo que llamamos el colesterol malo, y aumenta el HDL, que es el bueno. Además reduce el nivel de triglicéridos en la sangre, que son perjudiciales. Ayuda a reducir la tensión arterial. Favorece la actividad de la insulina y reduce el riesgo de diabetes... Todos ellos son beneficios que reducen de manera significativa el riesgo de sufrir un infarto de miocardio o un ictus.

Disculpe, ¿qué es un ictus, doctor?, le interrumpió Juan. Es un accidente de circulación en el cerebro, le explicó el médico. De circulación sanguínea, quiero decir. También lo llamamos accidente vascular cerebral. Puede ser debido a que se ocluya una arteria, como ocurre por ejemplo con un coágulo o un trombo o bien una embolia, quedando una parte del cerebro sin riego sanguíneo, o bien se rompa un vaso sanguíneo, y en ese caso tenemos una hemorragia cerebral. Las consecuencias son igualmente graves en ambos casos.

Pero, volviendo a la actividad física, las mejoras sobre el sistema cardiovascular se han observado a partir de veinte minutos de ejercicio vigoroso tres veces por semana, aunque aumentan si el ejercicio se practica con mayor frecuencia y durante más rato. Para personas sanas, que no tienen necesidad de perder peso ni otros problemas de salud, los Centros de Control de Enfermedades de Estados Unidos recomiendan un mínimo de tres sesiones de veinte minutos de actividad física vigorosa por semana, o cuatro sesiones de treinta minutos de actividad moderada.

Cuando hablamos de actividad vigorosa, nos referimos por ejemplo a correr, a caminar a paso rápido, a ir en bicicleta a más de veinte por hora, a nadar crol, a jugar a básquet... Una actividad moderada sería caminar a menos de seis por hora, ir en bicicleta a ritmo suave, jugar al golf... Pero todo esto es muy subjetivo. Si usted camina a menos de seis por hora pero nota que le cuesta un esfuerzo, para usted es una actividad intensa. Y si va más rápido pero no le cuesta, entonces será una actividad moderada.

Prevención de cánceres

Si empieza a practicar actividad física, también notará cómo su aparato respiratorio funciona mejor. Verá que le cuesta menos realizar cualquier esfuerzo y le resulta más fácil respirar. Y después hay otros beneficios que usted no notará, pero que también son reales. La prevención del cáncer, por ejemplo. La actividad física reduce entre un 30 y un 40 por ciento el riesgo de sufrir cáncer de colon, que es el tipo de tumor más frecuente en España y otros países occidentales. El riesgo de cáncer de mama se reduce por lo menos un 20 por ciento y tal vez hasta un 80 por ciento. El porcentaje exacto varía según los distintos estudios, porque se han evaluado distintos niveles de actividad física, pero coinciden en que el riesgo se reduce de manera significativa. El riesgo de cáncer de endometrio también se reduce entre un 20 y un 40 por ciento. El de pulmón, alrededor de un 20 por ciento. Sobre el de próstata, los resultados no son concluyentes.

Nadie sabe exactamente de qué modo la actividad física reduce el riesgo de sufrir estos cánceres. Se ha observado que, cuanto más frecuente e intensa es la actividad, mayor suele ser el efecto preventivo, y se han propuesto varias hipótesis para explicarlo que están siendo investigadas en estos momentos. Podría ser, por ejemplo, que la actividad física module el sistema inmunitario de un modo que inhiba el crecimiento de células tumorales. O que, como la actividad física tiene un efecto antiinflamatorio sobre el conjunto del organismo, esto de algún modo tenga un efecto preventivo sobre algunos tumores. O que el efecto preventivo se deba más bien a que mejora la actividad de la insulina. O, en el caso del cáncer de colon, a que la actividad física mejora el tránsito intestinal y reduce así el tiempo que las células del colon están expuestas a las sustancias cancerígenas que ingerimos a veces con los alimentos. O seguramente son varias cosas a la vez, nadie lo sabe con certeza. Pero lo que sí sabemos es que este efecto preventivo de algunos cánceres es real.

Cómo quemar más calorías

Otro efecto que usted no notará, pero que probablemente es una de las consecuencias más importantes de la actividad física cuando se practica con frecuencia, es que aumenta la eficiencia con que las células queman calorías.

Se ha observado, y no deja de ser sorprendente, que la actividad física ayuda a perder peso más allá de las calorías que se queman durante el ejercicio. Es decir, las personas físicamente activas queman más calorías que las personas sedentarias no sólo cuando están haciendo ejercicio, sino también cuando están en reposo. Incluso se ha calculado que, de todas las calorías que se pierden gracias a la actividad física, aproximadamente la mitad de ellas se pierde mientras se está haciendo ejercicio y la otra mitad se pierde durante el resto del día. Es como si la actividad física programara el organismo de algún modo para que esté siempre activo. O como si el cuerpo siguiera haciendo ejercicio al ralentí incluso en reposo.

Éste es un campo de investigación aún incipiente, muy prometedor, en el que todavía tenemos muchas preguntas sin respuesta. Por ahora sabemos que, cuando uno hace actividad física aeróbica con frecuencia, aumenta la cantidad de mitocondrias que hay en las células de los músculos. Las mitocondrias son como las centrales energéticas de las células. Cuantas más mitocondrias hay en las células, más oxígeno pueden consumir y más calorías pueden quemar. Esto explica que los atletas bien entrenados tengan una mayor capacidad de consumir oxígeno mientras hacen ejercicio que las personas sedentarias. Y que, una vez terminan de hacer ejercicio, la gran cantidad de mitocondrias que tienen en los músculos sigan quemando calorías.

Es posible que esto ayude a explicar también por qué unas personas tienen más tendencia a ganar peso que otras comiendo la misma cantidad de alimentos. Por ahora sólo es una hipótesis, pero tal vez las que tienen más mitocondrias en sus músculos y queman calorías con más eficiencia son las que tienen más facilidad para mantener un peso estable. Si esto es cierto, Rosa debe de tener la musculatura poblada de mitocondrias mientras que

Juan, tras veinte años de vida sedentaria, debe de tener que repoblarla.

Pero no acaban aquí los beneficios de tener unas buenas mitocondrias. Además, cuantas más se tienen, mayor es la capacidad de degradar grasas durante la actividad física. Contrariamente a una idea extendida, no conviene que la actividad física sea especialmente intensa si se quieren quemar grasas. La actividad intensa recurre sobre todo a la energía que proporcionan los carbohidratos, que es la que el cuerpo puede utilizar con más rapidez. En cambio, actividades más moderadas parecen facilitar que el cuerpo retire calorías de los depósitos de grasa.

Para que la actividad física ayude a quemar grasa, las sesiones no deben ser demasiado cortas. Se ha calculado que, en personas bien entrenadas que practican actividad física aeróbica tres o cuatro veces por semana, los músculos empiezan a degradar grasas rápidamente entre 15 y 20 minutos después de empezar a hacer ejercicio. Pero antes de estos 15 o 20 minutos apenas se queman grasas.

En cualquier caso, le dijo el médico, la actividad física es el mejor tratamiento que existe contra el exceso de peso y contra la diabetes. Si tuviéramos un fármaco que produjera los mismos efectos que la actividad física, se lo recetaríamos a todo el mundo. Pero no espere empezar a perder peso inmediatamente sólo con actividad física, le advirtió. Hacen falta por lo menos tres semanas de entrenamiento para que sus músculos adquieran más mitocondrias y estos efectos empiecen a notarse.

Sin embargo, hay otro efecto de la actividad física que notará antes que la pérdida de peso. Seguramente será el primer efecto beneficioso que notará. ¿Qué efecto es?, preguntó Juan, intrigado. El bienestar psicológico; pronto empezará a sentirse mejor.

Más bienestar psicológico

Que el bienestar físico es bueno para el cerebro no es ninguna novedad. Es algo que se sabe desde la antigua Roma por lo menos, cuando Juvenal ya dejó escrito que «mente sana en cuerpo sano». Lo que es nuevo es que en los últimos años, con técnicas de genética, de biología molecular y de neuroimagen, así como con experimentos con animales y registros epidemiológicos de personas, por fin se ha empezado a comprender cómo la actividad física modifica el cerebro. Y se ha observado que hacer ejercicio aeróbico con frecuencia no sólo aporta un mayor bienestar psicológico, sino también un mayor rendimiento intelectual.

La actividad física es un antídoto contra los dos trastornos psiquiátricos más comunes: la depresión y la ansiedad. Se ha observado, por ejemplo, que las personas sedentarias tienen el doble de riesgo de sufrir síntomas depresivos que las personas físicamente activas. Y que también son más vulnerables al estrés, que es una forma de ansiedad. Es decir, ante una misma situación de tensión, las personas sedentarias suelen sentirse más estresadas que las personas activas.

Experimentos realizados con ratones ilustran este fenómeno. Se introducen los ratones en jaulas con forma de laberinto. Las jaulas son un territorio desconocido para ellos, zona de estrés. La clave del experimento está en que la mitad de los ratones han estado haciendo ejercicio durante las semanas anteriores, mientras que la otra mitad han permanecido inactivos, de modo que los investigadores pueden comparar cómo unos y otros reaccionan ante una misma situación estresante. Resultado: los ratones sedentarios se muestran ansiosos, buscan un rincón oscuro del laberinto para esconderse y se quedan allí agazapados; los ratones físicamente activos dominan su estrés y exploran el laberinto. Si en lugar de ponerles en una jaula desconocida se los pone en agua fría y se les obliga a nadar, cosa que los ratones saben hacer pero detestan, la reacción es la misma: los ratones sedentarios muestran más ansiedad que los activos.

Este efecto protector frente a la ansiedad aún no se aprecia el primer día que se practica actividad física. En ratones, el efecto aparece entre tres y seis semanas después de empezar a hacer ejercicio. En personas, no se ha estudiado cuánto tiempo tarda en aparecer, ni con qué intensidad conviene practicar la actividad física para obtener una buena protección psicológica. Pero la conclusión general es la misma. Las personas que practican actividades físicas aeróbicas con frecuencia suelen tolerar mejor las situaciones de estrés que las personas sedentarias.

Nadie sabe exactamente de qué modo la actividad física protege contra la ansiedad y los estados de ánimo depresivos. Hay varias hipótesis sobre la mesa, ninguna de ellas demostrada de manera concluyente. Se ha propuesto, por ejemplo, que la razón es que la actividad física estimula la secreción de endorfinas, que son unos neurotransmisores euforizantes químicamente similares al opio, es decir, son como un opio natural que segrega el cerebro humano para su propia satisfacción. Se ha propuesto también que la actividad física modula la actividad de la serotonina y la dopamina, otros dos neurotransmisores que regulan estados de ánimo positivos. O bien que estimula el crecimiento de nuevas neuronas a través de una proteína llamada BDNF, cosa que es cierta, aunque no está claro si ésta es la causa de los beneficios psicológicos de hacer ejercicio. Lo que está claro es que algo importante ocurre en el cerebro unas semanas después de empezar a hacer actividad física aeróbica.

Es lo que experimentó Juan, el médico tenía razón. Le costó ponerse en marcha los primeros días, y seguramente habría desistido de no haber sido por Rosa, porque a ella le importaba que él se cuidara y no quería defraudarla, pero en los días siguientes empezó a sentirse mejor. Con más energía. Más alegría. Empezó a dormir mejor, sin insomnio y de un tirón. Empezó a sentirse más a gusto consigo mismo. Un día se dio cuenta de que había dejado de tocar el claxon en el coche, que ya no le exasperaba si otros conducían mal. Y se dio cuenta también de que había empezado a rendir más en el trabajo, como había predicho el médico. En lugar de perder facultades con la edad, parecía que las estaba ganando. Cada día trabajaba mejor.

Más rendimiento intelectual

Primero pensó que trabajaba mejor porque estaba de mejor humor. Pero cuando se paró a pensar en qué estaba mejorando se dio cuenta de que algo más estaba ocurriendo en su cerebro. Tenía más capacidad para concentrarse, para hacer varias cosas a la vez, para planificar actividades, para organizar el trabajo... Todo esto no podía deberse sólo al estado de ánimo.

En realidad, el suyo no es un caso único, ni tan siquiera infrecuente. Es muy común. Desde niños hasta ancianos, en todas las franjas de edad se ha observado que la actividad física aeróbica mejora el rendimiento intelectual. Por qué ocurre esto no se sabe exactamente. Pero se ha visto que los niños físicamente activos obtienen mejores resultados de media que los sedentarios en tests de percepción, de memoria, de inteligencia, de habilidad verbal y de habilidad matemática.

Ante el temor de que potenciar la actividad física en niños pueda restar horas de estudio a otras asignaturas, varias investigaciones han analizado la relación entre horas de deporte y notas. Y han llegado a la conclusión de que el rendimiento académico no empeora, sino que mejora, con la actividad física.

El efecto es más acusado en niños menores de siete años y al principio de la adolescencia que entre los siete y los diez años y en mayores de catorce. Posiblemente esto se deba a que el efecto beneficioso del ejercicio sobre el cerebro sea mayor en aquellas edades en que el cerebro madura más rápido, aunque ésta es una interpretación que no está demostrada.

En cualquier caso, los beneficios de la actividad física para el rendimiento intelectual no se limitan a las edades de crecimiento. Un estudio realizado en Suecia con datos de más de 1,2 millones de jóvenes reclutados para el servicio militar ha concluido que el rendimiento intelectual a los dieciocho años está relacionado con la mejora en la salud cardiorrespiratoria entre los quince y los dieciocho años; y que, cuanto mejor es la salud cardiorrespiratoria a los dieciocho, más probable es que se obtengan después títulos universitarios.

También en ancianos se ha observado que algunas capacidades cognitivas, entre ellas la memoria y la orientación espacial, mejoran cuando se practica actividad física aeróbica varios días por semana. Este efecto se ha registrado tanto en personas sanas como en pacientes recién diagnosticados de alzhéimer.

En la población adulta el fenómeno está menos estudiado. Lo cual es lógico: es la edad en que el rendimiento cognitivo llega al máximo nivel y no hay una preocupación educativa para potenciarlo como en los niños ni un interés médico para preservarlo como en los ancianos. Además, es una edad en que el cerebro ni madura ni se deteriora rápidamente y los efectos parecen ser más sutiles que en otras edades. Pero los escasos estudios que han analizado los efectos cognitivos de la actividad física en adultos sanos apuntan en la misma dirección.

Apuntan primero al hipocampo, una pequeña región del cerebro que tiene un papel esencial en la consolidación de los recuerdos y en el sentido de la orientación y que es una de las primeras regiones del cerebro que se deterioran en pacientes de alzhéimer. La actividad física aeróbica induce la formación de nuevas neuronas en el hipocampo y ayuda a frenar en parte este deterioro. Esto explicaría los efectos beneficiosos de la actividad física sobre la memoria a largo plazo tanto en personas sanas como en pacientes de alzhéimer.

Apuntan después al córtex prefrontal, la parte del cerebro que se encuentra sobre los ojos, justo detrás del hueso frontal. Si recuerdan el capítulo del desayuno, allí es donde reside la memoria de trabajo, aquella memoria a corto plazo que permite mantener varios datos en el pensamiento de manera simultánea, por ejemplo al hacer un test de matemáticas o de lengua. En el córtex prefrontal residen también la capacidad de planificar, de organizarse o de hacer varias actividades a la vez. Éstas son aptitudes que se deterioran con la edad, incluso en personas sanas. Pero son también algunas de las aptitudes que más suelen mejorar cuando se hace actividad física aeróbica, y son aquellas en las que Juan notó una mejora más notable.

Y apuntan también a otras áreas del cerebro en las que se registran cambios de actividad cuando se practican ejercicios aeróbicos, como el lóbulo temporal (que se encuentra junto a las sienes) o el lóbulo parietal (sobre las orejas). Todo ello indica que la actividad física aeróbica tiene un efecto a gran escala sobre el cerebro, que construye nuevas redes neuronales, que modula la secreción de neurotransmisores clave, que a nivel microscópico cambia la arquitectura del sistema nervioso y que a nivel macroscópico favorece el aprendizaje, los distintos tipos de memoria y el rendimiento intelectual. En cierto modo, es como si la actividad física ayudara a mantener el cerebro joven.

Y no sólo el cerebro.

Huesos robustos

Mente joven en cuerpo joven, se puede escribir hoy día recordando a Juvenal a la luz de las investigaciones realizadas sobre la relación entre actividad física y envejecimiento. Porque los efectos rejuvenecedores del ejercicio no se limitan al cerebro sino que se extienden a otros muchos órganos.

Ejemplos obvios son el corazón, los pulmones y los músculos. Una persona que practica actividad física aeróbica mantiene su capacidad cardiorrespiratoria mejor que una persona sedentaria. Una persona que practica actividades de resistencia mantiene mejor su fuerza muscular. No evitan el declive, pero lo retrasan. Ganan tiempo al tiempo.

Un ejemplo menos evidente, pero igualmente importante, son los huesos, que pierden calcio y se vuelven más frágiles con la edad. Por eso las personas mayores tienen mayor riesgo de sufrir fracturas que las jóvenes. Y una fractura, a edades avanzadas, es una lesión grave: una de cada cinco personas mayores de sesenta y cinco años que sufren una fractura de cadera mueren durante el año siguiente. Pero hay dos antídotos. Dos maneras de construir y mantener un esqueleto saludable y resistente a las fracturas.

Uno es una dieta rica en calcio y vitamina D, especialmente en la infancia y la adolescencia, porque los huesos se construyen en las edades de crecimiento. En esto se diferencian de los músculos, que pueden seguir creciendo si se ejercitan durante la vida adulta. Los huesos alcanzan su fortaleza máxima alrededor de los veinte años. A partir de entonces, ya no se podrán reforzar más. Sólo se podrán mantener y frenar su declive. Si no se toma suficiente calcio y vitamina D en las edades de crecimiento, se llega al final de la adolescencia con un esqueleto vulnerable que será propenso a sufrir fracturas, tal vez no a los veinte años o a los treinta, pero sí a partir de los cincuenta o los sesenta. Aun así, mantener una dieta rica en calcio y vitamina D durante toda la vida, con abundantes lácteos y pescado, o al menos con cereales enriquecidos, es un seguro contra las fracturas para afrontar la vejez con una buena salud ósea.

El segundo antídoto es la actividad física. Los huesos, como cualquier otro órgano, son tejidos vivos que se adaptan a las señales que reciben del entorno. Si se los estimula con movimientos intensos y la fuerza de los músculos que tiran de ellos, interpretan de algún modo que deben mantenerse fuertes y procuran conservar el calcio. Si se lleva una vida sedentaria y no se los estimula, interpretan que no les hace falta tanto calcio y se vuelven más frágiles.

Pero no todos los ejercicios son igual de adecuados para preservar los huesos. Se ha observado, por ejemplo, que ciclistas y nadadores profesionales suelen tener menos calcio en los huesos que futbolistas o corredores de fondo. La explicación de ello está en que unos aguantan su propio peso contra la fuerza de la gravedad y los otros no. Las actividades que ayudan a proteger los huesos, y especialmente las articulaciones de la cadera, son aquellas en que las piernas soportan el peso del cuerpo como caminar, correr, bailar, esquiar, subir escaleras, saltar a la comba o deportes como fútbol, básquet o tenis. De todas ellas, la que parece proteger más es saltar, posiblemente porque los repetidos impactos contra el suelo envían una señal más fuerte a los huesos para que conserven el calcio. Por el contrario, la natación no parece ofrecer ninguna protección particular contra el envejecimiento de los huesos, aunque sigue siendo una actividad recomendable por sus beneficios cardiovasculares y para ejercitar la musculatura del tronco, los brazos y las piernas.

Antiaging celular

Finalmente, el ejemplo menos evidente de todos, y posiblemente el más importante, de cómo la actividad física retrasa el envejecimiento son los telómeros. Si es la primera vez que se cruzan con esta palabra, baste con decir que los telómeros son el reloj biológico de las células. Cada vez que una célula se divide, sus telómeros se acortan. Cuantas más divisiones, más cortos se vuelven. Hasta que llega un punto que son ya tan cortos que la célula no puede seguir dividiéndose y muere.

(Pequeño paréntesis para quien quiera saber un poco más: Cuando una célula se divide, su ADN se organiza en cromosomas, que suelen tener forma de X. Los telómeros son los fragmentos de ADN que se encuentran en las cuatro puntas de los cromosomas. Los protegen de modo similar a los pequeños cilindros de plástico que protegen las puntas de los cordones de los zapatos. Con el uso, los cilindros de plástico se desgastan y el cordón se deshilacha. Con las divisiones celulares, los telómeros se degradan y las células pierden la capacidad de dividirse.)

Cuando se comparan los telómeros de atletas con los de personas sanas que no practican actividad física, se observa que los de los atletas son más largos. O lo que es lo mismo, que las células de los atletas son más jóvenes. Esta diferencia no se ve en personas de veinte años, lo que se explica porque incluso personas sedentarias tienen células jóvenes con telómeros largos a esa edad. Pero en personas de más de cuarenta años, cuando la guadaña del tiempo ya ha iniciado la siega de los telómeros, sí se aprecia una diferencia entre la edad celular de personas físicamente activas y la de personas sedentarias.

En una investigación realizada en Alemania con personas sanas que tenían una media de edad de cincuenta y un años, se observó que aquellas que no practicaban actividad física tenían los telómeros un 40 por ciento más cortos que personas de veinte años. Pero las que eran físicamente activas sólo los tenían un 10 por ciento más cortos. Por lo tanto, les quedaban más divisiones celulares por delante. Más vida por delante.

Pese a lo prometedora que es esta línea de investigación, hay que advertir que está en sus inicios y que las conclusiones aún deben tomarse como provisionales. Los estudios se han limitado por ahora a analizar células blancas de la sangre, porque son las células en que la técnica de análisis de los telómeros está más desarrollada, y no está claro si el efecto antienvejecimiento de la actividad física beneficiará a todos los órganos por igual. Tampoco se ha analizado qué tipos de actividad física es mejor practicar, ni qué intensidad debe tener, para obtener estos beneficios. En el caso del estudio alemán, los atletas aficionados de cincuenta y un años corrían una media de 80 kilómetros semanales, pero falta estudiar si los mismos beneficios se dan en personas que corren distancias más cortas o que practican otros tipos de actividad física. Además, aún no se comprende por qué la actividad física afecta a la longitud de los telómeros.

Pero si próximas investigaciones confirman la hipótesis de que la actividad física tiene un efecto contra el envejecimiento en el conjunto del organismo, y que este efecto ya es apreciable en personas de mediana edad que practican ejercicios aeróbicos de intensidad moderada con frecuencia, esto permitiría diseñar programas de actividad física efectivos para retrasar el envejecimiento y preservar la salud hasta edades avanzadas. Y explicaría por qué las personas físicamente activas tienen a menudo una apariencia más joven que las personas sedentarias. Simplemente porque su edad biológica —calculada según la longitud de sus telómeros— es inferior a su edad cronológica.

Bien, como ve hay muchas incógnitas abiertas, le dijo el médico a Juan al terminar la visita. Hay muchos detalles que ignoramos sobre la relación entre la actividad física y la salud. Pero las reglas generales importantes sí que las sabemos a ciencia cierta. Sabemos que la actividad física es imprescindible para conseguir bajar peso y no volverlo a ganar, como en su caso. Que mejora la tensión arterial, los niveles de colesterol y la actividad de la insulina, cosas que a usted también le convienen. Que mejora el bienestar psicológico y el rendimiento intelectual. Que hace que uno se sienta más joven, con mayor capacidad cardiorrespiratoria y más fuerza muscular... Sobre todos estos beneficios, no tenemos ninguna duda. Y también sabemos que no cuenta sólo la actividad física que se practica cuando uno va vestido de deporte sino toda la que se hace a lo largo del día, como caminar en lugar de ir en coche, o subir escaleras en lugar de ir en ascensor. Pero que, para obtener estos beneficios para la salud, no basta con practicar actividad física de manera esporádica. Hay que practicarla con frecuencia, varias veces por semana. Esto también lo sabemos a ciencia cierta.

12 MERIENDA ANTIOXIDANTE
18.00 horas

Nunca se es demasiado mayor para practicar actividad física. Mientras Juan ha salido a correr, Cris acababa de arreglarse para salir, Rosa ayudaba a Pablo con los deberes y Carla dormía en su cuna, doña María ha aprovechado para hacer unos ejercicios que la ayudan a no perder fuerza muscular. Son ejercicios sencillos. Sentarse y levantarse diez veces de la silla con las manos en la cintura para no ayudarse con ellas. Colocarse frente a una pared, a medio metro o un poco más, apoyar las dos manos y dejar caer su peso hacia delante flexionando los brazos y procurando mantener el cuerpo recto, también diez veces. Coger una pesa de un kilo en cada mano y acercarla al hombro flexionando el brazo. Son ejercicios que Rosa le enseñó, y la convenció para que los hiciera. Dice que se los enseña a muchas de sus pacientes mayores, porque son buenos para los músculos y los huesos, para el corazón y para el cerebro, que ayudan a conservar la agilidad mental y la memoria. Hay estudios científicos que lo demuestran, dice Rosa. Y ella los hace cada día.

También intentó convencerla de que hiciera taichi. Le dijo que era bueno para el equilibrio, y también para los músculos y la respiración, que con el taichi se sentiría más ágil y segura para no caerse y no romperse un día algún hueso. Pero ella prefiere algo más tradicional. Sale cada día a caminar con una amiga del barrio y una vez por semana van juntas a la piscina. Pero no a nadar. Van a hacer *aquagym*, que les gusta más y la monitora las cuida. Y también debe de ser bueno para el equilibrio, ¿verdad, Rosa? No tan bueno como el taichi, pero también es bueno, María.

Son ya casi las seis de la tarde, doña María ha acabado sus ejercicios, Rosa y Pablo han terminado sus deberes y ahora están preparando la merienda para los tres. Tres pedazos de una tarta de chocolate con arándanos que quedaba en la nevera, un bol con frutos secos en el centro de la mesa y un yogur para cada uno.

Antioxidantes y radicales libres

¿Estás segura de que estos ejercicios que hago van bien para la memoria, Rosa? Porque ahora no recuerdo cómo se llama eso de los arándanos que me dijiste que era tan bueno. Son antioxidantes, María, los arándanos están llenos de antioxidantes, y el chocolate negro y los frutos secos también. ¿Y qué me dijiste que hacen exactamente?

Los antioxidantes defienden el cuerpo humano del ataque de los radicales libres, les explica Rosa a María y a Pablo. Los radicales libres son residuos microscópicos que se forman en las células del cuerpo. Porque cuando comemos, cuando respiramos, cuando nos movemos, cuando hacemos cualquier actividad e incluso cuando dormimos, nuestro cuerpo genera residuos. Algunos de estos residuos los eliminamos, como el dióxido de carbono de la respiración. Pero otros, como los radicales libres, se nos quedan en las células. Y si tenemos demasiados radicales libres, podemos padecer enfermedades graves como infartos, alzhéimer o algunos cánceres, o envejecer más rápido. Así que son los malos de la película, explica Rosa.

»Pero por suerte tenemos los antioxidantes, que nos defienden de ellos. Los antioxidantes son como médicos microscópicos. Cuando se encuentran con un radical libre, lo arreglan para que no nos haga caer enfermos. ¿Y están en el chocolate?, pregunta Pablo sorprendido. Están en el cacao con el que se hace el chocolate, sí, y también en muchos otros vegetales.

Dicho así puede parecer sencillo, pero antioxidantes y radicales libres son en realidad protagonistas de una película compleja. Hay cuatro grupos de antioxidantes, cada uno de ellos con distintos personajes.

Está, por un lado, el grupo de las vitaminas. No todas ellas son antioxidantes, pero sí lo son la A (que abunda en quesos, huevos y algunos vegetales como zanahorias y boniatos), la C (presente en frutas y hortalizas como fresas, naranjas, kiwis y pimientos) y la E (en frutos secos y aceites vegetales).

Está el grupo de los minerales, donde el más antioxidante es el selenio (abundante en pescado, marisco y frutos secos) y en menor medida el zinc (en carnes, pescados y, para personas vegetarianas, en semillas de calabaza).

Están los carotenoides, que abundan en alimentos anaranjados y rojos como zanahorias, tomates, boniatos y yema de huevo. Y que también se encuentran en algunos vegetales verdes como las espinacas o el brócoli, aunque el verde de la clorofila enmascara el naranja de los carotenoides.

Y finalmente están los polifenoles, que abundan en vegetales de colores vivos en la gama que va del amarillo al rojo oscuro, y sobre todo en frutos rojos como cerezas, moras, grosellas y arándanos. Estos frutos rojos son especialmente ricos en unos polifenoles llamados antocianinas —no se preocupen si no retienen el nombre, bastantes palabras raras han salido ya en estos últimos párrafos—, que se han mostrado capaces de reducir el riesgo de cáncer y de prolongar la vida hasta un 29 por ciento en experimentos realizados con ratones.

Toda esta paleta de colores vegetales —rojo tomate, verde espinaca, naranja naranja...— es más importante de lo que puede parecer a simple vista. Los colores son la manera más rápida y fácil de reconocer si un vegetal es rico en antioxidantes. Como norma general, cuanto más intenso es el color, más antioxidantes contiene. ¿Rojo remolacha? Repleto de antioxidantes. ¿Verde lechuga? Pocos en las hojas pálidas del interior, mayor número en las más oscuras del exterior. ¿Color cereza? Más antioxidantes cuanto más madura. ¿Mango o papaya? Atiborrados los dos.

Y el color indica también el tipo de antioxidante que hay en cada alimento. El betacaroteno es naranja: abunda en zanahorias, boniatos y calabazas. El licopeno es rojo: en tomates y sandías. Las antocianinas son de un rojo oscuro: en frutos del bosque. Por lo tanto, si se quiere proteger la salud con toda la gama de antioxidantes, es mejor cocinar combinando colores, pensando como un artista plástico, cuidando cada plato como una pequeña obra de arte.

Pero antes de preparar el plato, hay un último detalle que es útil saber. Un detalle poco conocido y que lleva a que una parte sustancial de los antioxidantes de los alimentos se desaprovechen. Y es que algunos de ellos se disuelven bien en agua (los llamados hidrosolubles), pero otros sólo se disuelven bien en aceites y grasas (los llamados liposolubles).

Los hidrosolubles, como la vitamina C del zumo de naranja, se suelen aprovechar bien ya que todo alimento contiene una gran cantidad de agua en la que se pueden disolver los antioxidantes. Pero los liposolubles se pierden a menos que se tomen acompañados de aceite o algún otro tipo de grasa. Esto afecta a las vitaminas A y E y a los carotenoides que abundan en vegetales naranjas y rojos.

Ésta es una de las razones principales por las que es mejor tomar las ensaladas con aceite, preferentemente de oliva, que sin aliñar. O por las que se aprovechan mejor los antioxidantes de algunos alimentos si se toman fritos que crudos. Las zanahorias, por ejemplo: crudas y sin ningún aliño son saludables, pero con aceite lo son aún más. O el tomate: para aprovechar al máximo su licopeno, mejor frito. O la sandía incluso: contiene licopeno —el color rojo la delata— que se suele perder porque casi nadie tiene la costumbre de aliñarla; una parte de este licopeno se recupera cuando la sandía se toma de postre de una comida en la que también se han tomado grasas; pero también se puede incluir sandía como ingrediente de una ensalada; o bien preparar un puré de sandía y tomarlo de entrante con un chorro de aceite.

Aunque la película hasta aquí pueda resultar difícil de seguir, porque los personajes tienen nombres raros como antocianina y licopeno, y no sólo a doña María le cueste recordarlos, es en este punto donde el argumento se complica. Hasta aquí ha sido una película de buenos y malos. Antioxidantes buenos, radicales libres malos.

Pero resulta que los malos tienen una parte buena. Por ejemplo, cuando uno practica actividad física aeróbica, su metabolismo se acelera y crea más radicales libres. Estos radicales libres creados durante la actividad física, en lugar de resultar perjudiciales, parecen ser beneficiosos.

Y los buenos, como en las mejores películas, tienen una parte mala. Dos investigaciones en las que se ha dado suplementos de betacaroteno a personas fumadoras con la esperanza de que ayudaran a prevenir el cáncer de pulmón han revelado que, en lugar de reducir el riesgo de la enfermedad, lo aumentan. En personas con enfermedades cardiovasculares, suplementos de las vitaminas A y E parecen ser perjudiciales en lugar de beneficiosos. Otras investigaciones han sugerido —aunque no se ha demostrado de manera concluyente— que un exceso de antioxidantes puede contrarrestar los beneficios de la actividad física, lo que podría deberse a que los antioxidantes eliminan los radicales libres beneficiosos creados durante el ejercicio. En gusanos incluso se ha observado que altas dosis de antioxidantes acortan la vida en lugar de alargarla.

Así, ¿es bueno que tomemos antioxidantes o no?, preguntó desconcertada doña María, que había seguido el argumento hasta el final. Es bueno que los tomemos con los alimentos, dijo Rosa. Con la fruta, con las ensaladas, con la tarta de chocolate, con las nueces... Con todo esto tomamos pequeñas cantidades de antioxidantes variados que nos ayudan. Pero no sería bueno que tomáramos suplementos de antioxidantes en pastillas, a menos que nos los haya recetado un médico por alguna razón concreta, porque a lo mejor nos harían más mal que bien.

Una dieta contra el cáncer

A doña María siempre le han gustado estas explicaciones que le da Rosa sobre cómo funciona el cuerpo humano. Son como pequeñas lecciones para ella. Si hubiera nacido unos años más tarde, dice que hubiera ido a la universidad y hubiera sido médica o enfermera. Pero en su época y en su barrio, ni se le pasó por la cabeza. Le gustaría saber más para preparar platos más saludables y sabrosos. En fin, sabrosos ya lo son, pero no siempre está segura de que sean saludables. Disfruta con los artículos sobre nutrición que encuentra en diarios y revistas, y con los programas de salud que dan en la radio y en la tele, pero se encuentra con que a veces, en lugar de aclararle las cosas, la confunden. Lo que ayer decían que era bueno hoy resulta que es malo y, al revés, lo que ayer era malo ahora es bueno. Hay días que tiene la impresión de que, en lugar de aprender, desaprende. Sobre todo

* Dos recetas ricas en antioxidantes

El uso del sifón de soda recargable permite convertir cualquier líquido en un refresco con gas.

Soda de zanahoria
Introducir zumo de zanahoria en un sifón de soda recargable y servirlo bien frío.

Naranjada hecha en casa
Exprimir zumo de naranja, colarlo y ponerlo dentro del sifón. Servir de inmediato.

con el cáncer, ya no está segura de qué alimentos son buenos y cuáles son malos. Por suerte tiene a Rosa. ¿Qué les dices a tus pacientes?

Pues les digo que, si ellos no siempre saben qué alimentos son buenos y cuáles son malos contra el cáncer, es porque los médicos tampoco lo sabemos. Si lo supiéramos, se lo podríamos explicar claramente. Hay algunas cosas que sí podemos explicar, porque no tenemos dudas sobre ellas. Pero hay otras que son lo que llamamos hipótesis, cosas que creemos que son ciertas pero de las que no estamos seguros y que tenemos que investigar más a fondo. El problema es que son investigaciones muy difíciles de llevar a cabo, porque el cuerpo humano es complejo, todos somos distintos y muchas veces algo que es bueno para una persona puede ser malo para otra. Así que con todo esto, lo que sabemos, lo que creemos y lo que ignoramos, tenemos que tomar las decisiones sobre nuestra salud.

Lo que Rosa explica claramente a sus pacientes, porque no tiene dudas, es que hay algunos componentes de los alimentos que, a dosis altas, aumentan el riesgo de algunos cánceres y que es mejor tomarlos con moderación.

Empieza por las carnes rojas como la de ternera y las carnes procesadas como los frankfurts y el jamón york, porque son las que tienen una relación más clara con el riesgo de algunos cánceres. Muchas personas que consumen con frecuencia estas carnes no tendrán cáncer, les explica. Pero hay otras que sí lo tendrán y no hay manera de saber a priori en qué grupo estaremos nosotros si tomamos demasiadas carnes rojas o procesadas. Está demostrado que un consumo excesivo de estas carnes aumenta el riesgo de cáncer de colon y, en menor medida, de pulmón, que son los dos cánceres que más muertes causan en nuestro país. No es que haya que eliminar estas carnes de la dieta, porque aportan proteínas, hierro y otros nutrientes importantes, pero es mejor no tomarlas a diario.

En pacientes con sobrepeso u obesidad, habla también de las grasas y los azúcares porque contribuyen al exceso de peso, y éste a su vez aumenta el riesgo de múltiples cánceres, como los de mama, colon, endometrio, esófago o riñón. Nadie ha demostrado por ahora que la presencia de grasas en la dieta aumente el riesgo de sufrir estos cánceres. Lo que aumenta el riesgo es tener un exceso de grasa acumulada en el organismo.

Pasa después a los contaminantes orgánicos persistentes. El nombre puede sonar extraño, les dice a las pacientes, pero seguro que han oído hablar de algunos de ellos. Dioxinas, bifenilos policlorados (o PCB, por sus iniciales en inglés), hidrocarburos aromáticos policíclicos (o HAP) como el benzopireno... Todos estamos expuestos a pequeñas dosis de estos contaminantes en nuestra vida diaria. No hay motivo para alarmarse, porque no hay pruebas de que causen cáncer en las pequeñas dosis a las que estamos expuestos, pero sí que vale la pena tomar unas precauciones básicas para reducir al mínimo el contacto con ellos.

Con los alimentos vegetales, como estos contaminantes suelen encontrarse en la parte exterior, conviene lavar bien las verduras y hortalizas y pelar la fruta. Con los alimentos de origen animal, donde los contaminantes se acumulan en la grasa, conviene tomar más carnes magras que carnes grasas, y más leche desnatada o semidesnatada que leche entera. Estas precauciones son especialmente importantes cuando hay niños en casa, porque su cuerpo aún está en crecimiento y porque tienen más años por delante para sufrir los posibles daños a largo plazo de los contaminantes.

Y, para acabar con las malas noticias, habla siempre del alcohol. A mí también me gusta tomar algunos días un vaso de vino o una cerveza, les dice. Pero con el alcohol no hay ninguna duda, menos incluso que con las grasas o los pesticidas. El exceso de alcohol aumenta el riesgo de sufrir cáncer de boca, de faringe, de laringe, de esófago, de hígado, de mama y posiblemente también colorrectal. Exceso, para las pacientes de Rosa, es más de un vaso de vino (o una cerveza) al día: la cantidad a partir de la que los perjuicios del alcohol superan a los beneficios. Si sus pacientes fueran hombres, si fuera uróloga en lugar de ginecóloga, por ejemplo, exceso serían más de dos vasos de vino al día.

Después vienen las buenas noticias: los alimentos que ayudan a prevenir cánceres. Frutas, verduras, hortalizas y legumbres, sobre todo. Está comprobado que una dieta rica en vegetales reduce el riesgo de sufrir cánceres de pulmón, de boca, de esófago, de estómago y de colon. Es decir, de las distintas partes del tracto digestivo, que entran en contacto con los compuestos beneficiosos de los vegetales, más los pulmones, donde posiblemente se limitan los daños del tabaco y otras agresiones gracias a algunos antioxidantes. Pero como no están identificadas todas las moléculas concretas de los vegetales que protegen de los cánceres, ni los médicos están seguros de en qué alimentos se encuentran exactamente, por ahora recomiendan cinco raciones diarias de frutas, verduras y hortalizas de colores distintos. Una ración equivale al tamaño de una manzana mediana o una cantidad equivalente de otra fruta, verdura u hortaliza.

Un componente beneficioso que sí está identificado es el ácido fólico. Las personas que no tienen suficiente ácido fólico corren un mayor riesgo de sufrir cáncer de mama, de colon y de recto, sobre todo si además beben alcohol en exceso. Se trata de una vitamina que se obtiene de hortalizas verdes como espinacas, espárragos, coles, brócoli, lechugas, endivias y guisantes, de vegetales rojos como pimientos, tomates y remolacha y de legumbres como alubias y garbanzos.

De todos estos vegetales, los que parecen tener un efecto anticancerígeno más notable, según las investigaciones realizadas hasta ahora, son las crucíferas. Es decir, la familia de vegetales que incluye la col, la coliflor, el brócoli y las coles de Bruselas —y también la mostaza y el wasabi, aunque se toman en cantidades tan pequeñas que no parecen tener una influencia significativa para la salud—. Tomar crucíferas de manera habitual en la dieta parece reducir el riesgo de cáncer de próstata y colorrectal. Pero nadie sabe exactamente cuáles son las moléculas de las crucíferas que aportan este beneficio para la salud, ni qué cantidad habría que tomar, ni si se reduciría también el riesgo de otras enfermedades, ni si el efecto es el mismo en todas las personas.

Dudas similares plantea el selenio, un mineral que tiene un efecto antioxidante, que abunda en pescados, mariscos y frutos secos y que, en cantidades moderadas, posiblemente reduce el riesgo de cánceres de colon, próstata y pulmón. Pero son necesarios más estudios para comprobar este efecto beneficioso del mineral, advierte Rosa. Y, en cualquier caso, no es recomendable tomar suplementos de selenio porque a dosis altas resulta tóxico en lugar de saludable. Es mejor limitarse a tomar alimentos ricos en selenio.

Con las crucíferas y el selenio, entramos en terreno resbaladizo. En una zona donde hay más hipótesis que certezas. Y donde los efectos sobre la salud no son seguros sino probables. ¿Pero usted qué me recomienda que haga, doctora?, le preguntó un día a Rosa una paciente, porque en mi familia hemos tenido varios casos de cáncer y yo, si hay algo que pueda hacer para prevenirlo, me gustaría hacerlo. Y tenía su parte de razón: los pacientes y sus familiares no pueden esperar a que los científicos tengan la respuesta a todas las preguntas para decidir qué comen. Esperar a tener la respuesta es lo que deben hacer las sociedades médicas para poder hacer recomendaciones generales dirigidas a toda la población. Pero mientras tanto los ciudadanos deben decidir qué comen día a día.

Mire, le diré lo que hago yo en casa, le contestó Rosa. Tomamos cada día frutas, verduras y hortalizas, pero no tomamos cada día las mismas. Procuramos variar. Así conseguimos tomar una gran diversidad de antioxidantes y otras moléculas que posiblemente protegen contra el cáncer. Y al mismo tiempo, al tener una dieta variada, nos aseguramos de que, si hay moléculas cancerígenas en algún alimento, y seguro que al final del día todos comemos algunas moléculas cancerígenas, las ingerimos en cantidades lo bastante pequeñas para que no nos hagan daño. También procuramos tomar brócoli o alguna otra crucífera una o dos veces por semana. Tomamos pescado, frutos secos, chocolate... Y, la verdad, no estamos seguros de si todo esto tiene mucha o poca utilidad contra el cáncer. Pero por suerte esta dieta que parece ser útil contra el cáncer es la misma que es útil para prevenir enfermedades cardiovasculares y para proteger la salud en general. De esto estamos seguros, es la dieta más saludable posible. Y además es probable que proteja contra el cáncer.

Chocolate negro y frutos secos

Chocolate, ha dicho Rosa. Chocolate en la dieta más saludable posible. No es un error. El chocolate es un ejemplo de alimento que tiene mala fama por las calorías que aporta y que, sin embargo, parece tener un efecto cardioprotector significativo. Son aún pocos los estudios rigurosos que han investigado los efectos del chocolate sobre la salud. Pero todos apuntan en la misma dirección. Cuando personas con la tensión arterial alta toman chocolate negro y se estudian sus efectos como si fuera un fármaco, haciendo que tomen cada día la misma cantidad a la misma hora, la tensión suele bajar.

La explicación está en los polifenoles antioxidantes del cacao. Concretamente, en un tipo de polifenoles llamados flavanoles que parecen mejorar la dilatación de las arterias. El chocolate negro es en realidad una de las principales fuentes de polifenoles en la dieta occidental. Pero hay que tener en cuenta que no todos los chocolates son igualmente antioxidantes. Cuanto mayor porcentaje de cacao tenga un chocolate, más probable es que tenga un alto contenido en flavanoles (probable pero no seguro, porque los flavanoles son amargos y se eliminan a veces durante el proceso de producción sin que los fabricantes informen de ello a los consumidores). En el otro extremo, los chocolates con leche no parecen aportar una cantidad significativa de antioxidantes. Tampoco la aportan productos que tienen cantidades mínimas de cacao pese a tener color de chocolate como algunos helados, pasteles o postres lácteos.

Los frutos secos son otro gran ejemplo de alimento rehabilitado. Temidos por sus calorías, han demostrado tener también un efecto cardioprotector. No actúan directamente sobre la tensión arterial como el chocolate sino sobre el colesterol: un puñado de frutos secos al día reduce el colesterol LDL (el malo) y eleva el HDL (el bueno), por lo que reduce el riesgo de sufrir infartos de miocardio y accidentes vasculares cerebrales. Además, al margen de esta acción sobre el colesterol, es posible que los frutos secos también reduzcan el riesgo de arritmias, aunque ésta es una hipótesis que no está respaldada por estudios concluyentes.

Estos efectos se atribuyen a las grasas insaturadas de los frutos secos. Cada fruto seco es un cóctel de grasas monoinsaturadas (las grasas características del aceite de oliva, beneficiosas para el colesterol), poliinsaturadas omega 3 (las del pescado, que podrían ser beneficiosas contra algunas arritmias) y otros tipos de poliinsaturadas. Los frutos secos contienen además otras sustancias que explican en parte sus efectos beneficiosos, como fibra, vitamina E antioxidante, el aminoácido L-arginina o fitoesteroles (moléculas de origen vegetal que en conjunto pa-

* Preparaciones con chocolate

Un detalle para acompañar el café: láminas de chocolate con frutos secos

- Fundir el chocolate y repartirlo a cucharadas sobre un papel.
- Poner por encima frutos secos (nueces, avellanas, piñones, pasas...).
- Dejar enfriar en la nevera hasta que el chocolate esté duro.

Pan con chocolate, de lujo

- Poner un bombón sobre una rebanada de pan.
- Calentarlo ligeramente al horno.
- Poner un poco de sal y aceite de oliva por encima. También se pueden poner avellanas troceadas.

Piruletas de chocolate

- Fundir el chocolate en un recipiente con el microondas a potencia máxima y removiendo cada 30 segundos.
- Poner un palo de brocheta o un palillo sobre un papel de horno.
- Con una cuchara, dejar caer el chocolate fundido sobre un extremo de la brocheta haciendo las formas que se quiera.
- Dejar enfriar en el congelador durante dos minutos.

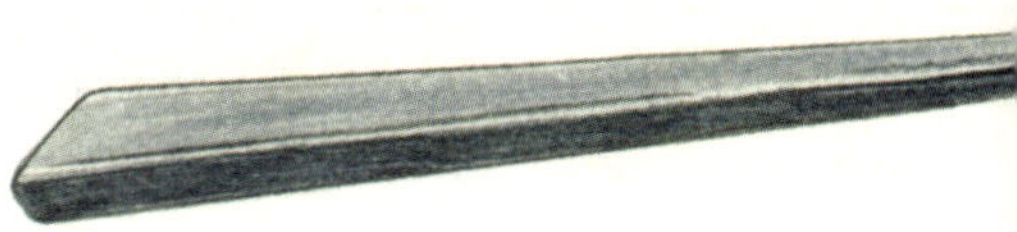

Fruta bañada en chocolate

- Fundir el chocolate con el microondas a potencia máxima y removiendo cada 30 segundos en un recipiente lo suficientemente alto como para bañar la fruta.
- Sumergir la fruta en el chocolate fundido y, al sacarla, dejar escurrir el exceso de chocolate. Es un plato ideal para fresas, pero también se puede hacer con cerezas, albaricoque, naranja confitada, plátano...
- Poner en un plato. Si se quiere, se puede rebozar con almendra laminada, piñones u otros frutos secos.
- Dejar enfriar en la nevera unos 10 minutos hasta que el chocolate quede crujiente.

Fondue de frutas y chocolate

- Como en la receta anterior, fundir el chocolate con el microondas a potencia máxima y removiendo cada 30 segundos en un recipiente lo suficientemente alto como para bañar la fruta.
- Cortar la fruta a dados. Se puede hacer con muchas frutas distintas como pera, plátano, gajos de mandarina, fresas, melón...
- Mojar la fruta en el chocolate y comer directamente.

Trufas de chocolate fáciles

- Hervir 100 gramos de nata.
- Cuando arranque el hervor, añadir 200 gramos de chocolate.
- Remover hasta fundir.
- Dejar enfriar y moldear en forma de trufas.
- Conservar en nevera o congelador.

Variaciones posibles:

- Se pueden rebozar las trufas con cacao en polvo, coco rallado seco, canela...
- Mezclar dentro de las trufas caramelos de miel o de café troceados.
- Poner dentro de cada trufa una avellana tostada o un pistacho.
- Dar a las trufas distintas formas.

Chocolate muy fino

Con el rallador de queso se puede rallar chocolate sobre nata montada o sobre un helado, por ejemplo de coco o fresa.
También se pueden hacer virutas de chocolate con un pelador de patatas.

Chocolate con carne

Poner un poco de chocolate en los guisos de carne, por ejemplo en unas albóndigas o en un conejo guisado. El resultado no es un guiso dulce, pero sí muy sabroso.

recen tener un efecto beneficioso, aunque en muchos casos no se conoce con detalle cómo actúan).

Cada fruto seco contiene proporciones distintas de estas sustancias. Las nueces, por ejemplo, son especialmente ricas en omega 3. Las avellanas y las nueces de Macadamia, en monoinsaturadas. Pero todos parecen tener sus virtudes, aunque no todos han sido investigados del mismo modo, y lo aconsejable para la salud es comer frutos secos en general, más que algún tipo de fruto seco en concreto. Si a alguien le gustan los pistachos, bienvenidos sean los pistachos. Si prefiere almendras, pues almendras. O nueces. O piñones. O bien puede hacer un cóctel de frutos secos. Incluso los cacahuetes, que técnicamente no son frutos secos sino legumbres, pueden entrar en el cóctel. Y pueden combinarse con chocolate negro, como hacen Pablo, Rosa y doña María con su merienda, no sólo porque es una combinación sabrosa, sino porque frutos secos y chocolate benefician a la salud de maneras distintas y sus efectos pueden sumarse.

Pero para que la suma de estos efectos tenga un resultado positivo conviene no perder de vista que los frutos secos, igual que el chocolate, son ricos en calorías. Y que por lo tanto conviene tomarlos en lugar de —y no además de— otros alimentos. Si se toman «además de», pueden contribuir a ganar peso, con lo que los niveles de colesterol y el riesgo cardiovascular empeorarían en vez de mejorar.

El *boom* de los alimentos funcionales

Los estudios sobre los beneficios para la salud de los frutos secos y el chocolate se enmarcan en una línea de investigación emergente que estudia, no los riesgos de los alimentos como en el pasado, sino sus virtudes. En la época en que Rosa estudió la carrera, en los años ochenta, le enseñaron cuestiones de seguridad alimentaria como la presencia de contaminantes en la comida o los riesgos de la salmonela. En la década siguiente, cuando empezó a ejercer, le sorprendió que aquello que había estudiado ya no parecía lo más importante. Fue la época en que un gran número de médicos tomó conciencia de que, más allá de los contaminantes y las infecciones, el problema fundamental que planteaban los alimentos eran los excesos: exceso de grasas saturadas, exceso de azúcares, exceso de sal, exceso de peso... El problema de los excesos está lejos de estar resuelto, lo ve cada día en la consulta.

Pero al mismo tiempo que han continuado las investigaciones sobre los efectos negativos de comer demasiado, o demasiado mal, desde principios de este siglo ha habido un auténtico *boom* de estudios sobre los efectos positivos de ciertos alimentos y nutrientes para la salud. Como las nueces, precisamente. O algunos yogures. O algunos aceites. Y palabras como *omega 3*, *antioxidantes* o *radicales libres*, que no hace tantos años eran tecnicismos médicos, han entrado en el lenguaje cotidiano. Igual que en el pasado entraron otras palabras que hoy consideramos corrientes como *vitaminas*, *proteínas* o *colesterol*. Y que dentro de unos años entrarán otras como —probablemente— *mitocondrias* o *telómeros*.

Parte de estas investigaciones sobre los aspectos más saludables de los alimentos cuenta con el apoyo de la industria. El mercado de la alimentación poco puede crecer en cantidad en los países occidentales cuando la mayor parte de la población ya dispone de la comida necesaria para quedar saciada. Incluso más de la necesaria. No queda hambre para seguir creciendo, el mercado está saturado. Para la industria, la única posibilidad de seguir expandiéndose por la vía de la cantidad es intentar vender productos que los consumidores no tomarán o bien productos que tomarán más allá del hambre que tengan. Es crecer a costa del despilfarro o de la obesidad. Una estrategia que parte de la industria ha adoptado sin remordimientos, y de la que muchos consumidores, que son los principales perjudicados, no son conscientes.

Pero las investigaciones sobre los efectos saludables de los alimentos ofrecen ahora la alternativa de crecer por la vía de la calidad. Han empezado a proliferar productos que, en lugar de contribuir a un hiperconsumo de grasas, azúcares y sal, y de contribuir por lo tanto a la obesidad, la diabetes, la hipertensión y el exceso de colesterol, ayudan a lo contrario: a controlar el peso, los niveles de colesterol, la tensión arterial y el riesgo de diabetes.

Algunos de estos productos son saludables porque llevan pocas grasas perjudiciales, azúcares y sal. Son el tipo de productos que Juan y Pablo eligen cuando van el supermercado, como han hecho en el capítulo 3 con los cereales: en caso de duda, el que tenga menos grasas, azúcar y sodio.

Otros productos, los llamados alimentos funcionales, son más sofisticados. Están suplementados con componentes a los que se atribuyen efectos saludables. Huevos enriquecidos con omega 3, leche con isoflavonas, cereales con siete vitaminas y cuatro minerales... Con estos productos, Juan y Pablo son más selectivos. Es lo que les ha aconsejado Rosa. «Ni todos han demostrado ser buenos, ni todos inútiles —les ha dicho—; hay que analizarlos uno por uno.» Y además, depende de lo que se coma en cada casa. A quien tiene una dieta variada y completa no le hacen falta suplementos. En las casas donde se comen suficientes verduras y hortalizas, por ejemplo, no se necesitan dosis extra de ácido fólico. Pero cuando no se toma suficiente ácido fólico con la dieta, como ocurre en muchos hogares, o no se toma suficiente calcio, o hierro, o ácidos grasos omega 3, sí que pueden ser aconsejables algunos de estos suplementos.

¿Una dieta contra las infecciones?

De todos estos suplementos, los que a doña María más le intrigan son los que dicen que ayudan a combatir las infecciones y los que aseguran que ayudan a conservar la memoria. Contra las infecciones, hace años que oye hablar de la vitamina C. Ha leído que un científico que ganó dos premios Nobel, Linus Pauling, tomaba 3.000 miligramos diarios de vitamina C porque decía que era útil para prevenir infecciones y cánceres, y que vivió hasta los noventa y tres años. Pero tal vez si no hubiera tomado vitamina C también los hubiera vivido, quién sabe. Ella tiene la sensación de que, cuando toma zumo de naranja por las mañanas, como ha hecho estos últimos inviernos, se resfría exactamente igual que cuando no lo tomaba. Y no está tan segura como lo estaba Pauling de los beneficios de tomar altas dosis de vitamina C. ¿A ti qué te parece, Rosa? ¿De verdad se pueden reforzar las defensas del organismo con lo que comemos?

Pues me parece que, por muchas naranjas que tomemos, no estaremos más protegidos frente a las infecciones. Pero si tenemos la gripe, tomar zumo de naranja o suplementos de vitamina C puede ayudar a que nos curemos un poco más rápido.

No es una contradicción. Lo que ocurre es que, ante una infección gripal, la vitamina C es más útil para curar que para prevenir. La explicación está en unas células del sistema inmunitario llamadas linfocitos T, que son especialistas en luchar contra virus y que necesitan vitamina C. En una persona sana y con una dieta equilibrada, la vitamina C que se ingiere con frutas y hortalizas basta para que los linfocitos T funcionen bien. Tomar suplementos adicionales de la vitamina no ayuda a potenciar el sistema inmunitario y a reducir el riesgo de infección en personas sanas, según ha comprobado una serie de estudios sobre esta cuestión en los que han participado más de 24.000 personas.

Pero si esta misma persona contrae un resfriado o una gripe, la actividad de sus linfocitos T aumentará y necesitará una cantidad algo mayor de vitamina C. Estudios realizados con personas ya infectadas han comprobado que suplementos de más de 200 miligramos diarios de vitamina C —lo que equivale a unos 200 gramos de kiwis o 400 de naranjas— acortan la duración de un resfriado una media de un 14 por ciento en niños y un 8 por ciento en adultos. No es una gran mejora. Un 14 por ciento equivale a acortar el resfriado de siete a seis días. Pero estos datos demuestran que hay situaciones en que la dieta puede potenciar el sistema inmunitario.

Las únicas personas en que la vitamina C se ha mostrado eficaz no sólo para tratar, sino para prevenir resfriados son atletas que corren maratones, soldados sometidos a situaciones de estrés físico y esquiadores expuestos a bajas temperaturas. En estos casos, se ha comprobado que el riesgo de infección se reduce aproximadamente a la mitad. El motivo por el que esto ocurre no está bien estudiado. Es posible que el estrés físico debilite de algún modo el sistema inmunitario y una dosis extra de vitamina C ayude a reforzarlo. No se ha investigado si este beneficio se extiende a situaciones físicamente menos extremas, como épocas de frío moderado, o bien a temporadas en que una persona se siente cansada o estresada.

¿Y los yogures?, pregunta doña María, ¿también pueden ayudar a curarse más rápido? Los yogures son lo que se llaman probióticos, explica Rosa. Es decir, contienen microorganismos que son buenos para nosotros. Sobre todo para el aparato digestivo. Algunas empresas han publicitado que, además de proteger el aparato digestivo, los yogures que llevan la bacteria *Lactobacillus casei* potencian el sistema inmunitario y protegen frente a las infecciones. Pero es algo que no está bien demostra-

* Ideas para brochetas de fruta

Las brochetas ofrecen una forma alternativa de comer fruta que los niños pueden ayudar a preparar. Además de cortar frutas variadas y pincharlas en brochetas, se pueden probar combinaciones más originales:

- Combinar fruta y verdura. Por ejemplo, brocheta de sandía con tomate cherry.
- Dar un toque con hierbas frescas aromáticas, como menta, eneldo...
- Utilizar fruta natural congelada para hacer helados naturales en brocheta. Por ejemplo, fresas del bosque en brocheta.
- Polos hechos en casa. Congelar un zumo de frutas en un molde para polos o en una cubitera. Insertar un palito de helado o una brocheta a media congelación para que se aguante.
- Brochetas escarchadas. Pasar la brocheta de frutas por clara de huevo batida, rebozarla con azúcar y dejarla a temperatura ambiente hasta la hora de servir.
- Dorar una brocheta de fruta en una sartén antiadherente y servir como brocheta caliente.

do. Cuando se han hecho estudios en los que se han dado estos yogures a un grupo de niños y yogures distintos a otro grupo, los niños de los dos grupos se han resfriado por igual.

Alimentos para el cerebro

También se están haciendo estudios sobre alimentos que ayudan a prevenir el deterioro cognitivo y a preservar la memoria en personas mayores. Los resultados, en este caso, empiezan a ser prometedores. Es un campo de investigación aún muy reciente, que ha eclosionado en esta última década y en el que queda mucho por descubrir, pero se está empezando a identificar cuál es la mejor dieta para el cerebro y a comprender por qué funciona.

No es una dieta nada original, por cierto. Los investigadores que estudian sus efectos la definen como una dieta mediterránea y detallan que tiene un elevado consumo de pescado, frutas, verduras, hortalizas, legumbres, cereales y ácidos grasos insaturados, principalmente en forma de aceite de oliva. También tiene un bajo consumo de lácteos, carnes y grasas saturadas. Y un consumo habitual pero moderado de alcohol.

Investigadores de la Universidad de Columbia de Nueva York han estudiado los efectos de esta dieta en 1.393 personas sanas que tenían una media de setenta y siete años. En los cuatro años y medio siguientes, 275 de ellas empezaron a sufrir un deterioro cognitivo leve, es decir, una merma de sus facultades intelectuales superior a la que les correspondería por su edad. Estos deterioros cognitivos leves son a menudo una antesala del alzhéimer o de otras formas de demencia. Según los resultados del estudio, las personas con una dieta más rica en vegetales y pescado tienen un riesgo un 28 por ciento más bajo de sufrir un trastorno cognitivo leve que aquellas con una dieta más rica en carnes y grasas saturadas.

En otras 482 personas que ya presentaban un deterioro cognitivo leve al iniciar el estudio también se han apreciado diferencias. El riesgo de desarrollar alzhéimer en los cuatro años y medio siguientes es un 48 por ciento más bajo en pacientes con una dieta rica en vegetales y pescado que en pacientes con una dieta rica en carnes y grasas saturadas.

Un riesgo más bajo, naturalmente, no es garantía de que las personas con una dieta más mediterránea no vayan a padecer alzhéimer, del mismo modo que una dieta rica en carnes no es una condena a sufrir la enfermedad. Pero significa que la probabilidad de sufrir deterioro cognitivo y de tener alzhéimer se reduce cuanto mejor es la dieta.

Hay varios componentes de la dieta mediterránea que pueden explicar este efecto protector sobre el cerebro. De entrada, la dieta mediterránea es buena para el sistema circulatorio en todo el organismo y por lo tanto favorece un buen riego sanguíneo en el cerebro, lo que ayuda a preservar neuronas funcionales. Se ha observado, en este sentido, que, cuando una persona con alzhéimer tiene una mala salud cardiovascular, la enfermedad progresa más rápido.

También pueden influir los ácidos grasos omega 3 del pescado. Un 30 por ciento de las grasas de las membranas de las neuronas está formado por un tipo de omega 3 llamado DHA (nombre completo: ácido docosahexaenoico, si recuerdan el capítulo 3), por lo que es posible que una dieta rica en DHA ayude a conservar las neuronas en buen estado. Por otro lado, se ha observado que los países donde se come mucho pescado suelen tener tasas de depresión más bajas que aquellos donde se come mucha carne, lo cual también podría estar relacionado con un efecto protector del pescado sobre el cerebro, o bien con un efecto perjudicial de la carne, o con ambas cosas a la vez.

Otros componentes de la dieta mediterránea que pueden ser neuroprotectores son los antioxidantes. A favor de esta hipótesis está el hecho de que el cerebro consume una gran cantidad de energía y contiene abundante material oxidable, por lo que podría ser especialmente vulnerable a reacciones químicas dañinas de oxidación. Además, los antioxidantes de la dieta son beneficiosos para la salud cardiovascular en general, lo que también contribuye a frenar el deterioro cognitivo propio del envejecimiento.

Entre los distintos antioxidantes que se han analizado, destaca el ácido fólico, que se obtiene de múltiples vegetales de la dieta mediterránea. Según se ha visto en un estudio holandés en el que han participado personas sanas mayores de cincuenta años, aquellas que toman suplementos de ácido fólico suelen obtener después mejores resultados en tests de memoria, agilidad mental y fluidez verbal que los que no toman suplementos.

También la luteolina —otro antioxidante que abunda en apio, alcachofas, pimiento verde y aceite de oliva, y también en hierbas aromáticas como tomillo, romero, menta y orégano— parece reducir la inflamación en células microgliales, que son células inmunitarias del sistema nervioso. En experimentos con ratones, esta acción antiinflamatoria de la luteolina se ha observado en el hipocampo, una región del cerebro rica en células microgliales, que es clave en la memoria y la orientación espacial, y que es una de las primeras que se deteriora en personas con alzhéimer.

El magnesio —un mineral que abunda en alimentos de la dieta mediterránea como frutos secos, cereales y legumbres— mejora el aprendizaje y la memoria, también en experimentos con ratones.

Omega 3, ácido fólico, luteolina y magnesio son sólo cuatro ejemplos de los muchos componentes de la dieta mediterránea que posiblemente ayudan a prevenir el deterioro cognitivo. Pero ninguno de ellos está lo suficientemente bien investigado a día de hoy para hacer afirmaciones categóricas. No hay datos suficientes para recomendar suplementos de ácido fólico, ni de omega 3, ni de ninguna otra sustancia, para conservar la memoria y la capacidad de aprendizaje. Tampoco hay datos suficientes aún para saber si los efectos beneficiosos observados en personas mayores para prevenir el deterioro cognitivo se podrían extender a adultos jóvenes para potenciar la capacidad intelectual. Las investigaciones realizadas hasta ahora han aportado muchos datos sugerentes, pero pocos concluyentes.

Así, Rosa, si todo se está investigando y no sabemos nada seguro, ¿qué tenemos que comer?, pregunta doña María. Pues un poco de todo, contesta Rosa. Alimentos en lugar de suplementos. Si tenemos una dieta variada, seguro que tomaremos una gran cantidad de sustancias saludables distintas, incluso aquellas que aún no se ha descubierto que son saludables. Pero si tenemos que recurrir a los suplementos, señal de que algo importante falta en nuestra dieta.

13

PALOMITAS Y REFRESCOS

19.00 horas

Mientras Rosa, Pablo y doña María tomaban su merienda rica en antioxidantes, Cris y las tres amigas con las que ha quedado para ir al cine han tomado una decisión nutricional completamente distinta. Tras hacer cola para comprar las entradas, han hecho una segunda cola para comprar lo que comerán y beberán durante la película. Palomitas y refrescos. Es un doble placer. El placer de la película más el placer de comer y beber. O un placer y medio más bien, porque Cris y sus amigas pueden concentrarse en la película mientras comen palomitas, pero difícilmente pueden concentrarse en las palomitas mientras están absortas en la película. Después, cuando salgan del cine, han quedado con tres amigos del instituto. Pero ahora ponen las bebidas en los posavasos de las butacas, pisan sin querer las palomitas que caen al suelo, porque les han llenado el envase hasta los bordes, se instalan, desconectan el sonido de los móviles y se preparan para disfrutar de la película. O sea, de la película y de todo el ritual de las palomitas y los refrescos.

Palomitas: llenas de calorías

La de las palomitas de maíz es una historia instructiva. Podría hacerse el guión de una película con ella. Un guión de intriga que contara cómo un alimento que daba salud a los antiguos aztecas e incas se ha convertido con el paso del tiempo en un producto que contribuye a la obesidad, la arteriosclerosis y algunas muertes prematuras de los humanos modernos. La naturaleza frente al capital. El interés propio frente al interés de la comunidad. Codicia frente a generosidad. Las contradicciones del ser humano concentradas en una pequeña palomita de maíz.

Porque fueron tribus indígenas de América quienes descubrieron y cultivaron esta variedad de maíz con granos de piel impermeable y resistente que estallaban en formas impredecibles cuando se ponían sobre las brasas. Estallaban gracias a su piel impermeable, porque la humedad no podía escapar del interior hasta que la temperatura y la presión subían tanto que se producía una pequeña explosión. Era un alimento extraordinario, rico en fibra, rico en carbohidratos complejos, con un 12 por ciento de proteínas, sólo un 4 por ciento de grasas y sin azúcar ni sal. Un alimento que, pese a ser originario de América, hubiera encajado perfectamente en una dieta mediterránea moderna.

Pero ahora ya no. Las palomitas, que se sirven en los cines desde la época del cine mudo, han evolucionado de la mano de la industria cinematográfica. Es lo que en biología se llama una simbiosis. El cine se beneficia de los ingresos extra que aportan las palomitas y los productores de maíz se benefician de los ingresos extra que consiguen en los cines. Palomitas y películas se han amoldado así paralelamente a los gustos de un mercado que paga por una estimulación sensorial constante, una gratificación rápida y el más difícil todavía. Por acción, diversión y efectos especiales. O, en el caso de las palomitas, por sabores intensos, texturas suaves y raciones crecientes. O, lo que es lo mismo, por sal, grasas y calorías.

Las palomitas conservan para muchas personas una imagen de alimento saludable. Son cereales, que son ingredientes básicos de una dieta equilibrada, contienen vitaminas del grupo B como tiamina (B1) y riboflavina (B2), aportan hierro... Todo esto sigue siendo cierto. Tan cierto para el espectador de *Avatar* como para los antiguos aztecas. Pero estudios del Centro para la Ciencia en el Interés Público, una ONG estadounidense que intenta proteger a los ciudadanos de los abusos de la industria a partir de datos científicos, han analizado el contenido nutricional de las palomitas que se venden en los cines. Y han observado que una ración grande, en Estados Unidos, aporta 1.200 calorías, lo que equivale aproximadamente a la mitad de las que necesita un hombre adulto a lo largo de todo un día; aporta además 980 miligramos de sodio, aproximadamente un 80 por ciento de la cantidad máxima diaria recomendable; y 60 gramos de grasas saturadas, tantas como en cuatro kilos de solomillo de ternera. No está mal, ¿verdad? Incluso la ración pequeña que se vende en los cines aporta 670 calorías, 550 miligramos de sodio y 24 gramos de grasas.

Esta metamorfosis de las palomitas cardiosaludables de los aztecas en las palomitas cardionocivas del siglo XXI se ha conseguido añadiéndoles unos pocos ingredientes sencillos. Abundante sal, algún aceite vegetal y en algunos casos, mantequilla. El aceite vegetal, a nadie le sorprenderá, no es aceite de oliva de alta calidad, que sería el más saludable pero también el más costoso y además tendría el inconveniente de dejar las palomitas grasientas. En los cines de Estados Unidos es habitual utilizar aceite de coco —muy rico en grasas saturadas— o aceite de colza. No se han hecho públicos datos similares referentes a España.

Para los amantes de las palomitas, una alternativa podrían ser los copos de maíz que se venden preparados para hacer estallar en el microondas. Tienen la ventaja, en comparación con las palomitas de los cines, de que se tiene más libertad para elegir la cantidad que se toma. Con las raciones de los cines, mientras dure la película, se va comiendo sin que uno se pare a preguntarse a cada bocado si tiene hambre o no. Es el efecto ración que ha estudiado Brian Wansink en la Universidad Cornell de EE. UU.: la cantidad que se sirve es la cantidad que uno se siente invitado a comer. Con las raciones que se preparan en el microondas, en cambio, se puede dejar una parte para más tarde o para otro día si no se tiene tanta hambre. O se puede repartir fácilmente un sobre entre varias personas.

La calidad nutricional de las palomitas de microondas, por el contrario, no suele ser muy distinta a la de las palomitas de los cines, ya que vienen suplementadas con sal y grasas para que en casa sepan igual que en el cine. Y las grasas, como en los cines, no suelen ser de las mejores. Resultado: hoy día es verdaderamente complicado encontrar unas palomitas saludables, sin sales ni grasas añadidas, como las que alimentaban a los indígenas de América.

Todo esto no significa que haya que erradicar las palomitas de la dieta. Ni que haya que colgarles una etiqueta de alimento poco saludable. Lo poco saludable, si recuerdan el capítulo 7, no son los alimentos sino los excesos. No hay alimentos buenos y malos sino maneras buenas y malas de comerlos. Y las palomitas tienen su lado positivo. Sobre todo una textura y un sabor que gustan a la mayor parte de la humanidad. A Cris le gustan, a sus amigas les gustan, a Rosa le gustan, a Pablo le gustan..., ¿a quién no le gustan? Pero no son un alimento para tomar cada día, como le dijo un día Rosa a Cris. Son para disfrutarlas de manera ocasional. Y Cris, aunque a veces no lo demuestre, siempre la escucha. Y aunque no lo reconozca, casi siempre le hace caso. Además, le dijo Rosa, si os ponen demasiadas en una ración, podéis compartirlas. En ningún lugar está escrito que las cantidades que sirven en los cines sean para una persona. A mí al menos, más que raciones humanas, me parecen raciones de hipopótamo.

Refrescos: calorías vacías

Tampoco los refrescos son para tomar cada día, le dijo. Y las bebidas energéticas y los zumos de fruta que se venden como saludables tampoco. Son como las palomitas, para disfrutar de manera ocasional. Pero ésta es una guerra más difícil. Refrescos, bebidas energéticas y zumos, casi todos ellos con un alto contenido de azúcar, están desplazando al agua y a la leche y se están convirtiendo en productos de consumo cotidiano para amplios segmentos de la población.

En Estados Unidos, la cantidad de calorías aportadas por las bebidas con un alto contenido de azúcar a la dieta diaria de niños y adolescentes ha aumentado un 10 por ciento en una década. Más de un 80 por ciento de la población juvenil ya consume allí refrescos a diario. Entre adolescentes, las bebidas azucaradas aportan una media de unas 300 kilocalorías diarias (360 los chicos, 240 las chicas), lo que equivale a 20 cucharaditas de azúcar (24 los chicos, 16 las chicas).

Estas cifras reflejan un problema de salud pública de magnitud colosal al que no se ha prestado excesiva atención. Menos atención en todo caso que al colesterol, a la sal o a las grasas saturadas, porque al hablar de la dieta se suele hablar más de lo que se come que de lo que se bebe. Pero las bebidas azucaradas y los zumos de frutas plantean sus propios problemas nutricionales. Dos problemas concretamente.

Uno es que aportan lo que se llama calorías vacías. Es decir, calorías sin nutrientes más allá del azúcar. Cuando la energía se obtiene de bebidas azucaradas, y no de alimentos más completos, dejan de ingerirse proteínas, fibra, vitaminas y otros nutrientes que el cuerpo humano necesita más que el azúcar. Lo cual lleva en algunas personas a un déficit de algunos nutrientes como el calcio de los lácteos o algunas vitaminas de frutas y hortalizas. Este déficit puede verse agravado si, además de tomar bebidas azucaradas con frecuencia, se abusa de las chucherías, que también aportan calorías vacías. Y los adolescentes que toman más refrescos también suelen ser los que consumen más chucherías.

El segundo problema es que, cuando las calorías se beben, no sacian igual que cuando se comen. Uno puede beber más calorías de las que necesita sin tener la sensación de estar lleno. Se trata de calorías enmascaradas que burlan los sensores del hambre y la saciedad del organismo. Esto ocurre porque los mecanismos que regulan el hambre y la saciedad evolucionaron en el paleolítico, antes de la invención de los refrescos azucarados, cuando los alimentos sólidos eran la única fuente de calorías y el agua, una vez terminada la lactancia, era la única bebida. Por eso nuestro aparato digestivo no cuenta calorías sino que se orienta por la cantidad de alimentos sólidos que le llegan para enviar al cerebro la señal de saciedad. Y por eso las bebidas azucaradas contribuyen tanto al sobrepeso y a la obesidad. Porque no se toman en lugar de otras calorías sino además de otras calorías.

Así que tenemos dos problemas y una paradoja: el consumo excesivo de bebidas azucaradas, con sus calorías vacías que no sacian, contribuye por un lado a la desnutrición y por otro a la obesidad. A veces en la misma persona.

Estos problemas no se limitan a bebidas azucaradas como las de cola y de naranja sino que se extienden a otras bebidas que tienen una imagen saludable como los zumos de fruta y los refrescos energéticos.

El consumo excesivo de zumos de fruta comerciales afecta sobre todo a la población infantil. En Estados Unidos, las calorías aportadas por zumos de fruta han aumentado un 25 por ciento en menores de cinco años y un 20 por ciento en niños de primaria en un periodo de diez años. Muchas familias los compran pensando que, ya que los niños toman poca fruta, por lo menos que tomen zumo. Es como una manera de tomar fruta sin tomar fruta. Pero no es lo mismo. La Academia Americana de Pediatría ha advertido que los zumos de fruta no ofrecen ninguna ventaja nutricional respecto a la fruta entera porque tienen menos fibra y nutrientes saludables y suelen tener mucho más azúcar. La Asociación Americana del Corazón, por su parte, ha advertido que zumos de fruta y bebidas azucaradas deben limitarse a un máximo de 10 a 15 centilitros por día para niños de uno a seis años y de 200 a 300 centilitros por día para niños y adolescentes de siete a dieciocho años. Como ven, pediatras y cardiólogos están preocupados por igual por el consumo excesivo de zumos entre la población infantil. Lo que indica que ésta no es una cuestión menor. Entre los distintos zumos de fruta comerciales, los más aconsejables son los más naturales. Los que son puro zumo al ciento por ciento y no llevan azúcar añadido.

El consumo excesivo de bebidas energéticas, en cambio, afecta más a la población adolescente. Son productos que se presentan llenos de virtudes. Ayudan a tener más energía, a rendir más, a concentrarse mejor, a estar más alerta... Por lo menos eso es lo que promete el marketing. Y sería fantástico si fuera verdad. Pero cuando uno mira qué contienen en realidad, suelen ser básicamente combinaciones de azúcar y cafeína. Algunas de ellas ofrecen además suplementos de vitaminas y minerales, que varían ampliamente de unas bebidas a otras y en los que no se puede confiar para aportar las cantidades que el cuerpo humano necesita. Y a veces también contienen ingredientes de nombre sugerente y escasa utilidad como guaraná (que aporta una cafeína igual que la del café), taurina (un aminoácido que ya se encuentra de manera natural en el cuerpo humano) o glucuronolactona (también producida por el cuerpo humano). De modo que el valor nutricional de estas bebidas no es muy distinto al de un refresco de cola clásico. Y la mejor manera de tener energía, concentrarse bien y estar alerta sigue siendo la tradicional: tener una dieta equilibrada, beber agua, practicar actividad física y dormir bien. Si se fijan, las personas que tienen más energía suelen seguir estas cuatro reglas básicas.

El efecto pantalla

Cuando termina la película, Cris y sus amigas se han acabado las palomitas y apuran un último sorbo de refresco antes de tirar los envases. Si alguien les preguntara en ese momento si han disfrutado de las palomitas, no sabrían qué decir. Se las han ido comiendo durante dos horas casi sin darse cuenta. Es el efecto pantalla: cuanto menor atención se presta a lo que se come, más cantidad se come.

Por eso cuando se come mirando una película o un programa de tele se acaba comiendo más que cuando se come con otras personas alrededor de una mesa. Una consecuencia del efecto pantalla es que, por cada hora diaria que un niño pasa ante una tele, un ordenador o una consola de videojuegos, el riesgo de que acabe teniendo obesidad aumenta un 12 por ciento. En un experimento de la Universidad Cornell, personas que miraron la tele durante una hora consumieron un 28 por ciento más de palomitas que quienes la miraron durante media hora. Las personas de los dos grupos tenían la misma hambre al empezar el experimento y el programa era el mismo en ambos casos. La única variable era la duración del programa y fue suficiente para inducir un aumento del 28 por ciento en la cantidad de palomitas ingeridas. Lo cual muestra que, cuanto más largo es un programa o una película, más palomitas llegan al estómago.

De todos modos, pensándolo bien, Cris y sus amigas sí que han disfrutado de las palomitas. Al principio porque tenían hambre y además estaban sabrosas. Y después porque las palomitas les han ayudado a tener las manos entretenidas y a aliviar la tensión durante la película. Al salir del cine, van a buscar a los tres amigos del instituto con los que habían quedado pero, cuando llegan, resulta que se han apuntado tres personas más, dos chicos y una chica. Así que se encuentran formando parte de una pandilla de diez adolescentes, cinco chicas y cinco chicos, un sábado a última hora de la tarde. Algunos son muy amigos entre ellos, otros no tanto. Son un grupo complejo. Entre diez personas, hay 45 relaciones interpersonales, todas distintas. Se mezclan relaciones íntimas y otras distantes. Relaciones de atracción y de indiferencia. De cooperación y de competencia. De dominio y de autonomía... Estudiar todas estas relaciones sería el sueño de cualquier sociólogo especialista en adolescentes si supiera lo que está a punto de ocurrir.

Presión de grupo

Lo que ocurre es que uno de los chicos que se ha apuntado a última hora, a quien Cris tiene visto del instituto pero apenas conoce, lía un porro, lo enciende, fuma dos caladas con expresión de profunda satisfacción, tan profunda como sus pulmones cuando los llena de canabinoides hasta el último alveolo, y lo pasa. Se lo da primero a la chica con la que venía, que fuma una calada. Ella se lo pasa al otro chico que venía con ellos. Y éste, a uno de los amigos de Cris. Más que un amigo, es el chico que más le gusta. Que también fuma su calada. Mira a su alrededor.

La mira a ella. Y, saltándose al resto del grupo, alarga el brazo para pasarle el porro. ¡Justo el chico que le gusta tiene que hacerle esto! De repente parece que ella también le gusta a él. No lo esconde, se lo dice con este gesto delante de todos. Y parece que será la marihuana lo que los va a unir.

Esta situación tiene un nombre, se llama presión de grupo. Todo el mundo la experimenta de un modo u otro. No sólo los adolescentes, también los adultos. Es la presión que una persona siente para actuar tal como los demás esperan que actúe.

A veces puede ser positiva, como cuando Cris y sus amigas se animan entre ellas para preparar un examen. Otras veces puede ser negativa, como cuando una persona se siente obligada a hacer algo contra su voluntad.

Algunas veces puede ser explícita, como cuando alguien dice «¡venga, anímate, todo el mundo lo hace!». Otras es más sutil, como cuando se pasa un porro sin mediar palabra y se da a entender que compartirlo es lo normal, es lo que hay que hacer, y que no compartirlo es ser bicho raro y quedar fuera del grupo.

Nunca es fácil resistirse a la presión de grupo. En una fracción de segundo, el tiempo de ver venir el porro encendido hacia ella, Cris experimenta el temor a herir los sentimientos de su amigo si no acepta, el temor a ser rechazada por otras personas, a que se burlen de ella y la traten de niña pequeña, la confusión de no saber cómo reaccionar, la sensación de que en el fondo no quiere fumar y la urgencia de hacer algo rápido ya y no quedar como una tonta. Coger el porro o no cogerlo pero ya.

—No, gracias... —dice mirando a su amigo a los ojos—. Creo que las palomitas me han sentado mal.

Desconcertado, el chico ofrece el porro a una de las amigas de Cris.

—A mí tampoco me apetece —dice ella. Pero accede a coger el porro y se lo pasa de nuevo al chico que lo había encendido. Que lo coge a su vez, pero sin mirarla a los ojos, y fuma otra calada profunda y satisfecha. Una calada como diciendo no sabéis lo que os perdéis.

Si se fijan en un detalle, Cris ha resuelto la situación con un simple «no, gracias». Fue Rosa quien se lo enseñó, porque desde pequeña le ha hablado de drogas, de sexo, de ir en moto sin casco, de subirse a un coche con un conductor borracho, la ha preparado para una situación como la de esta tarde, y siempre le ha dicho que, cuando la presionen para hacer algo que ella no quiera hacer, que procure ser educada, pero que diga claramente lo que piensa y se mantenga firme. Le enseñó que es mejor no mostrarse agresiva porque la agresividad se puede volver en su contra. Ni intentar convencer a todo el mundo como si ella tuviera razón y los demás se equivocaran, porque cada uno puede tener razón desde su punto de vista. Y que no cambiara de tema ni buscara excusas, que afrontara una situación conflictiva cuando se planteara, porque si no, los otros verían que dudaba y la volverían a presionar.

También fue Rosa quien le dijo que mirara a los ojos al decir no. Así verán que lo tienes claro y que no te pueden presionar. Hasta aquí, todo teoría. Todo más fácil de decir que de hacer. Porque, pese a los consejos de Rosa, al encontrarse en una situación imprevista, Cris ha recurrido a una excusa. No es cierto que las palomitas le hayan sentado mal. Pero es lo único que se le ha ocurrido en ese momento para salvar la situación sin que su amigo se lo tomara mal.

Si se fijan en otro detalle, Cris no estaba sola frente al resto del grupo. Estaba con amigas y una de ellas la ha secundado. Estar solo o sentirse arropado marca muchas veces la diferencia entre ceder o resistir a la presión del grupo. Porque el poder del grupo se alimenta del temor a quedar al margen. Esto Rosa también se lo enseñó. Le dijo, si te juntas con gente con la que no te sientes cómoda, procura no ir sola. Intenta ir con alguien que te pueda apoyar si lo necesitas. Y si ella lo necesita, apóyala tú también. No hay mejor manera de ayudar a una amiga en apuros que apoyarla cuando otros la presionan. Lo debió de sacar de algún manual de supervivencia social.

Pero la amiga de Cris, tercer detalle, ha hecho más que apoyarla. Al devolver el porro al chico que lo había encendido, además, le ha aislado discretamente de los demás. Lo ha hecho de manera que nadie pudiera sentirse ofendido. Todos han podido mantener las apariencias como si no hubiera pasado nada. Pero el porro ha vuelto a su punto de origen y el chico ya no tenía motivo para hacerlo circular más. Porque el motivo no sólo era fumar, era convertirse en macho alfa. El líder del grupo, el más enrollado. El que establece las reglas: en este grupo se fuma y el primer porro lo lío yo. Y lo comparto porque soy generoso, podéis confiar en mí. Pero dos chicas de trece años no han aceptado sus reglas. No sabéis lo que os perdéis, me lo fumaré yo solo. Ha sido una manera de desactivarle. De decirle llámanos estrechas si quieres pero no cuentes con nosotras para la marihuana.

La marihuana ya no es una droga blanda

Cris y sus amigas tienen claro que la marihuana no es una droga blanda. A Cris se lo explicó Rosa y se lo han contado entre ellas. Una de las ventajas de tener una madre ginecóloga, para Cris, es que sabe cómo funciona su cuerpo mejor que ella misma. Nunca le ha dado lecciones magistrales. No es el tipo de madre que dice siéntate, hija, que te voy a enseñar todo lo que necesitas saber sobre la regla. O sobre los anticonceptivos. O sobre las drogas. Más bien habla de todo como por casualidad, como si se la pasara por la cabeza en ese momento, a raíz de algo que dan en la tele, o que lee en el diario, o los deberes que Cris trae del cole; hace comentarios como si no tuvieran ninguna importancia, es como una larga conversación hecha de frases sueltas, una conversación que empezó cuando Cris era pequeña y que ha ido desarrollándose con naturalidad durante diez años.

Y ahora que llega a la edad en que algún día le ofrecerán un cigarrillo, una copa, un porro o una raya, Cris ya sabe que tabaco, alcohol, marihuana y cocaína son todas ellas drogas que crean adicción. Que incluso sin llegar a la adicción pueden perjudicarla. Que la marihuana, por ejemplo, interfiere con la capacidad de concentración y la memoria, por eso los alumnos que fuman porros suelen tener peores notas que los que no los fuman. Que interfiere con la motivación y hace que además te importe poco si sacas malas notas y más adelante no puedas elegir qué carrera quieres hacer. Que algunas personas tienen que ir a urgencias porque sufren brotes psicóticos con alucinaciones por la marihuana. Y que algunas sufren esquizofrenia, una grave enfermedad mental donde los brotes psicóticos ya no son esporádicos sino recurrentes y se repiten aunque uno haya dejado de fumar porros.

Todo esto no son exageraciones que Rosa haya inculcado a Cris para asustarla y alejarla de las drogas. La estrategia del miedo, está comprobado, no es eficaz a largo plazo y además acaba volviéndose contra los padres, que acaban perdiendo credibilidad cuando sus hijos descubren que les han engañado. Rosa y Juan nunca engañan a Cris. Le enseñan cuáles son los valores importantes para ellos, como ser responsable de lo que uno hace, esforzarse para conseguir lo que quiere, respetar a los demás o ayudar a otros cuando lo necesitan, que son valores que guiarán a Cris cuando más adelante tenga que tomar decisiones sola, y que también son antídotos contra las drogas. Y siempre le dicen la verdad lo mejor que pueden. La verdad hasta donde ellos la conocen.

La verdad, con la marihuana, es que contiene moléculas canabinoides muy similares a otras moléculas segregadas por el propio cuerpo humano llamadas endocanabinoides. Estos endocanabinoides regulan múltiples funciones de nuestro cuerpo como el apetito, la fertilidad o la inmunidad y actúan en múltiples órganos como los del aparato digestivo, los del sistema cardiovascular y sobre todo el cerebro.

Rápido zoom al cerebro: está repleto de receptores canabinoides, que están ahí para responder a las sustancias segregadas por el cuerpo humano pero que son invadidos por moléculas de la marihuana. Los receptores canabinoides abundan desde el cerebelo y los ganglios basales, que regulan funciones primitivas como el movimiento y las emociones, hasta el córtex, que regula funciones avanzadas como el raciocinio y la concentración. De ahí que la marihuana interfiera en tantas funciones cognitivas, no sólo la concentración, la memoria y la motivación, como ya sabe Cris, sino también en la capacidad de evaluar riesgos, la coordinación o los reflejos al volante.

Todo esto no se sabía antes de 1990, cuando se descubrió el primer receptor canabinoide en el cerebro, llamado CB1. Pero desde entonces las sucesivas investigaciones sobre la actividad de la marihuana en el cuerpo humano han echado por tierra el viejo mito de que es una droga inofensiva. Hoy día, médicos y neurobiólogos la consideran una droga que afecta a varios órganos, que tiene múltiples efectos en el cerebro y en la que no hay ningún nivel de consumo que se pueda considerar seguro porque no hay manera de predecir con antelación quién sufrirá secuelas graves y quién no.

Cris, ya lo ven, está bien informada sobre la marihuana. Pero no le bastará con tener información para no exponerse a situaciones de riesgo. La información es necesaria pero no es suficiente. Es algo que Rosa ve a menudo en la consulta. Chicas que saben toda la teoría sobre los preservativos y después le llegan con un embarazo no deseado. O con una enfermedad de transmisión sexual. Con clamidias o con gonorreas o en algún caso incluso con el virus del sida. Chicas a veces no mucho mayores que Cris. Y cuando les pregunta cómo les ha ocurrido, el problema nunca es que no supieran a qué se exponían y cómo evitarlo. El problema es que tenían la información pero no los recursos emocionales para salir indemnes de una situación de riesgo. De una situación que ellas no controlaron, en la que no se sintieron con la fuerza suficiente para decidir qué hacían y cómo lo hacían, y cedieron a la presión de grupo o al chantaje emocional. Sabían perfectamente que el sexo sin protección las podía perjudicar, pero las emociones pudieron más que las razones. Esto es lo que ocurrió, y ahora estoy embarazada.

Así que Rosa y Juan han procurado no sólo que Cris tuviera información objetiva sobre sexo, drogas y conductas de riesgo, sino también los recursos emocionales para enfrentarse a situaciones difíciles. Desde luego, no es algo fácil de educar. El carácter no se puede enseñar igual que se enseñan datos objetivos sobre la ovulación o los receptores canabinoides. Pero hasta cierto punto también se puede inculcar. Se puede enseñar a decir no gracias mirando a los ojos. Se puede enseñar, como le han enseñado a Cris, a ser honesta con ella misma y confiar en lo que le dice su instinto, porque si se siente incómoda con algo que otros quieren que haga, es que probablemente no será algo bueno para ella. Se le puede aconsejar que, si tiene dudas, consulte a una persona adulta en quien confíe, aunque no sean sus padres y ellos no tengan por qué enterarse. Se le puede decir que no se sienta culpable si ha cometido un error o dos, que es mejor hablarlo que esconderlo.

Y, lo más importante, se la puede ayudar desde pequeña a aceptarse tal como es. Porque las personas inseguras y con una baja autoestima suelen ser las más vulnerables a la presión del grupo. Así que es mejor ayudarla a que adquiera seguridad en sí misma, con elogios y críticas constructivas, evitando ridiculizarla o avergonzarla, para que se sienta con fuerzas para mantener una posición distinta al resto del grupo si un día le hace falta.

Alcohol, tabaco y cocaína

Habrá muchas otras situaciones en que Cris y sus amigas van a tener que decir no gracias. No sólo no a la marihuana. También al tabaco y sobre todo, al alcohol. Decir no a drogas ubicuas y aceptadas, de consumo masivo. Tan masivo que en España el 60 por ciento de los adolescentes de quince años participan en botellones y el 76 por ciento de los que acuden a urgencias por problemas derivados de alguna droga lo hacen a raíz de una sobredosis de alcohol. El alcohol, además, suele ser el punto de partida hacia otras drogas. Estudios realizados en distintos países han observado que los adolescentes que han probado cocaína o heroína suelen haber consumido antes, por este orden, alcohol, tabaco y marihuana.

El mejor anuncio contra el tabaco y el alcohol, en casa de Cris, es que Rosa y Juan no fuman y beben sólo de manera esporádica. Fumar y beber es algo que en su casa no se hace y ella, de manera inconsciente, lo ha interiorizado como el modelo de lo que es normal. Ésta es una influencia sobre los hijos de la que los padres no suelen ser conscientes. Los niños aprenden a vivir como se vive en su casa. Si en casa no se fuma, es poco probable que los hijos, de mayores, fumen. Si en casa se come bien, es probable que de mayores coman bien. En el caso de Cris, el modelo que ha interiorizado es que se puede divertir sin alcohol. Hay chicos de su instituto para quienes divertirse es sinónimo de beber alcohol. Para ella no.

Después está la cocaína, con la que Cris y sus amigas van a cruzarse algún día. Una droga que también ha alcanzado un nivel de consumo masivo a medida que su precio ha bajado en los últimos años. La verdad, con la cocaína, según le ha ido contando Rosa a Cris en su larga conversación de frases sueltas, es que las personas que la consumen pierden la alegría, porque la cocaína satura unas neuronas que regulan el placer, la risa y la gratificación. Unas neuronas que se encuentran en el centro del cerebro. Y al principio tomar cocaína puede resultar muy divertido y gratificante, porque hace que estas neuronas estén hiperactivas. Pero pronto quedan tan quemadas que uno pierde la capacidad de experimentar sensaciones positivas. Y además de perder la alegría, también se pierde agilidad mental, capacidad de concentración, habilidad en la toma de decisiones y capacidad de controlar la impulsividad. En fin, que se estropea el cerebro. Y a veces también el corazón, en sentido literal y también en sentido figurado. Literal porque contrae las arterias y puede provocar un infarto, incluso en personas jóvenes que son consumidores ocasionales. Y figurado porque, con la adicción, se pierde hasta la capacidad de enamorarse. Para experimentar el amor, Cris, necesitas un cerebro sano.

Después del incidente del porro, de vuelta a casa, donde tienen que estar antes de las once, Cris y sus amigas empiezan a pensar todo lo que hubieran podido decir y no han dicho. Van casi gritando por la calle, interrumpiéndose mientras hablan, riendo, liberando la tensión. Pues yo la próxima vez le digo lo siento, necesito todas mis neuronas. No, mejor, me estoy preparando para un examen de taekwondo y no me lo puedo permitir. Pues yo diré que mi tío murió de cáncer de pulmón y no pienso fumar. Pero si tú nunca has tenido tíos. ¿Qué más da si ellos no lo saben? Quiero ver la cara que ponen. Pues yo creo que seguiré diciendo no gracias —dice Cris—. O yo paso, este rollo no me va. Si de verdad son amigos nuestros, no necesitamos dar explicaciones. Si no queremos hacer algo, lo respetarán. Y si no lo respetan, será que no son tan amigos. ¿Y si insisten, qué hacemos? Pues nos abrimos.

Educación sexual

Cris y sus amigas hacen piña, se apoyan entre ellas, trazan sus líneas rojas. Dicen no al alcohol. Por ahora por lo menos. No al tabaco. No a la marihuana. No a la cocaína. Hacen sus propias reglas, su propia presión de grupo. Sobre novios y sobre sexo, en cambio, hoy ni una palabra. Es algo en lo que les va a resultar más difícil hacer piña y trazar líneas rojas. Porque las drogas son colectivas, unen a los grupos, ya sea porque las comparten o porque las rechazan. Pero el amor es privado. No se puede compartir con las amigas, no lo experimentarán todas juntas y al mismo tiempo, sino cada una por su lado y en momentos distintos. Y, sin embargo, también existe una fuerte presión de grupo sobre el amor y sobre el sexo. Una presión que puede tener las consecuencias que Rosa ve a veces en la consulta.

Pero Rosa nunca le ha hablado a Cris del sexo igual que de las drogas. Lo único que tienen en común es que los dos pueden inducir sensaciones placenteras y los dos pueden tener efectos negativos irreversibles. Todo lo demás es distinto. Tratarlos como si fueran dos aspectos de un mismo problema, la obsesión por la gratificación inmediata en la era de la irresponsabilidad, es, le parece a Rosa, faltar a la verdad. Una mala estrategia educativa.

El problema, para Rosa, ha sido averiguar cuál era la buena estrategia. No sólo en casa con Cris, sino también en la consulta, porque han sido muchas las adolescentes que le han llegado con dudas y las madres que le han pedido consejo. Y no son preguntas para las que saliera bien preparada de la facultad. Acabó la carrera pudiendo dar una conferencia sobre la proliferación anómala de células del endometrio y no era capaz de contestar bien a una pregunta mucho más básica: ¿Cómo tengo que hablar de sexo con mi hija?

Pero ahora ya tiene una respuesta, destilada a base de experiencia e intercambios de opiniones con otros colegas. Lo que les dice ahora a sus pacientes adolescentes y a sus madres es que el sexo es parte de la vida. Una parte importante. Que es perfectamente natural que se sientan interesadas por el sexo. Al fin y al cabo, la razón de ser de la pubertad es precisamente el desarrollo sexual. Pasan de ser niñas a ser mujeres que pueden tener hijos. Pero que su cuerpo madure sexualmente no significa que para ellas sea el momento de empezar a tener relaciones sexuales. Y esto no se lo dice porque los adultos sean mojigatos o reprimidos. Se lo dice porque así es como funciona la naturaleza. Todas las especies de mamíferos dejan pasar cierto tiempo entre el momento en que maduran sexualmente y el momento en que inician la actividad sexual y empiezan a tener crías.

Les advierte que en esta peculiar especie de mamífero que somos los humanos es habitual presionar a las chicas para mantener relaciones sexuales. Se las ha presionado, o se las ha obligado, en todas las culturas y en todas las épocas. En nuestra sociedad, la presión se ejerce a través de medios de comunicación como el cine, la música o la publicidad, que bombardean sin cesar con imágenes hipersexuales y transmiten la idea de que tener relaciones sexuales es a lo que hay que aspirar. Las adolescentes también pueden sentirse presionadas por otros chicos y chicas de su edad, que les inducen a creer que todo el mundo lo hace y es lo normal, aunque no sea cierto. Pueden sentirse presionadas por sus parejas, porque es habitual que en una relación una persona experimente un mayor deseo sexual que la otra. Y pueden sentirse empujadas por la tormenta de hormonas que se desata en su propio cuerpo durante la adolescencia.

Pero les aconseja que no se dejen presionar. Que no traicionen sus creencias o sus opiniones morales. Les dice que el sexo no es algo banal pese a las imágenes que llegan de los medios de comunicación y que tiene una gran carga emocional. Y al final, les dice, tú eres la máxima responsable de tu cuerpo. No hagas caso a lo que te digan otras personas si va en contra de lo que sientes. Pero si practicas sexo, asegúrate de que es seguro.

¿Sexo seguro, le dijo un día una madre irritada que había acompañado a su hija a la consulta. ¿Con sólo decir sexo seguro, sólo dos palabras, cree que es suficiente? ¿No le parece que debería hablarle también de métodos anticonceptivos? Por supuesto, ahora se lo explico, la calmó Rosa. Pero lo que le voy a explicar sobre anticonceptivos sólo son datos. Que son importantes, pero no son lo más importante. Son datos que muchas chicas conocen y después no utilizan. Porque lo más importante, más que los datos, es que seas tú quien decida lo que haces. Que no te sientas obligada y no te dejes arrastrar a situaciones en las que pierdes el control.

Control, si se fijan, está siendo la palabra recurrente a lo largo de este capítulo. El concepto clave. El control como antídoto contra las drogas. El control como antídoto contra las conductas sexuales de riesgo. Como antídoto contra los accidentes de tráfico. Y falta, probablemente lo habrán adivinado, un último control. Como antídoto contra las dietas excesivas y desequilibradas.

Presión de grupo para una dieta sana

A aquella madre le preocupaban las relaciones sexuales que pudiera tener su hija y también las drogas que pudiera tomar. Pero le preocupaba poco lo que comía, lo cual es tan habitual como incoherente. Porque la dieta durante los años del instituto tiene, para la mayoría de las personas, un impacto mayor sobre la salud a largo plazo que la iniciación sexual o la experimentación con las drogas.

La adolescencia es una etapa en que el apetito aumenta, la actividad física suele reducirse y cada uno empieza a elegir lo que come, en muchos casos influido por sus amigos y por el marketing de productos ricos en azúcares, sal y grasas saturadas. Los padres ya no pueden controlar todo lo que comen sus hijos, no se pueden oponer a que elijan lo que les apetezca y difícilmente les pueden convencer de que prefieran unos alimentos y no otros. Pero, mamá, ¿cómo voy a pedir una ensalada si todo el mundo toma pizza? Van a pensar que soy marciana. Presión de grupo, una vez más. Ahora reconvertida en presión de pizza.

Todo ello lleva a un aumento del sobrepeso y la obesidad en un sector amplio de la población adolescente, a unos niveles arriesgados de colesterol y tensión arterial y a un déficit frecuente de micronutrientes importantes como calcio, hierro, zinc, potasio, ácido fólico o vitaminas A, C y D.

A esta situación se ha llegado en parte porque, al hablar de la salud de los adolescentes, se suele prestar menor atención a la dieta y a la actividad física que al sexo, las drogas o los accidentes de tráfico. La dieta y la actividad física se han dado por supuestas a medida que iban empeorando. No es que nadie diga explícitamente que la dieta y la actividad física sean poco importantes. Es sólo que se han dedicado más recursos y esfuerzos a prevenir otras conductas de riesgo.

Pero si la presión de grupo contribuye a menudo al deterioro de la dieta en la adolescencia, también hay casos en que contribuye a su mejora. Casos en que grupos de jóvenes aprenden a disfrutar de dietas saludables y en que su ejemplo se extiende entre sus compañeros. O en que una persona que ejerce algún tipo de liderazgo no se deja arrastrar a situaciones que le puedan perjudicar y se convierte en un modelo positivo para los demás, que aprenden a mantener el control sobre lo que comen y lo que beben igual que intentan mantenerlo sobre las drogas o sobre el sexo. La clave es la misma en todos los casos: ser capaz de decir «no, gracias» cuando no se quiere. No, gracias, por ejemplo, a las bebidas azucaradas diarias o a las raciones descomunales de palomitas.

14

COMER BIEN FUERA DE CASA

21.00 horas

Mientras Cris sigue aún con sus amigas y doña María se queda en casa con Pablo y Carla, Rosa y Juan salen a cenar juntos. Llevan el móvil encendido por si Cris les llama o doña María tiene algún problema en casa con los niños. Nunca han tenido que llamarlo, pero por si acaso.

Es una sana costumbre, la de salir a cenar juntos. Para ellos por lo menos. Empezaron a hacerlo cuando Cris era pequeña y se encontraron con que les faltaba tiempo para estar juntos a solas. Llegaron a un punto en que ya casi no hablaban. Nunca encontraban el momento de tener una conversación tranquila ellos dos solos como antes. Cuando no era un pañal era una papilla, o si no alguna llamada de trabajo, o cualquier interrupción imprevista, o simplemente que llegaban tan agotados al final del día que ya no les quedaban ganas de hablar. Hasta que dijeron basta. O quedamos para levantarnos juntos a las cinco de la madrugada antes de que el resto del mundo despierte o salimos a cenar juntos una vez por semana. De esto hace ya más de diez años. Y desde entonces lo han mantenido. Una cena a la semana para mantener unida la pareja. El viejo ritual de compartir alimentos, si recuerdan el capítulo 7, la dimensión social de la comida.

Qué restaurante elegir

¿Adónde vamos hoy?, pregunta Rosa. Difícil pregunta, en realidad, más difícil de lo que parece, porque obliga al cerebro a procesar una enorme cantidad de información a gran velocidad. Obliga a recuperar de la memoria una larga lista de restaurantes conocidos, a formarse una imagen mental del tipo de comida que ofrecen, a preguntarse qué le apetece a uno en ese momento y a cotejar la imagen de la comida con las apetencias. Y con la dificultad añadida de que, a menos que uno tenga un antojo, las apetencias son inconcretas y los platos de comida, concretos, de modo que nunca hay un encaje perfecto entre unas y otros en el momento de elegir restaurante.

Parte de esta dificultad viene de que hay muchos tipos de restaurantes distintos. Hay restaurantes de vocación diurna, especializados en comidas de mediodía, que pueden ser rápidas y ligeras, y otros de vocación más nocturna, con platos en general más elaborados y un ambiente que se presta a comer sin prisas. Hay restaurantes que preservan la tradición gastronómica de un país, como pequeñas ONG que mantienen vivos platos en peligro de extinción, y otros que importan una gastronomía más global basada en alimentos que se comen en todos los continentes, incluida la Antártida. Hay restaurantes con camareros que recogen los pedidos y traen la comida y otros donde cada cliente es su propio camarero, cosa que puede parecer una diferencia superficial pero que condiciona el tipo de comida que se sirve. Y, diferencia clave a la hora de elegir, hay restaurantes que le gustan más a Rosa y restaurantes que le gustan más a Juan.

Las hamburgueserías de comida rápida, por ejemplo. Desde

siempre han sido motivo de discusión entre ellos. Una discusión sin fin. Después de más de quince años viviendo juntos, aún no se han puesto de acuerdo. Juan las encuentra prácticas y baratas. Y la comida, dice, no está mal. Rosa las encuentra frías y de baja calidad. Y la comida no le gusta.

Los dos tienen razón y, aunque no se den cuenta, dicen lo mismo excepto en la cuestión de los gustos. Los restaurantes de *fast food* son prácticos porque uno puede confiar en que, vaya al cine, de compras, a otra ciudad o a otro país, siempre encontrará un establecimiento de este tipo donde comer. Sabe lo que podrá pedir allí aunque no entienda el idioma local y que podrá comer toda la familia. El establecimiento será espacioso, con muchas mesas, y probablemente tendrá que hacer poca cola. Pagará al principio y podrá elegir dónde se sienta, comer en el tiempo que quiera y marcharse cuando le parezca. Pero todas estas ventajas prácticas que les ve Juan son precisamente lo que hace que los establecimientos de comida rápida le resulten fríos a Rosa. Yin y yang.

Elogiar que la comida allí es barata y criticar que es de baja calidad son también dos maneras de expresar una misma realidad. Si la comida es barata y el restaurante debe ser rentable, los platos no pueden estar elaborados con ingredientes costosos. Las hamburguesas no estarán hechas con solomillo de ternera y las patatas no estarán fritas con un aceite de calidad. Y las calorías y la sensación de saciedad llegarán en gran parte en forma de azúcares y grasas baratas.

Esto no significa que las multinacionales de comida rápida no cumplan los requisitos de higiene más estrictos. Los alimentos que sirven están seleccionados y manipulados con garantías de que no vayan a causar infecciones ni intoxicaciones. Su consumo, salvo accidente, no supone ningún riesgo para la salud a corto plazo. Pero si el consumo es excesivo y frecuente sí supone un riesgo a largo plazo.

No es que en los restaurantes de comida rápida no sepan preparar alimentos más saludables. Es simplemente que responden a una demanda masiva de comida barata que les induce a utilizar ingredientes baratos. Si los consumidores dejaran de consumir tanta comida de gama baja y demandaran más calidad, las empresas se adaptarían. Rosa y Juan, por ejemplo, estarían dispuestos a pagar más por una comida rápida mejor. Si pudieran, cambiarían el *fast food* por el *fast good*.

Pero hoy no es día de *fast food* ni de *fast good*. Es día de disfrutar de una cena tranquila los dos solos. Una cena sin prisas, si puede ser con una vela en la mesa. Día para ir a un restaurante de vocación nocturna. ¿Te apetece aquel de los arroces marineros y los pescados?, propone Juan. Genial, dice Rosa, hace tiempo que no vamos allí.

Manual de supervivencia ante las tentaciones de la carta

En los restaurantes es fácil acabar comiendo más grasas y sal de las que uno es consciente y mayor cantidad de la que uno desea. En la carta no se suele indicar cómo está preparado cada plato, si lleva sal, mantequilla o crema de leche. Y si un plato tiene un precio elevado, además, la ración suele ser generosa. Más generosa por lo menos que si uno se hubiera preparado y servido el mismo plato en casa.

Todo lo cual no es ningún problema para personas que no tienen exceso de peso, ni la tensión o el colesterol demasiado altos, y que sólo comen en restaurantes de manera ocasional. Pero para personas que comen fuera con frecuencia por el trabajo como le ocurre a Juan, y para personas que deben controlar el peso, la tensión arterial o el colesterol, los restaurantes pueden ser el lugar donde se echa a perder la salud.

Así que Juan, desde que empezó a ir al médico para controlarse la tensión y combatir el sobrepeso, ha redactado un documento que ha titulado «Prehipertensos en el restaurante. Manual de supervivencia». Un decálogo de normas sencillas, casi todas ellas de sentido común, para no perder el control de lo que come. Lo tiene guardado en el ordenador y lo ha enviado por correo electrónico a amigos y colegas, que lo han mejorado y ampliado.

La primera es que, cuando sale con Rosa, come lo que le apetece. El médico le dijo que podía permitírselo. Comer lo que quiera una vez por semana no va a cambiar su metabolismo, le dijo. Lo importante es que controle lo que come en el día a día. Así que escribió: «1. Una vez por semana puedes comer lo que quieras.»

Segunda norma: «Resiste el instinto de pedir siempre el plato más apetitoso. Llevará grasas y sal aunque no las veas.»

Después viene la norma de los primeros platos, que suelen llevar menos calorías, menos grasas y más carbohidratos complejos que los segundos, así que suelen ser más aconsejables para controlar tanto el peso como el colesterol: «Pide dos primeros platos en lugar de un menú completo. Y si quieres tomar postre, pide antes un solo plato.»

La norma de los segundos, prevista para cuando se incumple la de los primeros: mejor carnes magras y pescados que salchichas o chuletas.

La norma de los acompañamientos: mejor ensalada que patatas fritas.

La norma de las salsas: mejor las que están hechas con tomate u otros vegetales que las de quesos o crema de leche.

La norma de los aliños: mejor aceite de oliva que mayonesas, salsas rosas y otras emulsiones.

La norma pan: no tomar pan antes de que llegue el primer plato.

La norma agua: beber sólo agua.

Y la norma final, propuesta por una compañera del taller de arquitectura y añadida al decálogo por aclamación popular: «En caso de duda, fiambrera (es más barato y sabes exactamente lo que comes).»

Pero hoy todas las normas de la dos a la diez han quedado guardadas en el ordenador, que está apagado en la oficina. Sólo piensa cumplir la primera: disfrutar de la cena con Rosa sin privarse de nada que le apetezca.

Leen la carta, que ya conocen de otras veces, y deciden compartir los platos. Es como volver a ser novios una vez por semana. Como entrante, una docena de ostras para los dos. Después, una paella de arroz negro, hecha con tinta de calamar. Para beber, agua y vino blanco. Postre, por ahora, no piden. Si siguen con apetito después del arroz, ya lo pedirán más tarde. Es otra de las normas que quería incluir en el decálogo, pero al final la sustituyó por la de la fiambrera: «No pidas el postre al principio de la comida porque no sabes con qué hambre llegarás al final.» La norma postre, se llamaba.

La cocina tradicional sobrevive en restaurantes

Mientras esperan las ostras, Rosa y Juan observan el ambiente del restaurante. Luces cálidas, manteles de algodón, decoración con artes de pesca colgadas en las paredes...

Rosa se ha sentado en el lugar que le permite ver mejor las otras mesas. Siempre lo hace, le gusta jugar a adivinar las relaciones entre personas sólo por sus gestos. Quiénes son pareja, quiénes son familia, quiénes son colegas, quiénes son amigos. Entre las parejas, quiénes viven juntos y quiénes son novios. Qué parejas tienen un buen futuro y cuáles tienen la relación averiada. Todo esto puede saberse por cómo están sentadas dos personas cuando comen juntas, por cómo se hablan aunque no se oiga lo que se dicen, por cómo celebran el ritual de compartir alimentos.

Juan, deformación profesional de arquitecto, se fija más en cómo es el restaurante. Cómo tiene distribuidos los espacios. Cómo ha encontrado un equilibrio entre tener el máximo número posible de mesas y tenerlas lo bastante separadas para respetar las conversaciones privadas. Cómo está decorado con materiales naturales y evita los sintéticos. En fin, cómo todo está pensado para crear un ambiente de cocina tradicional. Cenar aquí es como regresar por un rato al pasado. A una época en que se cocinaba sólo con fuego y aún no se había inventado el plástico.

Restaurantes como éste son los que preservan la cocina tradicional de cada región, el tipo de cocina que antiguamente se hacía en las casas. Ahora la cocina casera se ha convertido, sobre todo en días laborables, en un nuevo tipo de cocina rápida. Una cocina que a menudo opta por ingredientes saludables y una dieta equilibrada, pero cocina rápida al fin y al cabo. Y aquella cocina casera tradicional, que requiere más tiempo tanto para seleccionar como para preparar los alimentos, se ha profesionalizado y se elabora sobre todo en restaurantes.

Entre los restaurantes, los establecimientos que preservan la cocina tradicional conviven hoy con los de alta cocina, que son el resultado de una historia y una filosofía distintas. La cocina tradicional es descendiente de la cocina popular de los hogares, que estaba preparada con productos autóctonos y basada en recetas típicas de cada región. La alta cocina, en cambio, viene de la cocina elaborada para la nobleza por cocineros especializados desde antes de la Revolución francesa, nunca se ha limitado a ingredientes autóctonos, requiere un gran dominio técnico y busca más la innovación que la repetición. Pero esto no significa que unos tipos de restaurante sean mejores que otros. Los dos ofrecen hoy una cocina profesional que puede ser de primer nivel y las fronteras entre ambos tienden a difuminarse.

Pros y contras del menú infantil

A Rosa y a Juan les ha llamado la atención que incluso en un restaurante marinero como éste la carta incluya un menú infantil. El mismo menú infantil que se encuentra en restaurantes de montaña o de carretera, en restaurantes de pueblos pequeños y de grandes ciudades, en italianos y hasta en chinos. El menú infantil universal: macarrones o pizza de primero; hamburguesas o pollo con patatas fritas de segundo; mucho kétchup, y helado de postre, o a veces también flan, yogur o algún lácteo de chocolate. Todo por menos de diez euros.

Con tres hijos en casa, deberían estar a favor de estos menús. Son una apuesta segura, a los niños les gustan. Son asequibles y evitan el riesgo de pedirles un plato caro del que después sólo probarán un bocado. Al haber poco donde elegir, se prestan poco a discutir. Y cumplen la gran función de tener a la tropa calmada mientras los adultos pueden dedicarse a destripar crustáceos, hurgar en conchas de caracoles, saborear tentáculos de cefalópodos o disfrutar a su manera de cualquier otro manjar sofisticado.

Pero Rosa y Juan están en contra. De esto es de lo que hablan mientras esperan a que lleguen las ostras. Están en contra del concepto de menú infantil. Y no es que ellos nunca hayan recurrido a menús infantiles para Cris y para Pablo. Lo han hecho y sin remordimientos. Así que poco podemos criticar nosotros, ¿no te parece, Rosa?

Pero después de tantas pizzas y tantas hamburguesas han llegado a la conclusión de que proponer un menú infantil distinto al resto de la carta es trazar una frontera entre lo que comen los niños y lo que comen los adultos. Es como poner una etiqueta que diga: «comida para niños». Y privar a los niños de la oportunidad de descubrir sabores nuevos.

Cuando ellos eran pequeños, recuerdan, no había menús infantiles. Ni era tan habitual como ahora ir a restaurantes. Los niños comían lo mismo que los mayores en raciones más pequeñas. Y no siempre era una fiesta. La comida podía ser a veces monótona y a veces insulsa, eran otros tiempos. Pero ambos recuerdan la sorpresa y la emoción de descubrir sabores maravillosos en momentos inesperados. Como el sabor de unos anacardos para Rosa cuando tenía ocho años. O de unas gambas al ajillo descubiertas en unas vacaciones en el País Vasco para Juan. Experiencias tan intensas que aún recuerdan dónde estaban y con quién se encontraban en el momento en que ocurrieron.

La oportunidad de experimentar estas emociones, les parece, es algo que se está perdiendo. Suena a vestigio del pasado, a emociones fósiles.

Ahora es como si educáramos a los niños para que sólo quieran comer pizzas, macarrones, hamburguesas y patatas fritas, dice Rosa. Les tenemos con el sentido del sabor siempre saturado. Pero les gusta, dice Juan. Sí, pero, cuando todo gusta, nada entusiasma. Yo nunca he visto a Cris emocionarse por ningún sabor como a mí me emocionaron los anacardos.

Entonces, ¿dejamos de pedirles menús infantiles?, pregunta Juan.

¿Qué te parece si, cuando vayamos a un restaurante, pedimos el mismo tipo de comida para todos? Pedimos que nos traigan un plato vacío para Pablo y más adelante para Carla cuando crezca, y compartimos la comida con ellos. Total, con las raciones que suelen servir en los restaurantes, si pedimos dos platos podremos comer tres personas sin problema.

Afrodisíacos, ¿mito o realidad?

Llegan las ostras, sabor a mar. Un molusco que tiene un sabor más intenso cuanto más salada es el agua en la que se ha criado. Rico en proteínas y minerales como hierro, zinc, magnesio o fósforo. Con mínimas grasas. Y al que se han atribuido propiedades afrodisíacas por lo menos desde la antigüedad. Una sátira del poeta romano Juvenal ya cita el efecto afrodisíaco de las ostras. Y en el siglo XVIII, según cuenta la leyenda, Casanova podía comer cincuenta ostras crudas para desayunar, supuestamente para no desfallecer después. Todo un pionero, Casanova. Dos siglos y medio antes de que los deportistas profesionales empezaran a cuidar la dieta, él ya tomaba un desayuno pensado para optimizar su rendimiento físico.

En realidad, las ostras son uno más de los muchos alimentos a los que se ha atribuido la capacidad de aumentar el deseo o el rendimiento sexual. En diferentes épocas y en diferentes civilizaciones, también se han considerado afrodisíacos los espárragos, que en la Francia del siglo XIX se servían a los novios en la cena de la víspera de la boda —tres platos de espárragos les servían, al parecer—. Los aguacates, cuyo nombre azteca original, *ahuacuatl*, se cree que significaba... ADVERTENCIA: EL FINAL DE ESTA FRASE PUEDE ALTERAR DE MANERA IRREVERSIBLE SU VISIÓN DE LOS AGUACATES; SI PREFIERE CONSERVAR SU VISIÓN ACTUAL, VAYA DIRECTAMENTE AL PÁRRAFO SIGUIENTE... cuyo nombre azteca original, decíamos, se cree que significaba literalmente «árbol de testículos», por la apariencia del fruto cuando cuelga de las ramas.

También el chocolate que, según testimonios de los conquistadores españoles, el emperador azteca Moctezuma tomaba en grandes cantidades antes de retirarse a su harén (¡otro pionero,

Moctezuma!). O la piña, que aún hoy se utiliza contra la impotencia en tratamientos de medicina alternativa. Entre otros muchos.

En algunos casos, el supuesto efecto afrodisíaco se deriva de la forma del alimento. Por ejemplo, los espárragos, las zanahorias, los aguacates o el cuerno de rinoceronte para los hombres. O las fresas, los higos y las ostras para las mujeres.

En otros casos, el efecto se deriva de la fuerza del animal del que procede, como el pene de tigre o —de nuevo— el cuerno de rinoceronte.

O también puede derivarse de algunos componentes del alimento que actúan a nivel molecular en el cuerpo humano. Esto explicaría el «supuesto» efecto del cacao, que contiene por lo menos dos moléculas involucradas en el sexo y en el amor: triptófano (imprescindible para que el cerebro fabrique serotonina, un neurotransmisor que participa en el placer y la excitación sexual) y feniletilamina (un neurotransmisor relacionado con el enamoramiento). También el efecto afrodisíaco de las ostras admite una explicación molecular, ya que contienen zinc (un mineral necesario para la producción de espermatozoides) y NMDA (un ácido que aumenta los niveles de testosterona, según los resultados de experimentos con ratones).

Pero todo esto Casanova y Moctezuma no podían saberlo. Su relación con los afrodisíacos debía de ser empírica. Si tomaban ostras o chocolate antes de sus proezas sexuales, debía de ser porque creían que a ellos les funcionaba. De lo contrario, hubieran dejado de tomarlos.

Intrigados por el supuesto poder afrodisíaco del cacao, investigadores de la Universidad de Milán y de la Universidad Vita-Salute San Raffaele, también de Milán, han estudiado el efecto del consumo de chocolate sobre la actividad sexual de 163 mujeres de entre veintiséis y cuarenta y cuatro años. Los resultados han puesto de manifiesto que, en esta franja de edad, las mujeres más jóvenes tienen una vida sexual más intensa que las que son mayores, por lo menos en el norte de Italia: más actividad a los treinta que a los cuarenta. Pero no se ha observado ninguna diferencia significativa entre las que toman más chocolate y las que toman menos. El chocolate, han concluido los investigadores, no tiene ningún efecto significativo sobre la actividad sexual.

Y no sólo el chocolate. A día de hoy, ninguna investigación científica ha conseguido detectar actividad afrodisíaca en ningún alimento. Tampoco nadie ha conseguido explicar por qué, suponiendo que el chocolate sea afrodisíaco gracias al triptófano o a la feniletilamina, y las ostras gracias al zinc o al NMDA, otros alimentos que contienen estas mismas sustancias no lo son.

Lo cual plantea una paradoja: ¿Cómo es posible que tantas personas a lo largo de la historia hayan percibido un efecto afrodisíaco en algunos alimentos y que después los científicos digan que no tienen ningún efecto? ¿Se equivocaban Moctezuma y Casanova? ¿O se equivocan los científicos? ¿A ti qué te parece, Rosa, tú crees que las ostras son afrodisíacas?

No creo que nadie se equivoque, contesta Rosa, todos deben de tener su parte de razón.

¿Y cómo pueden tener todos razón si dicen lo contrario?, insiste Juan. Pues por el efecto placebo. Cuando tomas algo creyendo que te hará un efecto, hay algún mecanismo psicológico que ayuda a que te haga ese efecto. Así que un alimento puede tener un efecto afrodisíaco psicológico, que es real, aunque no tenga ningún efecto afrodisíaco fisiológico. O tal vez no sea ni eso. Tal vez lo que ocurre es que, cuando una persona recurre a un alimento afrodisíaco, es que ya tiene ganas de sexo desde antes de tomarlo, y lo que la mantiene activa no es el alimento sino las ganas.

O sea, que en el fondo no hay ningún alimento que ayude a tener mejor actividad sexual, dice Juan decepcionado.

Sí que lo hay, le corrige Rosa, hay muchos. Más que un alimento en concreto, existe toda una dieta para tener una buena actividad sexual. Por lo menos para los hombres.

¿Y qué dieta es ésa?, ¡esto me interesa!, insiste Juan. Pues una dieta que te mantenga las arterias bien sanas, porque hace falta un buen riego sanguíneo del pene para tener una buena erección. Muchos vegetales y pescado, pocas grasas y poca carne. Mucha actividad física. Y cero tabaco. ¡Justo lo que yo hago!

El sabor, experiencia multisensorial

La paella de arroz negro encaja de lleno en esta dieta para una buena actividad sexual que propone Rosa. Es un plato cardiosaludable, adecuado para cuidar las arterias. Un plato que a Juan de pequeño no le gustaba y que ahora en cambio le chifla. Es curioso cómo evoluciona el gusto a lo largo de la vida. Y curioso también lo importante que llega a ser el color en la apreciación de un plato.

De pequeño el arroz le gustaba rojo. En segundo lugar, amarillo. Y blanco antes que negro. Antes sin nada que con tinta. Le gustaba que tuviera color tomate. Si era rojo, para él sabía a tomate. Si era negro, sabía a sepia. Más tarde comprendió por qué le ocurría esto: el aspecto de un plato condiciona el sabor que tiene. La expectativa condiciona la percepción. Está comprobado: si uno come patata mientras mira una manzana, puede tener la sensación de que come manzana. O, como saben los fabricantes de bombones, si el color es de chocolate, muchas personas encontrarán que sabe a chocolate aunque la cantidad de cacao sea insignificante. Son ejemplos que muestran, una vez más, hasta qué punto el cerebro puede llegar a manipularse a sí mismo. Igual que con los afrodisíacos.

Este autoengaño es posible porque el sabor, en realidad, no se origina en la boca, sino en el cerebro. Es una experiencia multisensorial que integra estímulos de los cinco sentidos. Del sentido del gusto, que es la parte del sabor que se origina en la boca. Del olfato, mucho más sutil que el gusto, que es capaz de identificar una gran variedad de moléculas y es el que permite apreciar cientos o miles de sabores distintos. Es por esta razón que un buen vino o un buen guiso se suelen oler además de comer o beber y que, cuando se tiene la nariz tapada, no se aprecian tanto los sabores.

Después está el sentido de la vista: rojo tomate, negro marisco. El del tacto, muy importante, que permite apreciar las distintas texturas y temperaturas de los alimentos y que es la clave del éxito de productos que se han globalizado como la pasta o los helados. Y hasta el sentido del oído, que ayuda a percibir si un alimento es más o menos crujiente.

Así que no es ninguna exageración afirmar que, para apreciar un plato, conviene degustarlo con los cinco sentidos. Con los cinco sentidos más la memoria porque, como la expectativa condiciona la percepción, entra en juego todo el archivo de recuerdos de sabores pasados. Millones de neuronas en acción para cada pequeño bocado de arroz.

Pues a mí siempre me ha gustado el arroz negro, dice Rosa. De pequeña y ahora. Cuando era pequeña me gustaba más con tomate y ahora me gusta más con tinta, pero a mí los arroces siempre me han gustado.

Juan siempre le ha envidiado a Rosa su capacidad para apreciar sabores y disfrutar de matices que él no percibe. Desde que eran novios le ha intrigado por qué ella es más sensible a los sabores que él. Y por qué a ella le gustan más algunos sabores y a él otros distintos.

Nadie ha encontrado aún respuesta a estas preguntas. Pero quien más se ha acercado tal vez es la investigadora Linda Bartoshuk, de la Universidad de Florida, que ha descubierto diferencias genéticas entre personas que explican que reaccionen de manera distinta ante los sabores.

A partir de estas diferencias, se ha calculado que cerca de un 25 por ciento de las personas tiene una sensibilidad alta a los sabores. Bartoshuk las llama supercatadoras (*supertasters*, en inglés). Tienen la suerte de poder apreciar más aquellos sabores que les gustan, pero también les molestan más aquellos que les disgustan. Rosa está en este 25 por ciento. Entre las supercatadoras, no es raro encontrar a personas a las que les desagrada el café, las bebidas con gas o ciertos vegetales como las coles de Bruselas, la coliflor o las espinacas. Por motivos que se desconocen, esta alta sensibilidad a los sabores es más habitual en mujeres que en hombres. En la población europea, se estima que una de cada tres mujeres, frente a uno de cada seis hombres, son supercatadoras.

Otro 50 por ciento de la población tiene una sensibilidad media a los sabores. Es el grupo en el que está Juan. Son personas que disfrutan de la comida, pero que no tienen tanta capacidad para distinguir toda la riqueza de aromas de un vino complejo o de ciertos platos elaborados. Lo que las diferencia de las supercatadoras es que tienen menos papilas gustativas en la lengua.

El último 25 por ciento tiene una sensibilidad baja a los sabores. Bartoshuk las llama no catadoras. Suelen ser personas más sensibles a la textura, la temperatura o la apariencia de un alimento que a su gusto o aroma. Personas en general poco inclinadas a pagar grandes sumas por un plato extraordinario o por un gran vino porque para ellas la diferencia de precio no compensa la diferencia de sabor. Pero esta baja sensibilidad a los sabores no es un defecto, igual que una alta sensibilidad no es una virtud. Es algo que forma parte de la diversidad natural humana, como ser más alto o más bajo o tener el pelo más claro o más oscuro, y no es signo de ningún problema de salud.

También es la genética lo que explica que unos sabores resulten agradables para casi todo el mundo y otros provoquen un rechazo casi unánime, especialmente entre los niños. Como norma general, sabores dulces y salados resultan atractivos, mientras que sabores ácidos y sobre todo amargos resultan repulsivos. Es el resultado de millones de años de selección natural que han perfeccionado nuestro sentido del gusto. La atracción por lo dulce, por ejemplo, es la estrategia que encontró la evolución para empujar a los homínidos a ingerir los azúcares —y, por lo tanto, la energía— necesarios para sobrevivir. La aversión por lo amargo es la estrategia para evitar morir envenenados por plantas tóxicas, que suelen ser ricas en sustancias alcaloides amargas.

El resultado de estas influencias genéticas es que uno no elige su sentido del gusto. No se puede elegir que a uno le guste el chocolate o le desagrade el roquefort. Y si un niño es un supercatador y tiene aversión a las coles de Bruselas, no por obligarle a comérselas se conseguirá que le gusten. Sin embargo, hasta cierto punto, dentro de los márgenes que permite la genética, el sentido del gusto sí se puede educar. La prueba es que personas de culturas distintas tienen gustos gastronómicos distintos. Y, como ha comprobado Juan con el arroz negro, los gustos evolucionan a lo largo de la vida.

Se ha observado, por ejemplo, que los niños son más sensibles a sabores amargos que los adultos. Incluso entre adolescentes y adultos, algunos alimentos que provocan una sensación desagradable la primera vez que se toman se aprende a apreciarlos si se toman varias veces. Entre ellos, el caviar, el pomelo y el café. Y algunos contrastes de sabores, como los platos agridulces de la cocina oriental, que combinan la atracción por lo dulce con la aversión por lo agrio, tampoco suelen ser amor a primera vista. Si se prueban suficientes veces, acaban gustando a la mayoría de personas. Pero si nunca se prueban, se corre el riesgo de seguir anclado toda la vida en la comodidad del menú infantil.

¿Comer por la noche hace engordar más?

Cambio de tercio. El camarero retira los platos de arroz y trae la carta de postres. Tiramisús, chocolatísimos, babás al ron, merengues... A cuál más apetitoso. Y a cuál más calórico. Después de las ostras y el arroz, a Rosa y a Juan no les queda hambre para tanto postre. Algo les gustaría tomar, para acabar la cena con una guinda, pero con un pequeño bocado dulce se conformarían.

Por cierto, pregunta Juan, ¿tú crees que tomar un postre así por la noche engorda más que tomarlo a mediodía?

Es una idea extendida, la del peligro de las calorías nocturnas. Algunas dietas para adelgazar han incorporado esta idea y recomiendan no comer a última hora del día. Circula incluso una teoría para explicar por qué cenar tarde induce a ganar peso. El problema, según esta teoría, es que no da tiempo a quemar las calorías de la cena antes de acostarse. Y como durante el sueño se queman menos calorías que durante el día, el superávit de la cena se acumula en forma de grasa antes de que el cuerpo tenga ocasión de gastarlo en forma de energía.

Sin embargo, que algunas dietas para adelgazar recomienden no cenar tarde y que haya una teoría para justificarlo, una teoría que a muchas personas les puede parecer plausible, no significa que esta teoría sea correcta.

En realidad, cuando se han hecho investigaciones rigurosas para comprobar si las horas de las comidas influyen en la tendencia a ganar peso, se ha visto que hay una comida al día que sí influye. Pero no es la cena, es el desayuno. Y lo que ayuda a controlar el peso no es desayunar poco sino todo lo contrario, desayunar bien.

En lo que respecta a la cena, se ha observado que efectivamente la obesidad es más común entre las personas que comen mucho por la noche que entre las que no lo hacen. Pero cuando se analizan los datos con detalle, se ve que el origen del problema no está en la hora de la cena sino en la cantidad.

Si se come mucho a mediodía y se cena mucho por la noche, es fácil acumular sobrepeso. Si se procura que la comida o la cena sean ligeras, por lo menos una de las dos, resulta más fácil mantener un peso adecuado.

Así que no, contesta Rosa, no creo que tomar un postre por la noche haga engordar más que tomarlo a mediodía. Para ganar o perder peso, lo que importa no es a qué hora comes, sino cuántas calorías comes a lo largo del día o de la semana. Si comes más de las que gastas, ganas peso. Si gastas más de las que comes, lo pierdes. Es así de simple. Y ya que estamos, ¿qué te parece si pedimos unas pocas calorías más en forma de tiramisú?

Perfecto, y cuando lleguemos a casa las gastamos, ¿vale?

15 LOS MALENTENDIDOS DEL ALCOHOL

23.00 horas

Para acabar la cena, después del tiramisú, Rosa y Juan piden un café descafeinado y un gin-tonic para cada uno. Un final excepcional para una cena excepcional. No es precisamente el tipo de final que Rosa recomendaría a sus pacientes. Nunca ha recomendado a nadie que tome vino o cualquier otra bebida alcohólica cuando le han preguntado en la consulta si es bueno para la salud. Pero se puede permitir tomar un gin-tonic hoy después de las dos copas de vino de la cena.

El alcohol es una de las paradojas de la medicina. Pocos médicos recomiendan tomarlo y sin embargo muchos de ellos lo toman. Investigan sus beneficios pero advierten de sus riesgos. En cantidades moderadas resulta saludable, admiten, pero en las cantidades en que lo toma gran parte de la población resulta perjudicial. Porque son muchas las personas que beben en exceso sin llegar a ser alcohólicas y sin ser conscientes de los daños que el consumo de alcohol les puede ocasionar a largo plazo.

Así que, ante lo fácil que resulta excederse en el consumo de alcohol, las recomendaciones se resumen en: si usted no bebe, siga sin beber; si bebe una o dos copas al día, puede seguir así; y si bebe más de dos copas al día, procure beber menos.

Antes que la escritura, fue el alcohol

La contradicción ante la que se encuentran los médicos con el alcohol, el difícil equilibrio entre beneficios y riesgos, se remonta a la antigüedad. El *Charaka Samhita*, el texto más antiguo de la medicina ayurvédica india, ya señalaba que «el vino es la primera de todas las cosas que lleva a la alegría; el exceso de vino es la primera de todas las cosas que lleva a la pérdida de la inteligencia y de la memoria». Y recomendaba el vino «tomado como medicina y no para intoxicarse».

La humanidad elabora vino y cerveza desde la prehistoria: antes que la escritura, fue el alcohol. Cinco mil cuatrocientos años antes de Cristo, los pobladores de los montes de Zagros, en lo que hoy día es Irán, ya habían descubierto la curiosa experiencia de beber zumo de uva fermentado. El vino fue venerado en el antiguo Egipto, donde se enterró a Tutankamon y probablemente a otros faraones con grandes ánforas, supuestamente para facilitarles el viaje al más allá. Fue venerado en la antigua India, donde se le atribuyeron propiedades curativas. Fue venerado en la antigua Grecia y la antigua Roma, donde el dios Dioniso (llamado Baco en Roma), hijo de Zeus, inspiraba el éxtasis. Y en cierto modo es venerado también hoy día, cuando la uva es la fruta que más se cultiva en el mundo y el 70 por ciento de estos cultivos se dedican a elaborar vino.

La cerveza no se ha venerado tanto como el vino. En las culturas que han conocido las dos bebidas, los ricos han tomado vino y los pobres, cerveza. En el antiguo Egipto y en la antigua Roma, por ejemplo. Pero la cerveza también forma parte de la historia de la humanidad desde la prehistoria. Y su descubrimiento fue más meritorio. Con el vino, bastaba con esperar a que el azúcar de la uva madura fermentara para obtener alcohol y a que los aromas de la fruta le dieran un sabor agradable. La cerveza se obtiene de cereales que no tienen ni el azúcar ni los aromas de la fruta madura. Fue preciso aprender a descomponer los carbohidratos de los cereales en azúcares para iniciar la fermentación y que los maestros cerveceros aguzaran su ingenio a lo largo de los siglos para mejorar su sabor.

Prueba de la enorme atracción que siente la humanidad por el alcohol es que, pese a la dificultad de elaborar bebidas alcohólicas a partir de cereales, las cervezas se descubrieron de manera independiente en tres lugares distintos en la prehistoria: en América, donde las mujeres incas descomponían los carbohidratos del maíz con una enzima de su propia saliva; en el extremo Oriente, donde se aprendió a descomponer los carbohidratos del arroz con un hongo; y en Oriente Medio, donde se descubrió la técnica de elaboración de cerveza que hoy más se utiliza en el mundo y que se basa en descomponer los carbohidratos con enzimas del propio cereal.

Las bebidas de alta graduación, por el contrario, no se desarrollaron hasta que se extendió la técnica de destilación en la Edad Media. Al principio se destilaron con fines medicinales. El gran médico catalán Arnau de Vilanova ya se percató de que el alcohol tiene efectos interesantes en el cuerpo humano y se le atribuye la expresión *aqua vitae*, el agua de la vida, para designar el alcohol destilado a partir del vino, expresión de la que derivan los nombres del *aquavit* escandinavo y del whisky británico (previa traducción de *aqua vitae* al gaélico: *uisge beatha*). No fue hasta dos siglos más tarde, en el siglo XV, que los destilados empezaron a tomarse también por placer. Las ginebras, como la que toman hoy Rosa y Juan, se formularon por primera vez en Holanda en el siglo XVI y también se les atribuyeron durante siglos virtudes medicinales como, por ejemplo, un efecto diurético.

Incluso en épocas más modernas, la historia de la medicina ha seguido estrechamente ligada a la del alcohol. El químico Louis Pasteur, fundador de la microbiología moderna, dedicó parte de su carrera a investigar las reacciones de fermentación y las enfermedades del vino. Los primeros microorganismos aislados en laboratorio fueron levaduras de vino y de cerveza. Y hoy día sigue siendo habitual, cuando se brinda con alcohol, decir ¡salud!.

Virtudes del alcohol en la cocina

El alcohol, y ahí reside gran parte de su interés, tiene la curiosa propiedad de ser soluble en agua y en grasas al mismo tiempo. Se dice que es hidrosoluble y liposoluble. Esto es lo que le permite estar disuelto en agua en bebidas como el vino o la cerveza pero, una vez se toma, ir a buscar las membranas celulares, que están formadas mayoritariamente por grasas. Su facilidad para interferir con las membranas y para acceder al interior de las células es lo que explica que su acción no se limite a unos pocos órganos como ocurre con otras drogas sino que tenga efectos extensos en el organismo.

Para el cocinero, la capacidad de disolverse tanto en agua como en grasas hace del alcohol un ingrediente versátil que se incorpora a una gran variedad de recetas. Los platos que se preparan con alcohol abarcan desde sopas (como el consomé al jerez) a carnes (solomillo al oporto), pescados (merluza a la cerveza), postres (tartas al whisky) y hasta el café (café flambeado). Pueden probar a pensar ustedes mismos ejemplos de platos elaborados con alcohol y verán cómo rápidamente les salen media docena.

Pero el motivo principal por el que todas estas recetas llevan alcohol no es aprovechar sus efectos psicotrópicos para que los comensales se sientan alegres. El alcohol se evapora a 78 grados, una temperatura baja comparada con los 100 grados a los que hierve el agua, por lo que una gran parte se pierde durante la cocción. Si tantas recetas llevan alcohol es sobre todo porque se trata de un compuesto volátil y propenso a reaccionar con otras moléculas, lo cual favorece la extracción de compuestos aromáticos de los alimentos. Así, unos riñones al jerez (¿se les había ocurrido este ejemplo?) suelen resultar más aromáticos que unos riñones abstemios. Pero el aroma que se intensifica no es el del jerez sino el de los propios riñones.

Sin embargo, cuando se cocina con cerveza, vinos o licores, siempre acaba quedando cierta cantidad de alcohol en el plato. Queda una cantidad mayor o menor según la temperatura y el tiempo de cocción. En un estofado cocinado a fuego lento puede no quedar más del 5 por ciento de la cantidad inicial, mientras que en cocciones más rápidas puede quedar entre el 10 y el 50 por ciento, en postres flambeados, hasta el 75 por ciento, y en sorbetes con alcohol, el ciento por ciento. Estas cantidades no tienen por qué plantear ningún problema para personas adultas sanas. Un 5 por ciento de la pequeña cantidad de vino añadida a un estofado que se comparte entre ocho personas no tiene ningún efecto significativo sobre el nivel de alcoholemia. Pero en los casos en que se cocina para personas que deben evitar todo tipo de alcohol, como niños, enfermos hepáticos o ex alcohólicos, es preferible preparar recetas libres de alcohol.

El límite entre consumo saludable y consumo excesivo

¿Tú crees que hemos bebido demasiado esta noche?, pregunta Juan.

Sería demasiado si cada noche bebiéramos lo mismo, dice

Rosa apurando su vaso. Media botella de vino y un gin-tonic cada noche sería insostenible. Pero no creo que nos pase nada por beber un poco más de lo habitual de vez en cuando sin llegar a emborracharnos.

Dice creo porque no está segura. Nadie lo está. Hay una enorme confusión sobre cuál es el nivel de consumo adecuado de alcohol para una persona. Depende de si es hombre o mujer. De si pesa más o menos. De cómo tenga la tensión arterial. De si tiene dañados el hígado o el corazón. De cómo tenga el gen ADH1C, que está involucrado en la metabolización del alcohol y del que hay dos versiones, una de las cuales protege y la otra hace más vulnerable... Hay tantas variables en juego que al final nadie tiene manera de saber cuál es exactamente la cantidad de consumo de alcohol más adecuada para él.

Pero lo que dice Rosa coincide con las recomendaciones actuales del Instituto Nacional de Abuso de Alcohol y Alcoholismo de Estados Unidos. Estas recomendaciones establecen un límite máximo de catorce bebidas alcohólicas por semana en hombres y siete en mujeres. Lo cual equivale a una media de dos bebidas diarias en hombres y una en mujeres. Pero son recomendaciones lo bastante flexibles para que, en días excepcionales, se pueda elevar el límite a cuatro bebidas para hombres y tres para mujeres, como han hecho hoy Rosa y Juan. Siempre que en el conjunto de la semana no se sobrepasen los límites de catorce y siete.

Una bebida, en este caso, equivale a una lata de cerveza, una copa de 150 mililitros de vino o un combinado con 40 mililitros de una bebida de alta graduación. Cualquiera de los tres aporta una cantidad similar de alcohol: entre 15 y 20 gramos de alcohol puro.

La diferencia entre sexos se debe a que los hombres suelen metabolizar el alcohol con más eficiencia que las mujeres. Por término medio, por cada diez gramos de alcohol que ingiere un hombre, tres se destruyen en el aparato digestivo y siete llegan a la sangre. En las mujeres, sólo un gramo se destruye en el aparato digestivo y nueve llegan a la sangre. Además, los hombres, al tener una masa corporal mayor que las mujeres, suelen tener un mayor volumen de sangre en el que diluir el alcohol. Todo esto explica que, tras beber una misma cantidad de alcohol, las mujeres experimenten en general un aumento de la concentración de alcohol en la sangre más rápido que los hombres. Y por lo tanto, que sean más sensibles a los efectos del alcohol.

Para evitar el aumento súbito de la alcoholemia, es aconsejable no empezar a beber con el estómago vacío, ya que la presencia de otros alimentos en el aparato digestivo ayuda a retrasar el paso de alcohol a la sangre. También es aconsejable beber poco a poco a medida que se come. Degustar más que tragar. Platos ricos en carbohidratos complejos y en grasas, unos macarrones con salsa, por ejemplo, parecen ser especialmente eficaces para retrasar la absorción del alcohol. En cambio, el alcohol de bebidas espumosas pasa más rápidamente a la sangre que el de bebidas sin gas, lo que explica que muchas personas tengan la impresión de que una copa de cava les afecta más que una copa de vino, cuando la cantidad de alcohol es similar en ambos casos.

El alcohol es una droga de acción rápida y metabolización lenta. Sus primeros efectos se empiezan a notar antes de diez minutos, son máximos entre 30 y 60 minutos después de beber y, una vez se ha apurado una copa, suele tardar horas en desaparecer de la sangre. Desaparece a medida que el hígado lo descompone, por lo general a un ritmo de entre 10 y 15 gramos de alcohol por hora. Por lo tanto, hace falta entre una hora y una hora y media para que no quede rastro del alcohol de una lata de cerveza, una copa de vino o un combinado. Con dos cervezas, hace falta el doble: entre dos y tres horas. Y en el caso de Rosa y Juan, que habrán tomado casi 50 gramos de alcohol cada uno entre las dos copas de vino y el gin-tonic, harán falta entre tres y cinco horas antes de recuperar una alcoholemia prácticamente indetectable.

Beneficios del consumo moderado

A estas alturas ya no hay duda de que el consumo de una pequeña cantidad de alcohol al día es saludable para el corazón y las arterias. Más de cien estudios prospectivos —estudios en los que se mira la cantidad de alcohol que toman distintas personas y se analiza cómo evoluciona su salud en los años siguientes— han detectado que el consumo moderado de alcohol reduce significativamente el riesgo de sufrir infartos, embolias, enfermedad vascular periférica y muerte por cualquier causa cardiovascular.

Este beneficio para el corazón y las arterias se ha observado tanto en hombres como en mujeres, tanto en adultos jóvenes como en ancianos y tanto en personas que ya tenían una enfermedad cardiovascular diagnosticada como en personas que estaban sanas al iniciar los estudios.

A diferencia de los antiguos practicantes de la medicina ayurvédica, de los sacerdotes egipcios o de los alquimistas medievales, los médicos hoy están en condiciones de explicar por qué el alcohol, tomado con moderación, es saludable para el sistema cardiovascular. Es bueno para el colesterol, porque eleva el nivel del HDL (el colesterol bueno, que elimina el colesterol malo), lo que ayuda a mantener las arterias en buen estado. Es bueno por su efecto anticoagulante, que reduce el riesgo de que se formen trombos que desencadenen un infarto o una embolia. Es bueno para regular el nivel de azúcar en la sangre, porque mejora la sensibilidad a la insulina. Y la suma de todos estos efectos tiene un efecto positivo para el endotelio, la pared interior de las arterias, que es donde se originan los infartos.

Gracias al efecto sobre la insulina, además, es posible que un consumo moderado de alcohol ayude a prevenir la diabetes tipo 2, que es la más común. Se ha observado que también es útil para prevenir la formación de cálculos (o piedras) en la vesícula o los conductos biliares. Y parece tener un efecto preventivo del alzhéimer, probablemente porque mejora el riego sanguíneo en el cerebro y tal vez también porque aporta sustancias que limitan los estragos de la enfermedad.

Pese a todos estos beneficios, no hay ninguna sociedad médica de prestigio que recomiende beber alcohol por razones de salud. Si una persona no bebe, la recomendación universal es que siga sin beber.

Resveratrol, antioxidante de moda

De todos los componentes del vino, el que más se está investigando en la actualidad por sus probables efectos saludables es el resveratrol. Se trata de un antioxidante que abunda en la piel y las pepitas de la uva y que se encuentra en cantidades apreciables en el vino tinto. El vino blanco, que se elabora separando el mosto de los hollejos antes de la fermentación, contiene cantidades muy inferiores. Y bebidas alcohólicas elaboradas sin uva, en principio, no contienen cantidades apreciables de resveratrol, con la posible excepción de bebidas elaboradas con frutos rojos como los pacharanes.

Las investigaciones sobre el resveratrol se han erigido en la mejor campaña de marketing del vino tinto en la última década. Tiene una acción anticancerígena, según se ha observado en decenas de estudios. Es antiinflamatorio. Regula el nivel de azúcar en la sangre. Previene el envejecimiento en ratones, que conservan en buen estado el corazón, los huesos, los ojos y los músculos hasta edades avanzadas. Y prolonga la vida en levaduras, gusanos, moscas y peces, aunque este efecto no se ha conseguido observar en ratones.

Tan grandes son las expectativas que ha suscitado el resveratrol que se han iniciado ensayos clínicos en los que se administra como fármaco y se evalúa su actividad en pacientes con cáncer colorrectal, con diabetes tipo 2 y con alzhéimer, entre otras enfermedades. Y varias compañías han puesto ya a la venta, sin esperar a los resultados de los ensayos clínicos, suplementos dietéticos de resveratrol en pastillas.

Quienes adquieren estas pastillas, sin embargo, suelen ignorar que ninguno de los efectos del resveratrol observados en gusanos, levaduras, moscas, peces y ratones se ha confirmado por ahora en personas. Que las dosis a las que se han observado estos efectos son enormes: el equivalente a tomar decenas de botellas de vino al día para una persona. Y que los efectos secundarios de dosis muy altas tomadas durante periodos prolongados no han sido aún investigados.

Además, el vino es una bebida compleja con multitud de sustancias biológicamente activas que pueden explicar el efecto beneficioso de tomar una copa o dos al día, aparte del resveratrol. El alcohol, sin ir más lejos, que a dosis bajas tiene una acción cardiosaludable bien demostrada. O bien otros antioxidantes como las antocianinas (a las que tal vez recuerden del capítulo de la merienda: son aquellas sustancias que abundaban en los arándanos de la tarta, reducían el riesgo de cáncer y prolongaban la vida de ratones hasta un 29 por ciento). O como las flavonas, responsables del color amarillento de los vinos blancos. O como los taninos, que dan una textura astringente a algunos vinos tintos y tienen una potente acción antioxidante.

De modo que es probable que el resveratrol explique una parte de los efectos saludables del consumo moderado de vino, pero no los explica todos. Más que un componente u otro del vino, más que sólo el resveratrol o sólo los taninos, es todo el cóctel de antioxidantes del vino, sumado al efecto cardiosaludable del alcohol, lo que parece explicar los beneficios de tomar una copa o dos de vino al día.

Una o dos, no más.

Porque a partir de la tercera copa diaria, o la tercera lata de cerveza, se acaban los beneficios y empiezan los daños. Una investigación en la que se han sintetizado datos de 370.000 personas que fueron seguidas durante una media de doce años no ha observado ninguna ventaja para la salud cuando el consumo de alcohol supera los 48 gramos al día. Y en personas más sensibles al alcohol, como la mayoría de las mujeres, los beneficios desaparecen a dosis más bajas.

Bebedores en zona de riesgo: señales de alerta

—Pues si los beneficios desaparecen por encima de las tres copas, hoy debemos de estar en el límite —comenta Juan.

—Yo diría que estamos en un punto que seguramente ni nos beneficia ni nos perjudica —contesta Rosa.

—O sea, que ya nos hemos pasado de la cantidad ideal.

—No creo. Lo que hay que hacer con el alcohol es disfrutarlo sin que te perjudique. ¿O acaso conoces a alguien que tome gintonic porque es anticoagulante y no porque le gusta?

—Pero entonces, si tomas dos o tres copas al día, ¿cómo puedes saber en qué punto deja de beneficiarte y empieza a perjudicarte?

—Porque hay unas señales de alerta que te advierten de que, aunque te sigas encontrando bien y no creas tener ningún problema con el alcohol, estás en zona de peligro. Es como cuando vas por una carretera y te encuentras una señal de peligro: curvas. No esperas a llegar a la curva para frenar. Frenas cuando ves la señal de peligro. Pues prevenir es lo mismo. Es frenar antes de llegar a la curva y encontrarte en medio de un problema del que a lo mejor no sabes cómo salir.

—Y estas señales de peligro, con el alcohol, ¿cuáles son?

Beber una cantidad de alcohol superior a las tres copas de vino al día de manera habitual, o bien a la de catorce copas por semana, ya es una primera señal de alerta. Significa que se está en una situación de abuso del alcohol aunque no se haya llegado al alcoholismo.

La diferencia entre abuso de alcohol y alcoholismo, a la que en el pasado se ha prestado poca atención, es importante. Hoy sigue siendo extensa la opinión de que los problemas con el alcohol empiezan cuando comienza el alcoholismo, es decir, la adicción al alcohol. Pero el abuso del alcohol es un nivel de consumo previo al alcoholismo que ya suele perjudicar la salud, las relaciones con otras personas y el rendimiento profesional.

Para muchas personas, el abuso es la antesala de la adicción. En Estados Unidos —no hay datos similares referentes a España—, una de cada seis personas que abusan del alcohol a diario o casi a diario desarrolla alcoholismo en los tres años siguientes. O, si se quiere mirar el problema al revés, todas las personas alcohólicas han pasado antes por una etapa de abuso de alcohol.

Por lo tanto, el mero hecho de consumir una cantidad de alcohol superior a dos vasos diarios de vino ya es una primera señal de que algo no va bien. Pero ésta es una señal que muchos consumidores habituales de alcohol, y muchas personas que conviven con consumidores de alcohol, ignoran.

Hay otros síntomas que pueden alertar de que se ha establecido una relación malsana con el alcohol. Por ejemplo, si una persona se propone no beber más de cierta cantidad y después la supera, y no le ocurre una sola vez por circunstancias excepcionales sino que le ocurre de manera habitual, esto es un indicio de que el alcohol es más fuerte que su voluntad. Si tiene el deseo de beber menos o de dejar de beber y no lo hace, es otro indicio. Si bebe pese a tener que conducir, otro. O bien si se pasa mucho rato bebiendo. O si tiene resacas con frecuencia.

A una persona le puede ocurrir todo esto y sin embargo seguir llevando la misma vida de siempre, sin que el alcohol interfiera en su vida familiar ni en su vida profesional y sin que haya sufrido ningún problema de salud relevante a causa del alcohol. A quienes se encuentran en esta situación los especialistas en alcoholismo les llaman bebedores de riesgo. Son personas que van hacia la curva a toda velocidad.

Lo que no significa que vayan a estrellarse necesariamente. El riesgo del exceso de alcohol es comparable al del exceso de colesterol. Del mismo modo que no todas las personas con un nivel de colesterol elevado tienen después problemas de salud graves, no todas las personas que beben demasiado tendrán problemas derivados del alcohol. Pero cuanto mayor es el exceso de colesterol más aumenta la probabilidad de sufrir un infarto o un ictus en los años siguientes. Y cuanto mayor es el consumo de alcohol más alta es la probabilidad de sufrir consecuencias graves.

El motivo para buscar ayuda médica en esta etapa, cuando una persona aún se encuentra bien y no cree tener ningún motivo para cambiar su estilo de vida, es el mismo para el alcohol que para el colesterol. Evitar problemas más tarde. Frenar antes de llegar a la curva.

Otros síntomas más preocupantes, que indican que el abuso de alcohol ya puede haber degenerado en alcoholismo, incluyen un desinterés creciente por el trabajo, una actitud defensiva al ser preguntado por el alcohol, la tendencia a ocultar el consumo de alcohol a otras personas, un creciente aislamiento social, la desidia por la propia apariencia física o el deterioro de la dieta.

Contrariamente a una idea común, el alcoholismo no se limita únicamente a personas que ya están maltrechas por el alcohol, que han pagado un alto precio en su vida personal y en su carrera profesional y que siguen bebiendo en exceso. Ésta es una forma de alcoholismo extremo que afecta mayoritariamente a hombres y que suele iniciarse a edades tempranas. Pero, igual que hay personas adictas al tabaco que fuman unos pocos cigarrillos al día, también hay personas adictas al alcohol que no tienen un nivel de consumo desorbitado. Esta forma de alcoholismo moderado, que ha recibido escasa atención hasta ahora, suele iniciarse entre los treinta y los cuarenta años y es la más común entre las mujeres.

Riesgos del consumo excesivo

Incluso sin llegar al alcoholismo, el consumo excesivo de alcohol puede ocasionar daños a la salud que, en algunos casos, llegan a ser mortales. Por ejemplo, en el hígado, que es el órgano responsable de metabolizar el alcohol y que, después de años de sobrecarga de trabajo, puede acabar enfermando. Cuantos más años se ha estado tomando alcohol y mayores cantidades se han tomado, más probable es que el hígado enferme. Las borracheras aumentan la probabilidad de dañar el hígado, pero incluso bebedores que no se emborrachan pueden acabar necesitando un trasplante. La enfermedad se inicia con una inflamación del hígado llamada hepatitis alcohólica y evoluciona hacia la enfermedad del hígado graso. Los síntomas pueden ser múltiples y variados, como alteraciones del color de la piel, sed inusual, pérdida de apetito, fatiga, náuseas o dolor abdominal. Hasta este punto, los daños aún son reversibles si se deja de beber alcohol. Si se continúa bebiendo, el deterioro del hígado degenera en cirrosis, una enfermedad ya irreversible que requiere trasplante, y en algunos casos, cáncer de hígado.

Menos conocidos son los daños en el corazón y las arterias. Aunque a dosis bajas el alcohol previene enfermedades cardiovasculares, a dosis altas eleva la tensión arterial, eleva el nivel de triglicéridos indeseables en la sangre y aumenta el riesgo de arritmias, de cardiomiopatía dilatada (una enfermedad del músculo cardíaco) y de muerte súbita. Todo ello sin necesidad de emborracharse ni de ser alcohólico, sólo con un consumo sostenido y excesivo de alcohol un día tras otro a lo largo de varios años o varias décadas.

De todos estos efectos perjudiciales en el sistema cardiovascular, el que afecta a un mayor número de personas es el de la tensión arterial. La tensión máxima aumenta en 10 milímetros de mercurio, y la mínima, en cinco milímetros, a partir de la tercera copa diaria en mujeres y de la quinta en hombres. El alcohol, además, es hipercalórico, con lo que contribuye al exceso de peso, lo que a su vez eleva la tensión arterial. Las calorías del alcohol son, igual que las del azúcar, calorías vacías, es decir, calorías desprovistas de valor nutritivo. Pero hay una diferencia: el alcohol aporta casi el doble de calorías que el azúcar. Siete kilocalorías por cada gramo de alcohol frente a cuatro por cada gramo de azúcar. Por estas razones, reducir el consumo de alcohol es una de las primeras medidas que los médicos recomiendan a personas que tienen la tensión alta o exceso de peso, como le ocurrió a Juan.

Incluso si el hígado y el corazón se libran de los daños del alcohol, puede resultar dañado el páncreas. El consumo excesivo de alcohol es una de las causas más frecuentes de inflamación del páncreas, o pancreatitis. El síntoma más común es un dolor en la parte superior del abdomen que en algunos casos irradia hacia la espalda por los lados como un cinturón. Puede parecer que el páncreas sea un órgano menos importante que el corazón o el hígado, pero no se puede vivir sin páncreas igual que no se puede vivir sin corazón. Y una pancreatitis, sin el tratamiento adecuado, puede ser tan mortal como una cirrosis o una cardiomiopatía.

Después están los cánceres. Como le ha contado Rosa a doña

María durante la merienda, el abuso de alcohol aumenta el riesgo de sufrir cáncer en por lo menos seis partes del cuerpo. Mama, hígado, boca, faringe, laringe y esófago. También es probable que aumente el riesgo de cáncer colorrectal, el más común de todos los cánceres en la población occidental, aunque en este caso los datos sobre la influencia del alcohol no son definitivos.

En el caso del cáncer de mama, uno de los que mejor se ha investigado, estudios en los que han participado más de 320.000 mujeres han establecido que el riesgo de sufrir la enfermedad aumenta alrededor de un 9 por ciento por cada diez gramos de alcohol diarios. Este 9 por ciento impide hacer recomendaciones universales sobre consumo de alcohol para mujeres. En hombres sanos está claro que, con menos de dos copas al día, los beneficios superan a los riesgos, aunque en ningún caso se recomienda a personas abstemias que empiecen a beber ni a bebedores ocasionales que se conviertan en habituales. Pero en mujeres, los beneficios del consumo moderado para el corazón y las arterias contrastan con el mayor riesgo de cáncer de mama.

Si se comparan los dos platos de la balanza con criterios estadísticos, los beneficios pesan más que los riesgos: las enfermedades cardiovasculares causan diez veces más muertes que el cáncer de mama entre la población femenina. Pero en medicina las personas no pueden reducirse a estadísticas y muchas recomendaciones que parecen razonables para el conjunto de una población no resultan aconsejables después para pacientes individuales. Puede ocurrir, por ejemplo, que una mujer tenga antecedentes familiares de cáncer de mama y prefiera abstenerse de tomar alcohol. O bien, como en el caso de Rosa, que tenga una dieta sana y una vida activa, que tenga un riesgo cardiovascular insignificante a medio plazo y la copa diaria de vino no le aporte ningún beneficio significativo.

Y, finalmente, después del hígado, el páncreas, el sistema cardiovascular y los cánceres, los daños más evidentes. Los que afectan al sistema nervioso. Tanto daños estructurales como daños funcionales. Estructurales: el consumo continuado y excesivo de alcohol reduce el tamaño del cerebro, según se ha observado en estudios en que se analiza el cerebro de voluntarios con resonancia magnética; el efecto es mayor en mujeres que en hombres para una misma cantidad de alcohol y, cuanto mayor es la cantidad consumida a lo largo de la vida, más se encoge el cerebro. El abuso de alcohol también interfiere con la formación de nuevas células en el cerebro, lo que afecta especialmente al hipocampo, que es clave en la memoria y la orientación espacial. Y el déficit de vitamina B1 (o tiamina), habitual en personas alcohólicas, daña el cerebelo, que es clave en la coordinación de movimientos.

Y daños funcionales: en casos de intoxicación aguda, una alteración global de las funciones cognitivas, con pérdida de reflejos e incapacidad de evaluar riesgos, que lleva a adoptar conductas de riesgo y eleva la probabilidad de sufrir accidentes. Un papiro egipcio del año 1500 a. C. ya advierte que beber demasiado lleva a sufrir caídas y fracturas óseas y, 35 siglos más tarde, el alcohol sigue estando involucrado en un 33 por ciento de las muertes por caída al vacío, un 38 por ciento de las muertes por ahogamiento y un 46 por ciento de las muertes por quemaduras, según datos de Estados Unidos. También está involucrado en un elevado porcentaje de accidentes de tráfico y de episodios de violencia.

En casos de intoxicación crónica, los daños del alcohol en el cerebro pueden alterar el estado de ánimo, llevar a la depresión, a la encefalopatía hepática (en la que el deterioro del hígado daña el cerebro y causa trastornos cognitivos y psiquiátricos), al síndrome de Wernicke-Korsakoff (con confusión mental, continuos fallos de memoria y pérdida de la capacidad de aprendizaje) y, por supuesto, a la adicción.

Cuándo es mejor abstenerse

Vistos los riesgos del consumo de alcohol, hay personas para las que es mejor abstenerse totalmente de tomar bebidas alcohólicas. De entrada, mujeres embarazadas o que estén intentando quedarse embarazadas. Como hemos visto a la hora de la papilla de frutas, y como Rosa les recuerda a sus pacientes, los fetos son bebedores pasivos que eliminan el alcohol más lentamente que una persona adulta y que pueden sufrir daños irreversibles en el cerebro y otros órganos vitales.

Después, personas con enfermedades del hígado o del páncreas, que no harán más que empeorar con el consumo de alcohol. En estos casos, los posibles beneficios cardiovasculares de una copa o dos de vino al día no compensan los perjuicios seguros a órganos que ya están dañados. El hígado y el páncreas son órganos abnegados, que tienen menos receptores del dolor que la piel y que están acostumbrados a soportar agresiones sin quejarse. Arrojarles alcohol cuando están dañados es tan absurdo como arrojar sal en una herida abierta. La diferencia es que la piel se queja y el hígado y el páncreas no.

También se recomienda evitar todo tipo de alcohol a las personas con lesiones precancerosas en la boca, la faringe, la laringe o el esófago para frenar la evolución hacia un cáncer. A personas que han sobrevivido a un ictus hemorrágico, que elevan su riesgo de tener otro si siguen bebiendo alcohol. Y a personas con cardiomiopatía dilatada, para las que incluso un consumo moderado de alcohol perjudica al corazón.

Las personas con intolerancia al alcohol, que lo metabolizan mal y se sienten enfermas después de tomarlo, también preferirán evitar cualquier tipo de bebida alcohólica. Los síntomas de la intolerancia al alcohol varían de unas personas a otras y pueden incluir dolor de cabeza, taquicardia, náuseas, dolor abdominal, congestión nasal o erupción cutánea.

Y como ocurre con cualquier otra droga, las personas que han sido adictas en el pasado y lo han superado deben evitar volver a probar el alcohol para no recaer.

Por último, algunos fármacos comunes también hacen aconsejable eliminar el alcohol o tomarlo con precaución. La aspirina, por ejemplo, aumenta el riesgo de hemorragia gastrointestinal si se combina con alcohol. El paracetamol aumenta el riesgo de daños en el hígado. Algunos antibióticos pierden eficacia para combatir las infecciones y aumentan el riesgo de experimentar náuseas y vómitos incluso con dosis bajas de alcohol. Algunos anticoagulantes, al contrario, ganan eficacia y aumentan el riesgo de hemorragias. Ansiolíticos, antidepresivos y antihistamínicos también pueden ver sus efectos calmantes potenciados por el alcohol, lo cual es peligroso si se tiene que conducir o manejar maquinaria. Y así podríamos continuar con somníferos, betabloqueantes, antiepilépticos... La lista es larga. En caso de duda, cuando una persona que acostumbra a beber alcohol empieza a tomar una nueva medicación, es aconsejable que compruebe si sus efectos pueden verse alterados.

Normas para una correcta administración

Con todo lo dicho hasta aquí, el alcohol casi se podría comparar a un fármaco. Como hacían Arnau de Vilanova, los antiguos médicos ayurvédicos y los pioneros de la ginebra. Naturalmente, hoy día las bebidas alcohólicas no deben tomarse como fármacos. Se beben por placer y aportan beneficios colaterales a unas personas y daños colaterales a otras. Pero lo dicho a lo largo de este capítulo podría resumirse en forma de prospecto de medicamento.

Principio activo: alcohol.

Modo de administración: tomar con las comidas.

Posología: dos copas al día en hombres y una copa al día en mujeres. No exceder las dosis recomendadas.

Embarazo: el alcohol puede causar daños graves en el feto. Evitar su uso.

Conducción y uso de máquinas: el alcohol, incluso a dosis moderadas, altera las funciones cognitivas superiores. No conducir ni utilizar maquinaria peligrosa tras su ingestión.

Efectos secundarios: su consumo continuado a dosis más altas de las recomendadas puede ocasionar hipertensión, pancreatitis, daños hepáticos irreversibles, cánceres en seis localizaciones y adicción.

Sobredosis: dosis muy altas pueden ocasionar alteración del sentido del equilibrio, trastornos del habla, visión borrosa, pérdida del sentido del ridículo, mareo, vómitos, resaca, delirium tremens y muerte por accidente. No existen remedios eficaces contra la resaca.

Mantener lejos del alcance de los niños.

—Pues si en la farmacia me dieran un fármaco con todos estos efectos secundarios, yo no sé si me lo tomaría —dice Juan tras acabarse el gin-tonic.

—Puedes tomarlo tranquilamente. Mientras sepas frenar antes de llegar a la curva. La mejor recomendación, sin embargo, es que si no has comenzado a tomar alcohol, es mejor que continúes absteniéndote de él.

16 BUENAS NOCHES
24.00 horas

Conclusión

Sábado, medianoche. Rosa y Juan vuelven a casa andando. Lo hacen siempre que pueden, a menos que el restaurante esté muy lejos o llueva demasiado. Es más agradable que meterse en un coche. Y así pueden seguir hablando sin prisas. Por lo menos una vez por semana.

Cris hace rato que ha llegado a casa. La encuentran lavándose los dientes, a punto de acostarse. Les da las buenas noches, no les cuenta el episodio del porro. Seguramente nunca lo sabrán. A Carla, Pablo y doña María ya los encuentran durmiendo.

Una familia inusual, en cierto modo. Les habíamos pedido a las ocho de la mañana que imaginaran una familia cualquiera, pero puede que algunos lectores la hayan encontrado demasiado ejemplar. Demasiado almibarada, tal vez. Una familia feliz de vivir junta, con tiempo para dedicar a los hijos, para enseñarles a conocer los alimentos y a cocinar, con una hija adolescente poco problemática que sabe cuidar de sí misma, una familia sin peleas entre hermanos ni grandes conflictos entre padres e hijos, donde la pareja puede salir a cenar a solas y donde un sábado a medianoche ya están todos durmiendo o a punto de ir a la cama.

Y, sin embargo, si se fijan en los detalles, no todo ha sido tan ejemplar. Nunca todo sale del todo bien. Al fin y al cabo, cada día es una sucesión de imprevistos e imperfecciones, de adaptaciones constantes a situaciones cambiantes, y unas veces se sabe reaccionar mejor y otras no tanto. Lo cual es una suerte. Peor sería que todo estuviera tan programado que no hubiera lugar para la sorpresa. Si nos centramos en la actividad física, el lector percibirá que, en este aspecto, esta familia no transmite un buen ejemplo, a pesar del enorme beneficio que conlleva tal actividad, como se detalla en el capítulo 11. En cambio, sí es una familia ejemplar en evitar el consumo de tabaco y otros agentes extraños para el organismo, fruto de una acertada educación. Si nos centramos en la alimentación, hagan balance de lo que ha comido esta familia a lo largo del día, por ejemplo.

Rosa, que ha sido una especie de madre modelo a lo largo de *La cocina de la salud*, siempre tan atenta a cuidar de los demás, se ha pasado hoy con el azúcar: sopa de submarino amarillo de postre a mediodía, tarta de chocolate con arándanos a la hora de la merienda y tiramisú para cenar.

Cris, con su ración de palomitas en el cine, probablemente se ha pasado con la sal y con las grasas poco recomendables.

Si cada día comieran lo mismo, las dietas de Rosa y Cris serían insostenibles.

Y piensen también en lo que les falta a estas dietas, no sólo en lo que les sobra. ¿Dónde está la fruta? Después del medio plátano de Rosa, la manzana de doña María y los zumos de naranja a la hora del desayuno, no ha vuelto a aparecer. Puede que Pablo y doña María hayan tomado fruta a la hora de cenar, no lo hemos visto. Pero mientras no se demuestre que el tiramisú es el fruto del árbol del tiramisú, Rosa y Juan hoy han tomado poca.

Tampoco se ha visto que Cris tomara suficiente calcio, que abunda en los lácteos y a su edad le hace falta para construir un esqueleto robusto y prevenir fracturas más adelante. Ni suficiente hierro, que abunda en carnes rojas y le hace falta para recuperar los glóbulos rojos perdidos con la menstruación.

Si se analizan únicamente los macronutrientes (carbohidratos, grasas y proteínas), todos en la familia han tenido hoy una alimentación bastante equilibrada, con predominio de los carbohidratos complejos, más grasas vegetales que animales y proteínas suficientes pero no excesivas. Pero si se analizan los micronutrientes (vitaminas y minerales), han escaseado varios importantes. No sólo el calcio y el hierro. También el magnesio, el fósforo, la vitamina B6, la vitamina E...

Lo cual no es ninguna catástrofe. El equilibrio de la dieta, ya lo vimos a la hora del desayuno, no está en cada bocado ni en cada plato ni en cada comida, sino en el conjunto de todo lo que se come y se bebe. La comida perfecta, aquella que aporta todos los nutrientes necesarios en las proporciones adecuadas, no existe. Y si hay una dieta perfecta, es una suma de comidas imperfectas. De modo que procurar comer bien cada día es encomiable. Pero lo importante es comer bien cada semana.

Ésta es precisamente la primera norma que Juan ha incorporado a su «Decálogo para disfrutar de una alimentación sana». Lo redactó después del éxito de su manual de supervivencia en el restaurante, si recuerdan el capítulo 14, y también lo ha enviado por correo electrónico a amigos y colegas:

1. NO PIERDAS LA VISIÓN DE CONJUNTO. No te obsesiones por comer bien cada día, preocúpate de comer bien cada semana.

Las ocho normas siguientes, que resumen algunas de las ideas principales que han aparecido en *La cocina de la salud* y que reproducimos aquí para facilitar la digestión del libro, son:

2. LOS ALIMENTOS NO SON EL ENEMIGO. No hay alimentos buenos y malos, hay maneras buenas y malas de comerlos. Si controlas cómo comes, controlarás qué comes y cuánto comes.

3. COME VEGETAL MÁS QUE ANIMAL. Las dietas más saludables son ricas en productos de origen vegetal y bajas en azúcar, sal y grasas animales.

4. SÉ ANIMAL MÁS QUE VEGETAL. Los animales se mueven, las plantas no. Practica actividad física.

5. NO PIENSES PESO, PIENSA SALUD. No te fijes objetivos imposibles. Corregir el peso siempre mejora la salud aunque no tengas silueta de modelo.

6. NO DEJES QUE DECIDAN POR TI. Si has dejado tu relación con los alimentos en manos de una industria que vela más por sus beneficios que por tu salud, recupera el control de lo que comes.

7. NIÑOS A LA COCINA. Enseñar a los niños a conocer y a preparar los alimentos es sentar las bases de una alimentación sana para toda la vida.

8. PIENSO, LUEGO COMO. Mírate en el espejo interior. Piensa si hay algo que te induzca a comer mal y cómo puedes arreglarlo.

9. DESAYUNA BIEN. Empieza bien el día: un buen principio es el principio de un buen final.

Y aquí termina el decálogo. Habrán advertido que es un decálogo de nueve normas, no es un error. Cuando Rosa le preguntó si se había olvidado una, Juan dijo que le gustaba la idea de acabar con un buen final. Le gustaba que el decálogo acabara con un mensaje positivo. Transmitir que nunca es tarde para aprender a tener una alimentación sana y disfrutar comiendo. Pero entonces, insistió Rosa, ¿por qué no añadiste otra norma en mitad del decálogo y dejaste el buen final para el final?

Bueno, es que también hay otra razón, admitió Juan. Es que con los alimentos no hay soluciones únicas para todo el mundo. Lo que le va bien a una persona puede no servirle de nada a otra. Cada una tiene que averiguar lo que le va mejor a ella. Y después de la avalancha de ideas que recibió para su manual de supervivencia en el restaurante, ha optado esta vez por dejar una línea en blanco en la norma número 10 para que cualquiera de sus amigos y colegas, y cualquier lector de *La cocina de la salud*, pueda escribir su propio consejo para disfrutar con la comida saludable.

10. ____.

ANEXOS

Capítulo 1. Buenos días

La composición del desayuno de Carla y la libertad que le deja Juan para coger la cuchara y tocar la comida con los dedos están basadas en las recomendaciones del pediatra Berry Brazelton expuestas en el libro *Touchpoints. The Essential Reference*. Editorial Addison-Wesley, 1992.

Capítulo 2. Desayuno completo

El desayuno alimenta el cerebro. La relación entre el desayuno y el rendimiento escolar se ha observado en estudios realizados en Estados Unidos, el Reino Unido, España, Chile, Perú, Jamaica, la India e Israel. Una síntesis de parte de estos estudios puede encontrarse en el artículo «Breakfast and cognition: an integrative summary», publicado en 1998 en la revista *American Journal of Clinical Nutrition* por investigadores de la Universidad de California en Davis. En España, los datos se derivan del estudio

Enkid, que analizó la alimentación de la población española de entre dos y veinticuatro años.

Desayunar bien previene el sobrepeso. El estudio de la Universidad de Minnesotta sobre la importancia del desayuno en la prevención del sobrepeso se publicó en marzo de 2008 en la revista *Pediatrics* en el artículo «Breakfast eating and weight change in a 5-year prospective analysis of adolescents: project EAT». Un estudio que ha analizado específicamente el fenómeno en la población infantil, realizado en Canadá, es «Breakfast skipping is associated with differences in meal patterns, macronutrient intakes and overweight among pre-school children», publicado en la revista *Public Health Nutrition* el 12 de enero de 2009.

Prevención desde la infancia. Este importante aspecto se describe en detalle en el documento del Institute of Medicine (National Academy os Science) titulado «Promoting Cardiovascular Health in the Developing World. A Critical Challenge to Achieve Global Health» (V. Fuster, B. Kelly), publicado en junio de 2010. La relación entre exceso de peso en la infancia y sobrepeso u obesidad a edades posteriores se basa en datos del Reino Unido presentados en enero de 2009 en la revista *Pediatrics* en el artículo «Contribution of early weight gain to childhood overweight and metabolic health: a longitudinal study».

Dos grandes estudios han confirmado la relación entre exceso de peso en la infancia y enfermedades cardiovasculares a edades posteriores. Uno realizado en Dinamarca con datos de 276.835 personas («Childhood body-mass index and the risk of coronary heart disease in adulthood», publicado en *The New England Journal of Medicine*, el 6 de diciembre de 2007) y otro en Estados Unidos con datos de 4.857 personas («Childhood obesity, other cardiovascular risk factors, and premature death», en *The New England Journal of Medicine*, el 11 de febrero de 2010).

Los datos citados sobre la prevalencia del sobrepeso y la obesidad infantil en España se desprenden del Programa Piloto Escolar de Referencia para la Salud y el Ejercicio contra la Obesidad (Perseo), desarrollado por la Agencia Española de Seguridad Alimentaria.

Lo que hay que saber sobre los carbohidratos. La recomendación de que los carbohidratos complejos predominen en una dieta equilibrada se basa en dos documentos de la Asociación Americana del Corazón publicados en la revista *Circulation*: «Diet and lifestyle recommendations revision 2006» (4 de julio de 2006) y «Defining and setting national goals for cardiovascular health promotion and disease reduction» (2 de febrero de 2010). Gran parte de las recomendaciones sobre composición de la dieta que se hacen a lo largo de *La cocina de la salud* se basan en estos dos documentos.

Pros y contras de la leche. La recomendación sobre ingesta de calcio y lácteos se deriva de un informe del Comité de Nutrición de la Academia Americana de Pediatría presentado en febrero de 2006 en *Pediatrics* en el artículo «Optimizing bone health and calcium intakes of infants, children and adolescents».

Los datos sobre el declive del consumo de leche en España están publicados en la web del Ministerio de Medio Ambiente, Rural y Marino.

El café, rehabilitado. Los efectos de la cafeína sobre la salud han sido sintetizados en la «Serie: café» publicada en 2008 en la revista *Medicina Clínica*, en la que seis artículos sucesivos analizaron el impacto del consumo de cafeína en el hígado, el riesgo de cáncer, la diabetes, el párkinson, la memoria y el rendimiento deportivo. Una descripción detallada de la acción de la cafeína sobre los receptores de adenosina se encuentra en el artículo «Adenosine receptors as therapeutic targets», publicado en *Nature Reviews Drug Discovery* en marzo de 2006.

Capítulo 3. Compra inteligente

Los trucos del supermercado. La Confederación de Consumidores y Usuarios de España llevó a cabo en 2008 un estudio sobre estrategias comerciales en supermercados que fue recogido en el diario *La Vanguardia* el 9 de octubre de 2008 en el artículo de Maite Gutiérrez «Mirar el precio por kilo y no dejarse llevar por el 3 × 2».

Aprender a leer etiquetas nutricionales. Las actitudes de los consumidores ante las etiquetas nutricionales han sido analizadas por el investigador Brian Wansink, de la Universidad Cornell de Pennsylvania (EE. UU.), en el capítulo 9 de su libro *Mindless Eating* (Editorial Bantam Books, 2006).

Una introducción clara y concisa a los aditivos alimentarios se encuentra en el artículo «¿Qué significan los códigos E de los aditivos alimentarios?», que aparece en el libro *¿Sabemos lo que comemos?*, coordinado por la catedrática de Nutrición y Bromatología de la Universidad de Barcelona M. Carmen Vidal Carou y editado por RBA en el 2003. Una información más completa sobre el mundo de los aditivos se encuentra en *Léxico científico gastronómico. Las claves para entender la cocina de hoy*, editado por Alícia & elBullitaller (Editorial Planeta, 2006).

Lo que hay que saber sobre las grasas. Múltiples investigaciones han estudiado los efectos de los distintos tipos de grasas de la dieta sobre la salud. Un resumen de los efectos de las grasas omega 3 del pescado se encuentra en el artículo «Cardiovascular effects of marine omega-3 fatty acids», publicado en la revista *Lancet* el 14 de agosto de 2010.

Los efectos de las grasas trans aparecen detallados en «Trans fatty acids and cardiovascular disease», publicado en *The New England Journal of Medicine* el 13 de abril de 2006.

Los datos de composición de alimentos se han extraído del libro *Tablas de composición de alimentos. El pequeño Souci-Fachmann-Kraut* (Editorial Acribia, 1999) y del European *Guidelines on Cardiovascular Disease Prevention in Clinical Practice*, publicado en 2007.

La calidad de los congelados. Los motivos por los que unos alimentos se prestan más que otros a ser congelados, y por los que unos se conservan más tiempo que otros en el congelador, están explicados en los artículos «Alimentos bajo cero, ¿la calidad a salvo?» y «Congelar, descongelar y recongelar», de M. Carmen Vidal Carou, en el libro *¿Sabemos lo que comemos?*

Beneficios y riesgos del pescado. Múltiples estudios han analizado la presencia de contaminantes en diferentes especies de pescado y en diferentes puntos de venta con resultados a veces desconcertantes. Las concentraciones de contaminantes varían ampliamente no sólo de una especie a otra sino también dentro de cada especie según el lugar y la época de las capturas. Un resumen de los beneficios y riesgos del pescado se puede encontrar en «Fish intake, contaminants and human health», publicado en *JAMA* el 18 de octubre de 2006.

En España, la presencia de contaminantes en el pescado ha sido investigada exhaustivamente por el toxicólogo Josep Lluís Domingo, de la Universitat Rovira i Virgili en Reus (Tarragona).

Pescado y medio ambiente: atún para hoy, hambre para mañana. La futura evolución de las poblaciones de pescado y marisco si la explotación de los recursos marinos continúa al ritmo actual está detallada en el artículo «Impacts of biodiversity loss on ocean ecosystem services», publicado en *Science* el 3 de noviembre de 2006.

Las posibilidades de restaurar los ecosistemas marinos con estrategias de pesca sostenible han quedado demostradas en «Rebuilding global fisheries», publicado en *Science* el 31 de julio de 2009. La investigación prueba que, en los mares donde se han introducido criterios de pesca sostenible, el sector pesquero ha salido beneficiado.

Beneficios y riesgos de la carne. Los datos sobre la domesticación de los primeros animales de granja se han extraído de *Guns, Germs, and Steel* (Ed. Norton, 1999), libro de Jared Diamond galardonado con el premio Pulitzer que explica por qué sociedades distintas han tenido una evolución histórica distinta.

Carne y medio ambiente: el coste real de la carne. La relación entre consumo de carne y emisiones contaminantes ha sido sintetizada en el diario *La Vanguardia* el 13 de septiembre de 2007 en el artículo de Antonio Cerrillo «Comer menos carne ayuda a proteger el clima».

Capítulo 4. Cómo guardar los alimentos

Por qué se estropean los alimentos (y cómo evitarlo). Los motivos del deterioro de los alimentos, así como gran parte de lo que se explica a lo largo de este capítulo, están detallados en el libro *Ciencia de los alimentos*, de Norman Potter y Joseph Hotchkiss (Editorial Acribia, 1999).

El arte de congelar y descongelar. Para saber más sobre la correcta manipulación de los alimentos, son obras de referencia los libros *Control e higiene de los alimentos*, de Ildefonso J. Larrañaga, Mariano Carballo y María del Mar Rodríguez (Editorial McGraw-Hill, 1998), y *Food Processing Technology*, de Peter Fellows (Oxford University Press, 2006).

Peligro anisakis: precauciones ante el sushi doméstico. Los riesgos del consumo de pescado con anisakis están resumidos en el artículo «Anisakiasis-a neglected diagnosis in the West», publicado en la revista *Digestive and Liver Disease* en enero de 2005. Los datos sobre el volumen de pescado contaminado por anisakis en las lonjas españolas han sido publicados por la Agencia Española de Seguridad Alimentaria.

Capítulo 5. En la cocina

Recetas fáciles y saludables. Una amplia selección de recetas asequibles puede encontrarse en dos obras anteriores de Ferran Adrià: *Cocinar en 10 minutos con Ferran Adrià* (Ed. El Corte Inglés, 1998) y *Cocinar en casa con Caprabo y Ferran Adrià* (Ed. elBullibooks, 2003). También puede consultarse la colección de DVD «La cocina fácil de Ferran Adrià» (producida por elBullimedia, 2004).

Niños a la cocina. Los beneficios de enseñar a cocinar desde la infancia han sido sintetizados en el artículo «Beyond cupcakes: children in the kitchen», escrito por Tara Parker-Pope y publicado en el diario *The New York Times* el 9 de diciembre de 2008.

Métodos de cocción. Las ventajas y limitaciones de los distintos métodos de cocción están descritas en el libro de Harold McGee *On Food and Cooking*, un manual enciclopédico pero ameno sobre el mundo de los alimentos (Ed. Scribner, 2004). En español, el libro *¿Sabemos lo que comemos?*, coordinado por M. Carmen Vidal Carou, compara distintos métodos de cocción en los artículos «¿Cómo cocer la verdura: hervida, al vapor, en olla a presión...?»; «Patatas fritas, ¿asadas o hervidas?»; «Las propiedades de la carne, ¿varían según el punto de cocción?»; «¿Por qué algunas carnes pierden agua al freírlas?», y «¿Pueden ser perjudiciales los alimentos asados a la brasa?».

Dime cómo cocinas (y te diré cómo come tu familia). La tipología de los distintos perfiles de cocineros ha sido desarrollada por Brian Wansink, director del Laboratorio de Alimentos y Marcas de la Universidad Cornell (EE. UU.), en el artículo «Profiling nutritional gatekeepers: three methods for differentiating influential cooks», publicado en la revista *Food Quality and Preference* en junio de 2003. Los porcentajes concretos de los distintos tipos de cocineros se detallan en su libro *Marketing Nutrition* (University of Illinois Press, 2005).

Capítulo 6. Poner la mesa

El tamaño (del plato/de los vasos) sí importa. Las investigaciones que relacionan las variables en la forma de poner la mesa con la conducta de los comensales están descritas por Brian Wansink en su libro *Mindless Eating. Why We Eat More Than We Think* (Ed. Bantam, 2006).

Los mitos del agua: ¿cuánta conviene beber? La relación entre consumo de agua y riesgo de cáncer de vejiga se describe en el artículo «Fluid intake and the risk of bladder cancer in men», publicado en la revista *The New England Journal of Medicine* el 6 de mayo de 1999.

La influencia del consumo de agua en la sensación de saciedad aparece en el artículo «Agua: ¿antes, durante o después de las comidas?», de la catedrática de nutrición de la Universidad de Barcelona M. Carmen Vidal Carou, publicado en el libro *¿Sabemos lo que comemos?* (RBA, 2003).

Los datos científicos sobre la cantidad de agua que hay que beber al día han sido sintetizados por los pediatras Aaron Carroll y Rachel Vreeman en el libro *Don't Swallow Your Gum! Myths, Half-truths, and Outright Lies About Your Body and Health* (Ed. Saint Martin's Griffin, 2009), en el que refutan el mito de que hay que beber ocho vasos de agua al día.

¿Agua del grifo o embotellada? El contenido en minerales de los distintos tipos de agua embotellada ha sido investigado en el hospital Clínic de Barcelona en el marco de la investigación «Aporte de calcio, magnesio y sodio a través del agua embotellada y de las aguas de consumo público: implicaciones para la salud», publicada el 21 de noviembre de 2008 en la revista *Medicina Clínica*.

Los pros y contras de las aguas embotelladas y del grifo se describen en el artículo «¿Qué es mejor: agua embotellada o del grifo?», de la profesora de nutrición de la Universidad de Barcelona Teresa Veciana, publicado en el libro *¿Sabemos lo que comemos?* (RBA, 2003).

La sal se queda en la cocina. Múltiples estudios han analizado la relación entre consumo de sal y tensión arterial con resultados a veces contradictorios. Una síntesis de los conocimientos actuales sobre esta relación se puede encontrar en dos artículos publicados en la revista *The New England Journal of Medicine*: «The Hypertension paradox: more uncontrolled disease despite improved therapy» (27 de agosto de 2009) y «Compelling evidence for public health action to reduce salt intake» (18 de febrero de 2010).

¿Engorda el pan? La historia del descubrimiento del pan y de su evolución desde la antigüedad hasta la producción en naves industriales está magníficamente explicada en el libro de Harold McGee *On Food and Cooking* (Ed. Scribner, 2004). El proceso de elaboración de los panes en la actualidad se detalla en el artículo del farmacéutico Roberto Xalabarder «¿Era mejor el pan de ayer que el de hoy?», publicado en el libro *¿Sabemos lo que comemos?* (RBA, 2003). Las diferencias nutricionales entre los distintos tipos de pan se detallan en el mismo libro en el artículo de M. Carmen Vidal Carou «¿Qué pan escoger: blanco, integral, multicereal, de nueces...?».

Servir los platos en la cocina. La observación de que cuanto más fácil es acceder a la comida más se come está descrita en distintos artículos como «Food accessibility and food choice», publicado en *Archives of General Psychiatry* en octubre de 1980, y «Effect of effort on meal selection and meal acceptability in a student cafeteria», publicado en *Appetite* en agosto de 1994.

Capítulo 7. Comida en familia

A qué hora comer. Un resumen técnico de la influencia de los horarios de las comidas sobre los relojes biológicos internos del cuerpo humano se encuentra en el artículo «Feeding the clock», escrito por David Suter y Ueli Schibler, de la Universidad de Ginebra (Suiza), y publicado en la revista *Science* el 16 de octubre de 2009. Una explicación más asequible para no especialistas se encuentra en el artículo «¿Horario de comida mediterráneo o anglosajón?», escrito por el médico especialista en nutrición Jaume Serra y publicado en el libro *¿Sabemos lo que comemos?* (RBA, 2003).

Comer sin tele. Las pruebas de que tener la tele encendida es contraproducente para las conversaciones entre padres e hijos se han presentado en el artículo «Audible television and decreased adult words, infant vocalizations, and conversational turns», publicado en la revista *Archives of Pediatrics and Adolescent Medicine* en junio de 2009.

Las pruebas de que tener la tele encendida induce a comer más se han presentado en el artículo «Environmental factors that increase the food intake and consumption volume of unknowing consumers», publicado en el volumen *Annual Review of Nutrition* en el 2004.

Cómo se regulan el apetito y la saciedad. Los mecanismos que regulan el apetito y la saciedad se han convertido en uno de los campos de investigación más dinámicos de la biomedicina desde que Jeffrey Friedman, de la Universidad Rockefeller de Nueva York, descubrió la hormona leptina en 1994. El punto en que se encuentran actualmente estas investigaciones está brillantemente resumido por el propio Friedman en el artículo «Causes and control of excess body fat», publicado en la revista *Nature* el 21 de mayo de 2009.

Las dificultades para controlar de manera consciente los impulsos del apetito y la saciedad, y las estrategias para dominarlos, se explican en el libro *The End of Overeating: Taking Control of the Insatiable American Appetite*, escrito por el pediatra Robert Kessler y publicado por la editorial Rodale en 2009.

Cuánto tiempo dedicar a la comida. La investigación seminal que demostró que una señal del intestino transmite al cerebro la señal de saciedad se publicó el 29 de agosto de 1980 en la revista *Science* con el título «Feeding: satiety signals from intestine triggers brain's noradrenergic mechanism». Desde entonces, múltiples estudios han analizado la relación entre el tiempo que se dedica a la comida y las cantidades que se ingieren. La investigación de la Universidad de Rhode Island citada en el texto se presentó en julio de 2008 en la revista *Journal of the American Dietetic Association* con el título «Eating slowly led to decreases in energy intake within meals in healthy women».

Los datos de la Organización para la Cooperación y el Desarrollo Económico (OCDE) sobre el tiempo que se dedica a las comidas y las tasas de obesidad en distintos países están publicados en el volumen *Society at a Glance 2009. OECD Social Indicators*.

¿Es más saludable ser vegetariano? Un resumen de la función de las proteínas en una dieta equilibrada puede encontrarse en el libro *The Merck Manual Home Health Handbook*, editado por la compañía Merck en 2009.

Una revisión exhaustiva de los beneficios de las dietas vegetarianas, y de las recomendaciones para seguirlas correctamente, es el libro *Vegetarian Nutrition*, de Joan Sabaté, catedrático de la Universidad de Loma Linda (California, EE. UU.), editado por CRC Press en 2001. Hay una edición española de la editorial Safeliz del año 2005.

Cómo conseguir que los niños coman de todo. Los conflictos entre padres e hijos en torno a la comida, y las estrategias para resolverlos, están deliciosamente analizados en el libro de las pediatras Laura Jana y Jennifer Shu *Food Fights: Winning the Nutritional Challenges of Parenthood Armed with Insight, Humor, and a Bottle of Ketchup*, editado por la Academia Americana de Pediatría en 2008.

La relación entre las actitudes de los padres ante la comida y la conducta alimentaria de los hijos ha sido investigada exhaustivamente por la psicóloga Leann Birch, de la Universidad del Estado de Pennsylvania (EE. UU.).

Capítulo 8. Siesta: cómo el cuerpo humano procesa los alimentos

Los efectos reparadores de la siesta han sido investigados por un equipo de la Universidad de Harvard en el que participaron los españoles José Luis Cantero y Mercedes Atienza. Los resultados de la investigación se presentaron en el artículo «The restorative effect of naps on perceptual deterioration», presentado en julio de 2002 en la revista *Nature Neuroscience*. La descripción de la digestión está en parte extraída del libro *The Merck Manual Home Health Handbook*, editado por la compañía Merck en 2009.

Capítulo 9. Papilla de frutas

Alimentos que conviene tomar durante el embarazo. Múltiples estudios han intentado analizar la relación entre la dieta de la madre durante el embarazo y la salud posterior del hijo. Un resumen de las cuestiones más importantes puede encontrarse en el artículo «Dietary guidelines for pregnancy: a review of current evidence», publicado en abril de 2001 en la revista *Public Health Nutrition*.

Los riesgos del déficit de ácido fólico y las recomendaciones para evitarlo se encuentran en el documento «Folic acid for the prevention of neural tube defects», que refleja la posición oficial de la Academia Americana de Pediatría, publicado en agosto de 1999 en la revista *Pediatrics*.

Los riesgos del déficit de hierro se describen en el artículo «Anemia and iron-deficiency anemia: compilation of data on pregnancy outcome», publicado en 1994 en la revista *American Journal of Clinical Nutrition*.

Los riesgos del aumento excesivo de peso en mujeres embarazadas para la salud posterior de los niños se han descrito en los artículos «Early risk factors for obesity in childhood: cohort study», publicado el 20 de mayo de 2005 en la revista *British Medical Journal*; «Gestational weight gain and child adiposity at age 3 years», publicado en *American Journal of Obstetrics and Gynecology* en abril de 2007; y «Childhood obesity and metabolic imprinting: the ongoing effects of maternal hyperglycemia», publicado en *Diabetes Care* en septiembre de 2007.

Bebedores pasivos. Las consecuencias para el embrión y el feto del consumo de alcohol durante el embarazo se explican en el volumen *Fetal Alcohol Syndrome: Guidelines for Referral and Diagnosis*, editado en julio de 2004 por el Centro de Control y Prevención de Enfermedades de EE. UU. y suscrito por la Academia Americana de Pediatría, el Colegio Americano de Obstetras y Ginecólogos, la ONG de salud infantil March of Dimes y la ONG de lucha contra el síndrome alcohólico fetal NoFAS.

Mitos y realidades de la lactancia. La duración óptima de la lactancia se ha analizado en un proyecto de la organización Cochrane que ha sintetizado los datos científicos disponibles. La Organización Mundial de la Salud publicó los resultados del proyecto en el volumen *The Optimal Duration of Exclusive Breastfeeding: A Systematic Review*, editado en 2001. Una versión sintetizada con el mismo título apareció en 2004 en la revista *Advances in Experimental Medicine and Biology*.

En España, los beneficios de la lactancia materna sobre el desarrollo inmunitario e intelectual de los niños han sido exhaustivamente estudiados por el equipo de Jordi Sunyer en el Institut Municipal d'Investigació Mèdica de Barcelona.

Primeras papillas. Las recomendaciones básicas para una correcta alimentación en los primeros años de vida se detallan en el documento conjunto de la Asociación Americana del Corazón y la Academia Americana de Pediatría «Dietary recommendations for children and adolescents: a guide for practitioners», publicado el 27 de septiembre de 2005 en la revista *Circulation* y el 2 de febrero de 2006 en la revista *Pediatrics*. Las pautas para hacer la transición de la dieta del lactante a la de un niño mayor en el segundo año de vida se explican en el artículo «Nutritional guidance is needed during dietary transition in early childhood», publicado en *Pediatrics* en julio de 2000.

Capítulo 10. El espejo y la báscula

Parte de este capítulo está basado en tres documentos: American Heart Association Scientific statement: «Interventions to promote Physical Activity and Dietary Lifestyles changes», publicado en la revista *Circulation* el 7 de agosto de 2010; National Lung and Blood Institute statement, *We can! Ways to Enhance Children's Activity&Nutrition*, publicado el 3 de abril de 2010 y *European Guidelines on Cardiovascular Disease Prevention in Clinical Practice*, publicado en 2007.

El chocolate no causa acné. Las explicaciones y recomendaciones sobre el acné citadas en el texto se basan en el documento «Acne in Teens: Ways to Control It», editado por la Academia Americana de Médicos de Familia de EE.UU.

Trastornos alimentarios. Las recomendaciones de prevención de trastornos alimentarios citadas en el texto se basan en los documentos «10 Things Parents Can do to Help Prevent Eating Disorders» y «Eating Disorders Can Be Prevented!», editados por la Asociación Nacional de Trastornos Alimentarios de EE.UU.; «Eating Disorders: Facts for Teens», editado por la Academia Americana de Médicos de Familia de EE.UU.; «Eating Disorders», editado por la Fundación Nemours de EE.UU., y «Prevention of Eating Disorders», editado por el Centro Nacional de Información de Trastornos Alimentarios de Canadá.

El estudio del hospital Clínic sobre la imagen corporal subjetiva de chicas adolescentes y mujeres jóvenes, titulado «Subjective Body Image Dimensions in Normal Female Population: Evolution through Adolescence and Early Adulthood», se publicó en 2004 en la revista International *Journal of Psychology and Psychological Therapy*.

Cómo saber si un niño tiene un peso adecuado. El cálculo del peso adecuado en etapas de crecimiento es un tema controvertido, ya que el índice de masa corporal adecuado varía según la edad del niño, según el sexo y según el ritmo de crecimiento. Además, el ritmo de crecimiento de los niños y adolescentes actuales no es exactamente igual que el que se registraba una o dos generaciones atrás. Un resumen de las recomendaciones actuales para estimar si un niño tiene un peso adecuado, basadas en los resultados de más de trescientos estudios publicados desde 1995, se encuentra en el artículo «Assessment of child and adolescent overweight and obesity», publicado en la revista *Pediatrics* en diciembre de 2007.

Cómo tratar el exceso de peso en niños. Las recomendaciones de la Academia Americana de Pediatría para prevenir el sobrepeso y la obesidad en niños se detallan en el artículo «Recommendations for prevention of childhood obesity», publicado también en *Pediatrics* el 4 de diciembre de 2007.

Los resultados de los estudios para tratar el exceso de peso en niños se describen en el artículo «Effectiveness of weight management interventions in children: a targeted systematic review for the USPSTF», publicado en *Pediatrics* el 2 de febrero de 2010.

Dietas para reducir el riesgo cardiovascular. Los beneficios que aportan distintos tipos de dieta de cara a la prevención cardiovascular se analizan en el artículo «Optimal diets for prevention of coronary heart disease», publicado en la revista *JAMA* el 27 de noviembre de 2002.

Dietas para perder peso. Las investigaciones más completas que han comparado la eficacia de distintos tipos de dieta para perder peso se han presentado en la revista *The New England Journal of Medicine* en los artículos «Weight-loss with a low carbohydrate, mediterranean or low-fat diet» (publicado el 17 de julio de 2008) y «Comparison of weight-loss diets with different compositions of fat, protein and carbohydrates» (publicado el 26 de febrero de 2009). En España, la Sociedad Española para el Estudio de la Obesidad (SEEDO) ha aprobado un documento de consenso para unificar los criterios de diagnóstico y tratamiento del exceso de peso: el documento «Consenso SEEDO 2006 para la evaluación del sobrepeso y la obesidad y el establecimiento de criterios de intervención terapéutica» se publicó el 10 de febrero de 2007 en la revista *Medicina Clínica.*

Capítulo 11. Kilómetros contra calorías

Parte de este capítulo está basado en tres documentos: American Heart Association Scientific statement: «Interventions to promote Physical Activity and Dietary Lifestyles changes», publicado en la revista *Circulation* el 7 de agosto de 2010; National Lung and Blood Institute statement, *We can! Ways to Enhance Children's Activity&Nutrition*, publicado el 3 de abril de 2010 y *European Guidelines on Cardiovascular Disease Prevention in Clinical Practice*, publicado en 2007.

Recomendaciones. Las recomendaciones básicas sobre práctica de actividad física para la población adulta se detallan en un documento conjunto de la Asociación Americana del Corazón y el Colegio Americano de Medicina Deportiva: «Physical activity and public health: updated recommendation for adults from the American College of Sports Medicine and the American Heart Association.» El documento se publicó en las revistas *Circulation* y *Medicine and Science in Sports and Exercise* en agosto de 2007. Las recomendaciones para la población de más edad, consensuados también entre las dos sociedades médicas y publicados en las mismas revistas en agosto del 2007, se detallan en el documento «Physical activity and public health in older adults: recommendation from the American College of Sports Medicine and the American Heart Association».

Qué actividad física elegir. Los datos de las calorías que se gastan haciendo distintos tipos de actividad física se han extraído del libro *The Merck Manual Home Health Handbook*, editado por la compañía Merck en 2009.

Las recomendaciones para empezar a hacer actividad física tras años de sedentarismo, y las explicaciones sobre los beneficios cardiovasculares que aporta, están ampliadas en el libro *La ciencia de la salud*, escrito por Valentín Fuster y Josep Corbella (Ed. Planeta, 2006).

Ejercicio oculto. El nutricionista y endocrinólogo James Levine, de la Clínica Mayo en Rochester (Minnesota, EE.UU.), lidera las investigaciones sobre las calorías que se queman con los movimientos del cuerpo cuando no se practica actividad física de manera deliberada. Sus resultados más importantes, que abrieron este nuevo campo de investigación, se presentaron en la revista *Science* el 28 de enero de 2005 en el artículo «Interindividual variation in posture allocation: possible role in human obesity». Desde entonces, Levine ha desarrollado esta línea de trabajo con distintos estudios entre los que destaca «Sedentariness at work:

how much do we really sit?», publicado en *Obesity* el 17 de noviembre de 2009, donde analiza la relación entre el tiempo que se pasa sentado en el trabajo y el exceso de peso y confirma los beneficios de caminar.

Prevención de cánceres. Los datos científicos sobre la relación entre actividad física y cáncer están sintetizados en el documento «Physical activity and cancer», editado por el Instituto Nacional del Cáncer de EE. UU. el 22 de julio de 2009.

Cómo quemar más calorías. Distintos estudios han observado que las personas que practican actividad física de manera habitual queman calorías con mayor eficiencia y regulan mejor el nivel de azúcar en la sangre que las personas sedentarias. Algunos de los resultados más importantes se han presentado en los artículos «Maximal oxygen uptake and muscle fiber types in trained and untrained humans» (publicado en *Medicine and Science in Sports and Exercise* en 1978); «Mechanism of enhanced insulin sensitivity in athletes» (publicado en *The Journal of Clinical Investigation* en 1993); o «Increased substrate oxidation and mitochondrial uncoupling in skeletal muscle of endurance-trained individuals» (publicado en *PNAS* en octubre de 2008).

Mayor bienestar psicológico. Los experimentos en ratones que se vuelven menos vulnerables al estrés cuando practican actividad física se presentaron en el congreso anual de la Sociedad de Neurociencia de EE. UU. de 2009 y fueron descritos en el artículo de Gretchen Reynolds «Phys Ed: Why Exercise Makes You Less Anxious», publicado en la web del diario *The New York Times* el 18 de febrero de 2009.

Más rendimiento intelectual. Un resumen general de los beneficios de la actividad física en el rendimiento cognitivo aparece en el artículo «Be smart, exercise your heart: exercise effects on brain and cognition», publicado en la revista *Nature Reviews Neuroscience* en enero de 2008.

El estudio sueco citado en el texto que relaciona la actividad física durante la adolescencia con el rendimiento intelectual a los dieciocho años se publicó en la revista *PNAS* en diciembre de 2009 en el artículo «Cardiovascular fitness is associated with cognition in young adulthood».

Huesos robustos. Los beneficios de la actividad física para mantener una buena salud ósea se describen en el documento «The 2004 Surgeon's General Report on Bone Health and Osteoporosis», publicado por el gobierno de EE. UU. en 2004.

***Antiaging* celular.** La investigación realizada en Alemania que ha detectado que las personas físicamente activas mantienen sus células más jóvenes que las sedentarias se presentó en la revista *Circulation* el 15 de diciembre de 2009 en el artículo «Physical Exercise Prevents Cellular Senescence in Circulating Leukocytes and in the Vessel Wall».

Capítulo 12. Merienda antioxidante

Actividad física para personas mayores. Las recomendaciones esenciales para orientar a las personas mayores a la hora de hacer ejercicio están descritas en el artículo «Promoting and prescribing exercise for the elderly», publicado en la revista *American Family Physician* el 1 de febrero de 2002.

Los beneficios de la actividad física sobre las funciones cognitivas en personas mayores se han investigado en los estudios «Physical activity and incident cognitive impairment in elderly persons» y «Resistance training and executive functions», ambos publicados el 25 de enero de 2010 en la revista *Archives of Internal Medicine*.

Antioxidantes. Un resumen exhaustivo del contenido de polifenoles en los alimentos puede encontrarse en el artículo «Polyphenols: food sources and bioavailability», publicado en *American Journal of Clinical Nutrition* en mayo de 2004.

El estudio más importante que alertó sobre los posibles riesgos de un exceso de antioxidantes es «The effect of vitamin E and beta carotene on the incidence of lung cancer and other cancers in male smokers», publicado el 14 de abril de 1994 en *The New England Journal of Medicine*.

Las recomendaciones médicas básicas sobre el consumo de antioxidantes se detallan en los documentos de la Asociación Americana del Corazón (AHA) «Antioxidant vitamin supplements and cardiovascular disease. AHA Science advisory» y «Vitamin and mineral supplements. AHA Scientific position».

Una dieta contra el cáncer. El documento «Common Questions about Diet and Cancer», editado por la Sociedad Americana del Cáncer (ACS), explica de manera breve y rigurosa las relaciones científicamente probadas entre dieta y cáncer.

Un análisis más exhaustivo sobre los riesgos de las carnes rojas se encuentra en el estudio «A prospective study of red and processed meat intake in relation to cancer risk», publicado en diciembre de 2007 en la revista *Plos Medicine*. Un análisis específico de los beneficios del brócoli contra el cáncer de próstata se encuentra en el estudio «Broccoli consumption interacts with GSTM1 to perturb oncogenic signalling pathways in the prostate», publicado en julio de 2008 en la revista *Plos One*.

Beneficios del chocolate. Un resumen de los estudios que han analizado los efectos del consumo de chocolate sobre la tensión arterial puede encontrarse en el artículo «Effects of cocoa and tea intake on blood pressure. A meta-analysis», publicado en la revista *Archives of Internal Medicine* el 9 de abril de 2007. Una advertencia sobre las amplias diferencias que se dan entre chocolates distintos en cuanto a sus efectos sobre la salud apareció en el editorial «The devil in the dark chocolate» de la revista *The Lancet* el 22 de diciembre de 2007.

¿Una dieta contra las infecciones? Una síntesis de los datos científicos disponibles sobre la relación entre la capacidad de la vitamina C para prevenir o tratar infecciones respiratorias aparece en el artículo «Vitamin C for preventing and treating the common cold», publicado el 18 de julio de 2007 en la *Cochrane Database of Systematic Reviews*.

Alimentos para el cerebro. Los datos científicos sobre la relación entre dieta y función cognitiva están resumidos en el artículo «Brain foods: the effects of nutrients on brain function», publicado por Fernando Gómez-Pinilla, de la Universidad de California en Los Ángeles, en la revista *Nature Reviews Neuroscience* en julio de 2008. Un análisis específico de los beneficios de la dieta mediterránea para prevenir el deterioro cognitivo en personas mayores se encuentra en el estudio «Mediterranean diet and mild cognitive impairment», publicado en la revista *Archives of Neurology* en febrero de 2009.

Capítulo 13. Palomitas y refrescos

Palomitas: llenas de calorías. La historia de cómo el maíz se ha convertido en un alimento básico en muchas sociedades urbanas modernas se explica en el libro *The Omnivore's Dilemma*, de Michael Pollan (Ed. Bloomsbury, 2006). La historia concreta de las palomitas se explica en el libro *Popped Culture: The Social History of Popcorn in America*, de Andrew Smith (University of South Carolina Press, 1999).

Los estudios del Centro para la Ciencia en el Interés Público sobre el contenido nutricional de las palomitas se detallan en el artículo «Big: movie theatres fill buckets and bellies», publicado en diciembre de 2009 en la revista *Nutrition Action Healthletter*.

El efecto ración en las palomitas en los cines —cuanto mayor es la ración, más palomitas se comen— ha sido estudiado por Brian Wansink, de la Universidad Cornell, en experimentos que se explican en su libro *Mindless Eating. Why We Eat More Than We Think* (Ed. Bantam, 2006).

Refrescos: calorías vacías. Los efectos del consumo excesivo de refrescos sobre la salud de niños y adolescentes se describen en el documento de la Academia Americana de Pediatría «Soft drinks in schools», publicado en la revista *Pediatrics* en enero de 2004. El aumento del consumo de refrescos registrado en las últimas décadas se ha analizado en el estudio «Increasing caloric contribution from sugar-sweetened beverages and 100% fruit juices among US children and adolescents, 1988-2004», publicado en *Pediatrics* en julio de 2008.

Presión de grupo, drogas y sexo. Las estrategias para resistir a la presión de grupo citadas en el texto se basan en los documentos siguientes: «Peer pressure» y «Dealing with peer pressure» de la Fundación Nemours, una ONG dedicada a proteger la salud de niños y adolescentes; «The right to resist», editado por el Instituto Nacional de Abuso de Alcohol y Alcoholismo de Estados Unidos; «Substance abuse prevention: what every parent needs to know» y «Puberty. Information for girls», de la Academia Americana de Pediatría.

Capítulo 14. Comer bien fuera de casa

Consejos básicos. Un conjunto de recomendaciones prácticas sensatas para personas que comen con frecuencia fuera de casa se encuentra en el documento «Eat well, be well», editado por la Food Standards Agency del Reino Unido.

Afrodisíacos, ¿mito o realidad? El estudio realizado en Italia sobre el efecto del consumo de chocolate en la actividad sexual se presentó en el 2006 en la revista *The Journal of Sexual Medicine* con el título «Chocolate and women's sexual health: an intriguing correlation». Una visión histórica de los afrodisíacos puede encontrarse en el artículo «Aphrodisiacs past and present: a historical review», publicado en octubre de 2001 en la revista *Clinical Autonomic Research*.

El sabor, experiencia multisensorial. Las amplias diferencias en la sensibilidad a los sabores que se observan de unas personas a otras han sido investigadas por Linda Bartoshuk, que ha presentado algunos de sus resultados más importantes en los artículos «PTC/PROP tasting: anatomy, psychophysics and sex effects», publicado en 1994 en la revista *Physiology and Behavior*, y «Sweetness: history, preference and genetic variability», publicado en 1991 en *Food Technology*. Análisis más amplios de la percepción de los sabores pueden encontrarse en los artículos «Receptors and transduction in taste», publicado el 13 de septiembre de 2001 en la revista *Nature* y «Taste receptor genes», publicado en 2007 en *Annual Review of Nutrition*.

¿Comer por la noche hace engordar más? Los estudios científicos que han analizado si cenar tarde por la noche induce a ganar peso han sido sintetizados por los pediatras Aaron Carroll y Rachel Vreeman en el libro *Don't Swallow Your Gum! Myths, Half-truths, and Outright Lies About Your Body and Health* (Ed. Saint Martin's Griffin, 2009). Los estudios realizados en Suecia que han analizado la relación entre las horas de las comidas y el aumento de peso son «Meal patterns in obese and normal weight men: the Gustaf study», publicado en octubre de 1996 en la revista *European Journal of Clinical Nutrition*, y «Meal patterns and obesity in Swedish women —a simple instrument describing usual meal types, frequency and temporal distribution», publicado en la misma revista en agosto de 2002. El estudio más amplio realizado hasta la fecha sobre la cuestión es «Eating patterns and dietary composition in relation to BMI in younger and older adults», publicado en la revista *International Journal of Obesity* en abril de 2007.

Capítulo 15. Los malentendidos del alcohol

Antes que la escritura, fue el alcohol. Un excelente resumen de la historia de las bebidas alcohólicas se encuentra en el libro *On Food and Cooking*, de Harold McGee (Ed. Scribner, 2004).

Efectos del alcohol sobre el cerebro. Cientos de investigaciones han estudiado los efectos del consumo de alcohol sobre distintos aspectos de la salud. Si los efectos del consumo masivo son conocidos, los del consumo moderadamente alto no lo son tanto. Una síntesis de los daños en el cerebro se encuentra en el artículo «Alcohol's damaging effects on the brain», publicado en octubre de 2004 en la revista *Alcohol Alert*, editada por el Instituto Nacional de Abuso de Alcohol y Alcoholismo de EE. UU. Las pruebas de que el consumo continuado y excesivo de alcohol reduce el tamaño del cerebro se presentan en los estudios «Association of alcohol consumption with brain volume in the Framingham study», publicado en 2008 en la revista *Archives of Neurology*, y «Drinking alcohol associated with smaller brain volume», publicado el 14 de octubre de 2008 en *JAMA*. Un análisis de los límites entre consumo saludable y consumo excesivo se encuentra en el artículo «Alcoholism damages the brain, but does moderate alcohol use?», publicado en *The Lancet Neurology* en marzo de 2004.

Alcohol y cáncer de mama. La relación entre consumo de alcohol y riesgo de cáncer de mama está sintetizada en el artículo «Alcohol and breast cancer in women: a pooled analysis of cohort studies», publicado en *JAMA* el 18 de febrero de 1998.

Alcohol y sistema cardiovascular. Más de cien estudios prospectivos han detectado una relación entre el consumo moderado de alcohol y la reducción de riesgo cardiovascular. Una síntesis de los resultados relevantes puede encontrarse en el artículo «Wine and your heart: a science advisory for healthcare professionals from the Nutrition Committee, Council on Epidemiology and Prevention, and Council on Cardiovascular Nursing of the American Heart Association» publicado en *Circulation* en 2001. La explicación de cómo el alcohol induce este beneficio está descrita en el artículo «Mechanism by which alcohol and wine polyphenols affect coronary heart disease», publicado en *Annals of Epidemiology* en 2007. El límite entre consumo moderado y consumo de riesgo para el sistema cardiovascular se analiza en los artículos «Alcohol consumption and mortality in patients with cardiovascular disease» y «Alcohol and cardiovascular mortality: common sense and scientific truth», ambos publicados en la revista *Journal of the American College of Cardiology* en 2010.

Resveratrol, antioxidante de moda. Los posibles beneficios del resveratrol están resumidos en el artículo «Therapeutic potential of resveratrol: the in vivo evidence», publicado por David Sinclair, —investigador de referencia en el estudio de esta sustancia— en la revista *Nature Reviews Drug Discovery* en 2006.

ÍNDICE ANALÍTICO

Las entradas en cursiva hacen referencia a las ilustraciones.